2025

中国餐饮年度观察和大数据

中国商业联合会 | 美团 ◎ 著

中国商业出版社

图书在版编目（CIP）数据

中国餐饮年度观察和大数据. 2025 / 中国商业联合会，美团著. -- 北京 : 中国商业出版社，2025. 5.
ISBN 978-7-5208-3393-6

Ⅰ. F726.93

中国国家版本馆 CIP 数据核字第 20257TH182 号

责任编辑：葛　伟

中国商业出版社出版发行
（www.zgsycb.com　100053　北京广安门内报国寺 1 号）
总编室：010-63180647　编辑室：010-83118925
发行部：010-83120835/8286
新华书店经销
北京盛通印刷股份有限公司印刷

*

889 毫米 ×1194 毫米　16 开　18.5 印张　320 千字
2025 年 5 月第 1 版　2025 年 5 月第 1 次印刷
定价：568.00 元

****

（如有印装质量问题可更换）

出品单位

中国商业联合会　美团

支持单位

中国烹饪协会　中国饭店协会　世界中餐业联合会

执行主编

柴　锐

编委成员

张　琳　刘　龙　王　洋　王　珺　倪晓畅　孙　聪　陈　婉
龚万琪　黄志勇　唐　菲　张　迪

行业观察特邀专家

王京红	中国商业联合会常务副秘书长兼行业发展部部长
张晓文	中国烹饪协会副会长
宋小溪	中国饭店协会副会长兼秘书长
赵文珂	世界中餐业联合会秘书长
云　程	北京烹饪协会会长
马利民	中国烹饪协会副会长
史兰菊	中国商业出版社副总编辑
赵京桥	中国社会科学院财经战略研究院学术档案馆副主任、经济学博士

行业观察特邀专家（按姓氏音序排列）

冯宇玮	热气饼店合伙人
富爱德（Foued El Mabrouk）	上海中心J酒店总经理
傅文斗	笨鸡小跑创始人
高源泽	滇牛云南酸菜牛肉火锅创始人
耿勇祥	长隆珠海度假区酒店板块总经理
侯新庆	香格里拉集团区域中餐行政总厨
李传久	重庆渝井巷老火锅创始人

李会泽	麦卡珑比萨董事长
李启明	莲香楼总经理
李树才	上海东盛自助料理总经理
梁继坤	芳竹园火锅创始人
林镇海	白天鹅宾馆总经理
刘红超	谷田稻香总经理
刘虹汝	师烤豆花烤鱼总经理、联合创始人
刘求财	深圳君悦酒店中餐行政总厨
刘元昌	失眠企鹅精酿啤酒创始人
马浩成	和平饭店国宴级中餐主厨
孟祥瑾	上海金茂君悦大酒店总经理
潘建钢	黄龙海鲜大排档创始人
彭　龙	鲜目录创始人
彭　敏	有味湘潭菜总裁
秦　勇	斗鸣鸡公煲创始人
瞿　涛	聚味瞿记创始人兼董事长
邵　坤	粤饺皇餐饮公司总经理
孙　滇	江渔儿总经理
孙骅延	就是柠创始人
孙　鹏	孙北北面包创始人
孙作权	三个渔夫・蒸汽海鲜创始人
滕宁彬	东池便当总经理
汪国玉	北京南城香餐饮有限公司董事长
王顺海	重庆五斗米餐饮集团董事长
王晓东	掌柜的店创始人

王正金	南堂馆品牌创始人
汪　静	播饭创始人
王少君	陈八两品牌创始人
王伟伟	正邦苏咔总经理
王文龙	西安 W 酒店总经理
王占东	灶座小锅炉饼董事长
翁骏昉	香芙茗楼创始人
吴河钦	厦门小觅渔餐饮管理有限公司总经理
邬忠芬	怪噜范创始人
邢　勇	龙泉集团董事、副总裁
许可鹏	客语客家菜创始人
许积翔	小禾山创始人
颜冬生	珮姐重庆火锅传承人
颜　剑	湘味淳创始人
杨　勇	杨记誉诚董事长
杨百杰	侨美集团总经理
杨隽翰	重庆丽晶总经理
姚健龙	姚稷大铁锅创始人
叶育成	上海广富林宰相府酒店总经理
易志勇	湘辣辣品牌创始人
于忠勤	日月明餐饮董事长
袁彬洪	全牛匠创始人兼董事长
元　帅	港师傅创始人
张　洁	洛阳克丽司汀酒店总经理
张　景	广东阿生鱼捞董事长

张　静	渝味响火锅创始人
张依心	德华楼执行总裁
赵孝国	山东凯瑞商业集团董事长
赵　玲	成都明悦大酒店总经理
钟凯旋	胡子大厨品牌负责人
周延龙	中国全聚德（集团）股份有限公司党委书记、董事、总经理
朱　虎	贵厨酸汤牛肉董事长
朱　悦	江南晓菜创始人

国平安
中国平安
WESTIN
SOMERSET
国
万
岁

升腾烟火气　燃出新高度

中国商业联合会副会长　张丽君　　中国烹饪协会会长　杨柳
中国饭店协会会长　陈新华　　世界中餐业联合会会长　邢颖

2024 年是实现“十四五”规划目标任务的关键一年。面对外部压力加大、内部困难增多的复杂形势，全国上下深入贯彻落实党中央、国务院决策部署，坚持稳中求进工作总基调，完整准确全面贯彻新发展理念，加快构建新发展格局。这一年，在政策支持与行业变革的双重作用下，中国餐饮行业凝心聚力，砥砺前行：餐饮总量稳中有进，全国餐饮收入同比增长 5.3%，高于国内生产总值增速。

2024 年，餐饮行业进入了更加复杂、多元的变革期。在消费端，消费者对于餐饮的体验感、健康度、质价比以及烟火气都提出了更高的要求。在供给端，经营主体总量有所增加，商户更替周期加快，市场竞争加剧。面对新变化和新形势，餐饮业坚持以顾客需求为导向，坚持传承、探索、创新，与匠心传承并行不悖，以新质生产力赋能企业高质量发展，行业连锁化率提升至 23%；数字化浪潮与人文温度交相辉映，既有餐饮品牌通过深耕供应链，创新商业模式，打造新消费场景，创造发展奇迹，也有餐饮品牌凭借差异化优势，凝聚人心，守住一方天地。

2024 年，人间烟火气持续升腾，餐饮业在竞争中发展，在发展中探索，一路前行，呈现出以下特点。

一是餐饮业稳中向好。2024 年以来，国家出台的一系列稳发展、促消费政策卓有成效，点燃餐饮消费热情，全国餐饮市场收入突破 5.5 万亿元。与此同时，餐饮人坚守初心，不断创新，为稳就业、保增长、扩消费作出了积极贡献。在品牌、管理、人才和产品等方面建立起壁垒的企业展现出更强韧性，而缺乏核心竞争力的餐饮企业加速退场，市场在动态平衡中完成品质跃升。

二是精细化运营成为餐饮企业赢得市场竞争的关键点。2024 年，餐饮行业的价格竞争依然存在。然而，真正能够脱颖而出的品牌，并不是完全低价的品牌，而是那些让消费者觉得物超所值的品牌。它们不仅通过精细化运营提升服务质量和运营效率，还将精细化运营延伸进供应链环节，提升了成本管控能力，让质价比成为企业突出的竞争优势。消费者在享受价格优惠的同时，也感受到了消费品质的升级。可以看出，单纯的价格竞争已无用武之地，精细化运营升级，带来了品质提振和消费的落地，引导行业整体步入精准管理时代。

三是数智化渗透餐饮业各个环节。2024 年，数字化、智能化加速渗透餐饮行业的方方面面，智能点餐、炒菜机器人、烹饪大模型等智能应用持续落地。数据驱动决策成为很多餐饮品牌的核心能力，科技创新驱动餐饮业降本增效。互联网平台从流量入口升级为“全域经营伙伴”，通过数字化赋能、构建 AI 应用生态、加大科技投入和直接让利等手段，高效链接并赋能骑手、商户、消费者及平台自身，深化生态共赢。

四是消费热力的下沉和流动。随着我国县域经济的活力和底色不断彰显，越来越多的餐饮品牌尤其是连锁品牌加速布局下沉市场。从高人气的茶饮店，到新潮的新中式餐饮，再到精致的国际美食，越来越多地出现在县域地区。同时，县域餐饮品牌也在积极“上行”，以其地域和文化特色，满足大城市消费者多样化、个性化的需求，释放出了巨大的向上活力。

五是绿色消费理念引领餐饮消费。越来越多的消费者意识到健康饮食的重要性，并倾向于选择绿色餐饮。节约粮食、反对浪费在全社会蔚然成风。在此背景下，餐饮企业纷纷推出绿色菜品，采用绿色食材，研究绿色烹饪，打造绿色餐桌，倡导绿色餐饮消费理念。部分品牌还通过公开食材溯源、直播后厨制作过程增强透明度和信任感，营造安心、放心的消费环境。

六是地方特色美食加速走向全国。2024 年以来，越来越多的地方特色美食从本地化走向全国。江西瓦罐汤、云南菌菇火锅、广东啫啫煲、川渝砂锅等地方特色美食打破地域限制，通过标准化、连锁化和 IP 化营销走向全国。部分餐饮品牌实现“一城一爆品”，带动区域文化输出与商业价值双提升。

七是餐饮商业模型化逐步走深。2024 年，餐饮业持续推动标准化建设，无论是深耕行业多年的老牌餐饮企业，还是崭露头角的新锐品牌都在积极整合供应链，打磨门店模型，强化组织力，加速扩张，冲刺千店、万店规模。从田间到餐桌的深度协同成为餐饮品牌护城河，产品力与组织力支撑规模化扩张。餐饮与农业、科技的跨界融合，催生出更具韧性的产业生态。受此影响，餐饮业的商业模型也在开启一场深度变革，有的企业深度打磨门店盈利模型，有的深化产品能力模型，有的打造产业链高效整合模型，商业模型越来越被企业视为核心竞争力。做餐饮，已经不再只是做一道菜，而是在做一整套商业模型。

八是餐饮文旅深度融合。“为吃赴一座城”成为新潮流。“现象级美食”成为带动城市旅游收入增长的重要抓手和城市文化的重要载体。地方政府联动餐饮业，借势打造“美食文旅 IP”，深挖地域特色和文化特色，将众多非遗美食、老字号企业从灶台带入文旅场景，将“文化 + 旅游 + 烟火气”转化为城市竞争力。

九是中餐品牌出海热情持续高涨。2024 年，中国餐饮品牌出海层出不穷，出海模式也从“单店试水”转向“本土化深耕”，通过融合本地口味和文化元素打开市场。部分品牌成功实现了从“用本地人服务当地华人”到“用本地人服务本地人”的升级。

需要指出的是，尽管中国餐饮业发展势头持续向好，但市场饱和与竞争加剧、价格下行与利润空间压缩等挑战依然突出。

2025 年是“十四五”规划收官之年，是“十五五”规划谋篇布局之年，也是餐饮业新旧动能转化的关键之年。展望 2025 年及未来几年，我们认为“精耕细作”将会成为中国餐饮未来发展的主旋律，并呈现出以下趋势。

一是政策红利持续释放，撬动餐饮消费新活力。2024 年以来，各部门、各地政府纷纷出台政策和措施刺激餐饮消费，支持餐饮业高质量发展。2025 年，在消费贷款贴息、餐饮消费券持续发放、区域公共品牌打造、特色餐饮促消费等政策、措施和活动的推动下，餐饮市场将迎来新活力。同时，各部门、各地政府对地方美食创新的政策支持将进一步提升相关餐饮企业的品牌影响力。

二是新质生产力定义行业未来，新旧动能转换更加深入。AI 和大数据向餐饮全链路渗透，从“千人千面”推荐到“秒级响应”供应链，数字化和智能化不再是选择题，而是必修课。国家数据局“数据要素 ×”方案或在餐饮业落地，行业数据资产化进程加速。当机械臂与炒锅共舞，数据流与门店运营共鸣，中国餐饮业将用新质生产力定义未来。对于餐饮从业者而言，智能化与数字化转型将进一步为餐饮行业和餐饮企业赋能，这也要求企业在新旧动能转化的过程中，进一步提升数字化能力，培养数字化人才。

三是餐饮业加速向健康化、绿色化发展。2025 年 4 月，商务部、国家卫生健康委员会等 12 部门印发《促进健康消费专项行动方案》的通知，明确提出了“提升健康饮食消费水平”等主要任务。与此同时，消费者更关注健康、营养与食品安全。“营养可视”“绿色健康”等产品需求爆发。这些都表明，在国家积极推进“体重管理年”三年行动的大背景下，能管理消费者健康的企业将拥有更大的发展空间。

四是社会责任内化为竞争力。将公益、绿色低碳融入企业发展战略，为就业注入稳力量，积极践行社会责任，正成为头部餐饮品牌“标配”。政策补贴与消费者偏好双重驱动下，社会责任从“成本项”转向“增值项”，不仅是塑造企业形象，更会成为新生代消费者的价值选择标尺，从而引领行业走向更广阔的未来。

五是连锁化加速，头部品牌优势扩大。市场竞争加剧，品牌化、连锁化成为主流。头部品牌凭借供应链整合、数字化运营等优势快速扩张，市场集中度提升。小微品牌生存压力增大，行业整合加速。

六是轻正餐趋势进一步加深。受市场环境和餐饮消费需求多元化的影响，小吃快餐正餐化、正餐快餐化的轻正餐趋势将进一步加深。同时，小吃快餐各细分赛道的餐饮企业将进一步拓宽产品线，以丰富产品组合，拓宽其消费场景和市场空间。

七是全球化与本土化共振，中餐出海进入“精耕期”。中餐品牌海外扩张加快，火锅、奶茶、烧烤等品类持续走红，东南亚、中东将成为出海主战场，出海由缺技术人才转移到缺管理人才。品牌需解决“标准化与本地化平衡”“品牌扩张与人才培养同步”等难题。海外市场本地化适应、跨界合作增多，品牌如何讲好“中国味道”成为核心竞争力。

2024 年，中国餐饮业在激荡中重塑格局。2025 年，餐饮行业将凭借创新基因与韧性底色，在挑战中孕育新生机，为“人间烟火”注入更持久的生命力。

目录

第一部分　年度观察 2025

第二部分 年度餐饮大数据 2025

第一部分

中国餐饮年度观察和大数据 2025

年度观察 2025

一、多维竞争时代商户更替周期加速

当下，中国餐饮行业的队伍日益庞大。除了传统餐饮人，来自互联网、房地产、零售业等行业的跨界创业者也纷纷加入餐饮大军。与此同时，餐饮商户的迭代周期也在缩短，快进快出的现象愈发严重。面对新的市场环境，餐饮品牌该如何避免过度竞争，找到新的增长点？面对餐饮市场的不断变化，餐饮品牌又该如何找到新蓝海？

以下内容为访谈实录。

1. 餐饮新人生存困境：竞争壁垒持续增厚

Q

2024 年餐饮业有一个重要现象是相关企业的注册数量不断攀升。与此同时，餐饮企业的倒闭率也居高不下。您如何看待这一现象？这背后的原因是什么？

中国全聚德（集团）股份有限公司党委书记、董事、总经理周延龙

2024 年，很多创业者纷纷投入餐饮行业，这与餐饮行业特点密切相关。一方面，相比其他行业，餐饮行业门槛比较低，只要找到一些有经验的人，做好选品，就能快速创业。另一方面，餐饮行业的保有量非常大，这意味着竞争的压力也大，如果餐饮品牌没有特色，就很难活下去，活得好。

中国全聚德（集团）股份有限公司党委书记、董事、总经理周延龙

北京南城香餐饮有限公司董事长汪国玉

当下，餐饮人都感觉到生意不好做，这是因为餐饮行业已经由增量市场转向存

量市场。在增量市场下，餐饮品牌的发展主要是靠规模扩张。在存量市场下，规模扩张已经行不通，更需要精细化管理、效益化竞争和长期主义战略。

黄龙海鲜大排档创始人潘建钢

对于任何一个行业而言，进进出出都是一个正常的现象，每一个行业都是头部企业赚钱，尾部企业亏钱，腰部企业勉强维持，餐饮行业也不会例外。倒闭得这么快是因为餐饮行业虽然进入门槛低，但经营门槛在不断提高，现在的餐饮行业已经成为专业选手之间竞争的行业。

有味湘潭菜总裁彭敏

很多人认为餐饮是一个低门槛行业，有充沛的现金流，可以规避很多风险，所以有大量的新人涌入进来。但今天的餐饮行业已经发生了很大的变化，消费者的认知度越来越高，对于餐饮品牌而言，想在行业站稳脚跟，必须在出品、环境等方面具备专业性，现在的餐饮行业更考验品牌的持续创造力。

南堂馆品牌创始人王正金

只要餐饮行业不消失，这个现象就会永远存在。餐饮是一个低门槛、高竞争的行业。投身餐饮行业，就像参加了一场永不停息的马拉松比赛，只要你稍微停一下，基本上就出局了。所以，南堂馆一直强调要通过发展解决问题，不管是走得快还是走得慢，都要一直往前走。

香芙茗楼创始人翁骏昉

2024 年，我身边有很多人涌入餐饮赛道，瞄准一些出圈的品类，学习其产品和装修。但很少有人能够在特色方面独树一帜，更没有形成自己的核心竞争力。这也是餐饮行业开店率高，闭店率也高的一个重要原因。

侨美集团总经理杨百杰

餐饮行业正在经历深刻的变革和调整。高开高闭说明大家看好餐饮业的发展，但也反映出消费者变得更加务实。餐饮讲选品、讲模式，但最重要的还是讲初心以及敬畏心。这个行业需要源源不断的付出，才能取得一些成就。2025 年侨美食家已经诞生 40 年，但仍不能懈怠，每一日我都需要亲力亲为，不断监督，不断培训。把控企业的发展，是一项无止境的工作。

湘味淳创始人颜剑

2024 年，餐饮行业快进快出的现象愈发显著。一些从事房地产相关行业的跨界创业者也在涌入餐饮行业。这是因为餐饮行业是一个现金流较为充裕的行业，对于一些想赚快钱的人来说有很大的吸引力。但是，餐饮行业其实是一个生存门槛很高的行业，不仅需要专业性，还需要坚持、深耕和热爱。如果不热爱，不能坚持和深耕，肯定干不好餐饮行业。

湘辣辣品牌创始人易志勇

过去是增量红利时代，现在是存量博

弈时代，更加考验专业和基本功，考验长期沉淀和积累。也就是说，现在已经不是即使什么都不知道也能干餐饮的时代了，而是需要组织专业化的人才、创新人才以及对市场不确定性有洞察和调整能力的人才。

就是柠创始人孙骅延

在新手看来，餐饮是门槛最低的创业方向，他们觉得餐饮赚钱很快，但是餐饮其实是一个长跑项目，能一夜暴富的毕竟是少数，并且稍有失误就会把赚的钱再吐出去。做餐饮如果不能回归本质，做好产品，做好服务，就无法实现可持续发展。

广东阿生鱼捞董事长张景

我认为这是因为行业的成熟度还不够，供给侧和需求侧的结构性矛盾还没有完全调整到位。市场大盘并没有明显下跌，但餐饮品类的结构性调整比较明显，餐饮连锁化率在进一步加强，餐饮的成本结构在变化（效率提升）。例如，对比新加坡或加拿大等市场可以发现，当地非常火爆的餐饮企业的利润率在8~10个百分点，投资一家餐饮店两年回本是正常的现象。但在中国，开个店就想迅速回本，这其实正是一个行业不成熟的表现。

正邦苏咔总经理王伟伟

近年来，餐饮市场竞争愈发激烈。在这种环境下，那些缺乏独特优势、品牌影响力小且产品同质化严重的餐饮企业，极易陷入经营困境。从外部看，各项费用的攀升给餐饮企业带来巨大成本压力。与此同时，消费者对餐饮的品质、健康和创新的要求越来越高，对餐饮品牌的经营提出了巨大挑战。从内部看，成功的餐饮企业需要高效的运营管理体系，很多餐饮品牌退出市场，与其自身的运营管理能力和品牌韧性关系密切。

Q 餐饮品牌更替周期加速的现象还会持续多久？这对中国餐饮行业的发展意味着什么？

北京南城香餐饮有限公司董事长汪国玉

未来两年这种现象还会持续。一是小作坊式的小个体户将陆续离场，二是“大而不强”的大品牌也会洗牌。在增量时代，很多餐饮品牌是靠人口红利做起来的，管理水平却没有跟上行业发展，这样的企业也会被淘汰。哪怕其有几百家店、上千家店，该出局的也要出局。这也意味着，未来餐饮行业的竞争核心将是精细化管理。

莲香楼总经理李启明

餐饮品牌更替周期加速是未来3~5年

的一个重要趋势。一是因为当下中国餐饮的供给已经严重过剩，供需比出了问题。在过去，一个城市可能只有几十家餐饮同类品牌，但现在几乎每一个城市都有成百上千家的餐饮同类品牌。二是因为餐饮的门槛越来越高，对餐饮人的专业能力和综合能力的要求越来越高。

黄龙海鲜大排档创始人潘建钢

如前所述，餐饮行业已经进入了专业化时代。在新的市场环境下，学习和定位将变得尤其重要。要想进入餐饮行业并站稳脚跟，必须从专业的角度去学习这个行业，然后找到自己的品牌定位，找到目标消费群，围绕目标消费者去设计产品和服务，如果能做到这两点，我相信成功率会高一点。

有味湘潭菜总裁彭敏

我认为，餐饮的洗牌还会持续 2~3 年，预计在第三年进入回暖期。对于餐饮行业而言，这也是一个苦练内功的机会，能够在这个阶段活下来的品牌，未来都会有很强的竞争力。对于餐饮行业而言，未来两年，才是一个真正意义上的冬天。

香芙茗楼创始人翁骏昉

2024 年，整个餐饮行业经历了起伏不定的市场环境，许多品牌被迫关闭。我们认为，对于餐饮行业而言，现在还没有到最寒冷的冬天，而是在秋天。但是对我们来说，冬天已经过了。2024 年，香芙茗楼的营业额虽然也有下滑，但整体经营仍然稳定，在 10 月之后迎来回升，并持续回暖。

湘味淳创始人颜剑

未来 2~3 年，这种洗牌与调整的趋势仍将持续，且更加显著，关店的餐饮品牌会越来越多，严峻的市场考验将推动餐饮行业向高性价比方向转型。有人认为“餐饮死于情怀”，但我坚持认为，只有注重匠心、用心做品质的品牌才能长久发展。

广东阿生鱼捞董事长张景

餐饮品牌更替周期加速的现象实际上是未来 2~3 年的结构性调整和效率提升。结构性调整主要是大餐和火锅等聚会型餐饮的市场增量停滞或下降，快餐的市场份额加强。效率提升表现在成本结构精益化、投资回报理性化、餐饮连锁化率进一步提升三个方面。

广东阿生鱼捞董事长张景

2. 从好产品、好体验到组织力升级：餐饮进入多维竞争新阶段

Q 在当下激烈的市场竞争中，餐饮品牌应该如何面对竞争？您有哪些经验可以分享?

中国全聚德（集团）股份有限公司党委书记、董事、总经理周延龙

首先，做好特色是根本。所谓特色，就是找到正确的事情并坚持做下去，把自己的优势持续放大。比如，当下烤鸭市场竞争非常激烈，但是全聚德不可能放弃烤鸭市场，而是进一步深挖烤鸭市场的潜力，通过技艺的细化和服务的升级，保持市场地位。

其次，精细化是关键。精细化分为对外和对内两个方面，对外包括产品、文化宣传和服务细节的精细化；对内是成本控制。但需要指出的是，降本控费不能以牺牲员工为代价，因为人始终是服务行业的第一要素，忽视这一点就是舍本逐末。

最后一个是新。餐饮是刚需，阶段性的下滑和波动是不可避免的，我们应该努力坚持住，同时顺应变化，保持合理的毛利水平，多开发一些新产品，让消费者能够多点一点，多尝一点，多试一点，我们的机会就会更多一些。如果以“我”为主，不做调整就会很困难。希望我们新老品牌共同努力，缔造餐饮行业的新状态和新面貌。

北京南城香餐饮有限公司董事长汪国玉

市场行情不好、竞争激烈的时候正是变革的好机会。2024 年 9 月，南城香正式提出了辉煌行动，首先是组织变革，从总部开始控制、优化人员，进行部门合并和轮岗，让经理、总监、副总经理全部到一线办公，让听见炮声的人指挥战斗。未来我们的办公室就是两个：一个是中央厨房办公室，另一个是总经理带着管理团队与营运部门的人员全部到一线去。

组织变革还包括分配方式调整和文化建设。在分配方式调整上，我们从“店长责任制”升级为“合作制”，不仅增加店长的收入，也增加员工的收入，调动所有人的积极性。在文化建设上，“重走长征路”，激发过去的创业精神。当变革的时候、摸不着方向的时候，文化建设这一块很重要。

其次是经营模式调整。我们找了不同位置的、有代表性的门店进行升级改造，降低成本，提升效率。举个例子，我们会根据时间段、销售额进行人员配置，并测算出每个人干什么活，从而提升效率。现

在，一个门店已经能省出两个人。

莲香楼总经理李启明

好吃是根本，技术是提升效率的工具。在我看来，这是当下餐饮经营的核心逻辑。因此，餐饮的竞争首先还是要回归到好吃上，给消费者呈现更安全的产品。中餐的魅力在于现做、现吃，只有这样才能保障顾客吃到好味道。所以，一直以来，莲香楼都拒绝科技与狠活，坚持用最传统的工艺、纯手工制作产品，不惜工本地确保质量。

其次，要打造学习型组织，要学会用技术和工具提升运营效率。在此方面，莲香楼在总部设立了专门的学习型团队，研究线上门店的运营方法，形成了学习型团队赋能门店、总部管理人员落地追踪的闭环。在此过程中，学习型团队形成系统性的经验后，会输入各个门店。在落地执行的过程中，总部管理人员会允许门店因地制宜，进行适度的个性化调整。比如一些季节菜，每个门店可以根据当地特色进行差异化的呈现。此外，我们也在持续地和各个平台交流，提升运营能力。

黄龙海鲜大排档创始人潘建钢

从我们自身的发展经验看，如果没有一套完善的供应链体系支撑，品牌的规模化发展将极为困难。相比一般的中餐品类，海鲜的供应链更为复杂，涉及原产地采购、冷链运输、仓储管理、门店端处理等多个环节，每一个环节都直接影响最终的产品质量。为了确保黄龙海鲜大排档的核心竞争力，我们从源头入手，逐步建立自己的供应链体系。团队直接与东海渔民合作，建立专属的采购渠道，确保每天凌晨捕捞的海鲜能够在午间新鲜上桌，最大限度地缩短流通路径，减少中间环节的损耗。与此同时，我们也在探索数字化供应链管理，通过智能采购系统精准管理库存，减少海鲜损耗，提高成本控制能力。

冇味湘潭菜总裁彭敏

我们主要会从内控力、组织力、产品力三个方面提升自己的竞争力。比如，我们会调整租金结构，培训员工具备一岗多能的能力，采取灵活用工模式，减少固定成本。又如，我们也在推动食材产地直采模式，从源头降低采购成本，并确保食材品质的稳定性。

冇味湘潭菜总裁彭敏

在产品力上，2016 年创立伊始，有味湘潭菜便确立了清晰的品牌定位：做湘潭地方特色菜系，用湘潭的味道占据市场份额。这一策略的核心在于，通过强化湘潭本地特色，打造差异化优势。众所周知，中餐连锁的标准化问题，一直是行业难题。湘菜尤甚，湘菜的烹饪特点决定了其依赖现场炒制，火候、油温、调味等都难以做到绝对统一，没有办法做到既有灵魂和特色，又能够百分之百地标准化。所以，我们不追求百分之百的标准化，而是追求核心工艺的稳定，给每个门店的厨师长预留出 20% 的空间，以保留湘潭菜的烟火气。此外，我们也会结合湘潭的本土文化去做一些延伸，以此推动整个湘潭菜的发展和品牌的发展。

孙北北面包创始人孙鹏

孙北北面包创始人孙鹏

孙北北面包的闭店率非常低，闭店的基本是早期的一些验证性门店。我们的经验是，餐饮品牌要么有自己核心的特色和能够立足的点，要么有做强做大的复制能力。如果既没有特色，也没有能力，竞争起来会很累。现在不是单独靠努力和勤快就能成功的时代了，方向比努力更重要。因此，餐饮品牌一定要想清楚自己的定位，要做能大规模的标准化，还是做小而美的极致产品和体验，这件事一定要先清楚，早期不可能既要极致产品和体验，又要大规模地复制。比如，孙北北面包的定位就是一家以性价比为核心，专注于健康烘焙的社区面包小店，我们的产品结构、营销打法、运营模式都是基于社区家庭消费者构建的，门店模型极致简单，门店端也完全不依赖专业师傅，所以才能保证标准化和稳定性。如果让我们去中高端商场开店，我们不适合，也干不明白。

南堂馆品牌创始人王正金

做餐饮，首先必须好吃，菜品文化才是真正的王道，与其追随潮流，不如奠定自己的风格，坚持走自己的路。提起川菜，大家的第一印象就是干辣椒、干花椒、大量的油和汤汁，虽然这样的味型在市场上很受欢迎，但南堂馆在菜品研发上，坚持走“精致化”的路线。例如，针对麻婆豆腐，我们专门研究了花椒的不同品种，确定了最适合麻婆豆腐的椒类，并采用现炒的方式，让花椒的香气与豆腐完美融合。

其次，在新的市场环境下，有的成本

要降低，比如在食材上要去寻找源头，在保证品质的同时还能降低成本；有的成本要扩大，要加大消费者就餐体验的投入，所有细节都围绕着“消费者需求”展开，提升品牌在消费者心中的价值感；此外，品牌的推广和传播也要加大。

再次，餐饮品牌一定要讲出自己的文化属性和品牌故事。南堂馆一直以来都坚持将文化融入南堂馆的空间设计和运营理念中。例如，我们特意邀请雕塑家打造了一尊东汉时期厨师的雕像，以表达对厨艺的尊重，专门为厨师立像的餐厅在全国是极少见的。餐厅的装修风格也突破了当时成都餐饮行业的惯例，采用四合院式的布局，让客人进入餐厅后能够沉浸在历史氛围之中。

最后，餐饮行业的数字化、智能化不可避免，餐饮人必须拥抱科技，用数据优化供应链管理，提高运营效率。

香芙茗楼创始人翁骏昉

从我们的经验看，既要坚持传统，也要学会改变。坚持传统是指对产品品质的坚持，十几年前怎么做，现在还怎么做。例如，店内的笋干、梅干菜等食材，全部坚持手工制作，不使用任何工业化生产的原料。这些细节上的坚持，使顾客对品牌形成了高度的信赖感，香芙茗楼的复购率高达 65%。

学会改变是基于消费客群的变化，调整门店的运营模式。香芙茗楼一开始的核心客群以商务宴请为主，品牌也在菜品、茶品、环境等方面做了相应的配套，以满足商务客群的需求。2024 年，我们察觉到客群结构正在发生变化，商务宴请的比

南堂馆品牌创始人王正金

香芙茗楼创始人翁骏昉

例大幅下滑，取而代之的是家庭聚餐的增长，这种变化不仅影响了消费方式，也对餐厅的运营模式提出了新的挑战。比如，我们过去的装修风格偏暗，更适合商务宴请，但家庭客群更喜欢明亮、轻松的氛围，所以在新的门店装修上，我们特意提升了灯光亮度，比之前提高了 40%~50%。

湘味淳创始人颜剑

面对竞争激烈的市场，我们会用差异化品牌布局为企业注入灵活性。我们目前拥有湘菜、山西菜、铁锅炖等多个品牌，每个品牌都针对不同的消费群体和消费场景，形成清晰的市场分层。湘味淳是我们的主打品牌，专注湘菜，主攻 80 元左右人均消费的市场；铁锅炖以人均 60 元的价格满足平价需求；山西菜则以人均 50 元的价格进军更下沉的市场。

降本增效也非常关键。为了降低运营成本和提升管理效率，我们在同一个商场布局了三家店，通过共享厨房和管理团队，不仅节省了运营成本，还通过覆盖多种消费场景，实现了顾客流量的交叉转化。例如，高端商务宴请的顾客可能会将家人推荐至平价品牌，形成一种消费闭环。为了降低成本，我们还联合其他湘菜品牌，共同构建共享供应链，从源头工厂直采食材。以辣椒为例，我们与湖南阳雀湖基地签约，无论市场怎样波动，始终以稳定价格拿货。

降本的同时不能降质。餐饮的竞争终究会回归到食材的品质和技艺的匠心，只有回归食材的本真、技艺的匠心、服务的本质，才能在千店一面的激烈竞争中脱颖而出。

侨美集团总经理杨百杰

餐饮是一条很卷的赛道，用餐体验是多维度评估出来的一个客观感受。我们必须不断卷自己，卷品质、卷体验，更注重食材的选品、烹饪技术的培训、服务的细节，及时和顾客进行沟通，做到品牌与消费者的同频，才能在市场中有立足之地。当下，侨美也在不断修炼内功，持续优化菜品和服务，提升顾客满意度，让顾客来了还想再来，并愿意把侨美食家推荐给身边的亲朋好友。同时，我们聚焦于提升品牌形象和知名度，加强品牌建设，关注行业动态和市场变化，及时调整经营策略，以应对各种挑战。

侨美集团总经理杨百杰

湘辣辣品牌创始人易志勇

餐饮竞争的核心是提供更高质价比的产品，提供更好的服务体验，提供更好的场景体验，是综合维度的竞争。以湘辣辣为例，虽然客单价在70~80元，但我们依然坚持精细分切理念，结合湘菜现炒工艺，打造出“鲜甜、奶香、香辣”三重口感，既保留烟火气，又提升价值感，用高质价比的产品赢得顾客青睐。同时，我们通过轻奢质感的空间迭代，并持续强化“新鲜，现炒”的品牌心智，让消费者感知品质溢价。

2025年，我们会开展产品战、服务领先战、品牌提升战“三大战役”，做强顾客价值，提升品牌势能。在门店扩张上，不追求速度，而追求质量，预计会开20多家店。

就是柠创始人孙骅延

首先，做餐饮一定要回归本质，做好产品，做好服务。以饮品行业为例，这个行业本身是一个需要做长期高复购的赛道，营销、设计应该是锦上添花，而不是雪中送炭。所以，我们坚持使用鲜果，让饮品更加健康、清爽，让消费者可以放心喝。

其次，要加强组织力的建设，注重长线发展。我们负责业务和运营的都是品牌合伙人，相比于职业经理人，合伙人会更注重品牌的长线发展，而不是眼前的利益。比如，我们的业务发展中心对于加盟商有严格的面试，对于每个点位都会经过数据分析、周边竞品调查以及建店成本和回本周期分析后才会确认；运营中心也会通过门店的财务报表做好降本，通过门店的数据去分析客户做好增效。

湘辣辣品牌创始人易志勇

就是柠创始人孙骅延

最后，要坚持开好店的原则，不能为了品牌的门店数量而一味开店。过去一年多的时间里，餐饮市场和消费者发生了太多的变化，但我们还是坚持开好店的原则，重点筛选店铺的选址，确保开店的成功率。正是因为如此，就是柠的很多首批加盟商都成了“回头客”。

广东阿生鱼捞董事长张景

我认为有两个地方我们付出了巨大的努力。第一是餐饮的本质，要将产品、渠道、组织团队这些餐饮的基本东西打磨得足够硬，并持续迭代。第二是要顺应变化，比如我们已经把价格带调到改善型餐饮、聚会型餐饮的价格带，而我们的服务、产品质量也在提升，这个反差红利就比较大了。

现在大家都在提价格战，其实价格战的核心就是两点，首先是成本领先，其次是结构最优，满足用户在某个价格段超值的需求。所以，好的企业不是敢打价格战，而是能承受价格战。对于任何品牌而言，跟价格有关的事情都是战略性的，不是战术性的，任何将价格调整视为战术调整的行为都是愚蠢的。

正邦苏咔总经理王伟伟

餐饮企业要想在激烈竞争中胜出，必须深入了解市场动态，精准把握消费者需求，强化核心竞争力，提升运营管理水平，增强品牌韧性，以应对不断变化的外部环境。正邦苏咔在发展中充分认识到这些挑战，通过优化商业模式、加强品牌建设和产品创新，努力在市场中稳健发展。比如，在运营管理上，我们构建了数字化中台保障系统，包括数字化经营管家、供应链系统和智能选址系统等，提高了决策的科学性和运营效率，使品牌能够更好地适应市场变化，提升了整体竞争力。又如，在产品创新上，我们的产品结构丰富多样，涵盖招牌酸奶、果肉酸奶等 10 个系列。每月定期上线新品，保持了产品的新鲜感和吸引力，满足了消费者多样化的口味需求。正邦苏咔正是凭借在这些关键环节的出色表现，实现了稳步发展并保持较低的闭店率。同时，正邦苏咔也一直秉承着“以人为本、合作共赢”的经营理念，共同应对高需求、多变化的市场场景。

正邦苏咔总经理王伟伟

香格里拉集团区域中餐行政总厨侯新庆

江南灶已经多年蝉联黑珍珠榜单，这

绝非偶然，而是建立在一套极为严谨的出品标准之上的。我们认为，想要赢得消费者青睐，成为一家真正的黑珍珠餐厅，必须在出品稳定性、服务水准、环境体验、文化价值等多个层面达到行业顶级标准。从厨房操作流程到前厅服务，每一道菜的烹饪时间、火候掌控、调味比例都要经过精细化管理，以确保无论哪个时间段的顾客到店，都能享受到始终如一的品质。

当然，标准化并不意味着机械化。淮扬菜向来以刀工和火候著称，任何一个细节上的微小变化，都会直接影响最终的口感。在江南灶，核心工艺被严格标准化，但仍然为厨师保留了一定的操作空间。例如，在烧制招牌红烧肉时，肉块的大小、火候时间、调料投放比例全部有精确的数据支撑，而酱汁的收汁程度，则允许厨师在标准范围内进行微调，以应对不同天气条件下的出品差异。我们始终认为，标准化的目的，不是抹去匠心，而是让匠心发挥得更稳、更精准。这是江南灶一直以来坚持的理念。

上海广富林宰相府酒店总经理叶育成

对于广富林宰相府怡园而言，好吃是我们的核心竞争力。我们不盲目搬运文化，而是用味道来打动顾客，用文化赋能餐饮；我们不会做简单的符号堆砌，而是从味道、食材、烹饪技法中实现稳定的出品。举例来说，传统的八宝饭在宰相府被重新诠释成迷你八宝饭，甜度降低，料更足，确保每一口都能吃到经典的浓郁风味；传统本帮红烧肉则结合现代低温慢煮工艺，让肉质更加嫩滑，入口即化，同时保留传统酱香风味。

为了让餐厅始终保持新鲜感，广富林宰相府怡园采用“四季菜品更新”模式，每个季节都会推出新的主题菜单，让回头客在不同季节都能体验到新的美味。同时，酒店每年都会进行菜品大盘点，在保持经典菜品稳定性的同时，迭代 20%~30% 的菜单，确保餐厅既有标志性的“招牌菜”，又有不断创新的“新亮点”。

3. 细分市场崛起：告别粗放扩张，拥抱新蓝海

Q 对于餐饮人来说，很多的餐饮品类都已经是高竞争品类，所有餐饮人都想寻找利润更大、机会更多的蓝海。在此方面，您有哪些经验可以分享？

黄龙海鲜大排档创始人潘建钢

黄龙海鲜大排档也在寻找和摸索新的机会。第一个尝试是推出“黄鱼面馆”，中国有 90% 的人都知道黄鱼，但现在还没

有人将这个品类做得很大，这显然是一个机会。第二个尝试是计划推出全新的品牌“甬小灶”，专注于宁波菜的推广。在我看来，宁波菜的市场还远远没有被充分挖掘，我们希望通过更具现代感的品牌形象，将宁波特色家常菜以更现代的方式呈现给年轻消费者，让更多人接受这一菜系。

孙北北面包创始人孙鹏

行业本身并不决定其是否为红海或蓝海，这是相对的，找到细分市场一样可以在红海行业中开辟蓝海航道。孙北北面包创立之初，面包烘焙赛道的竞争同样非常激烈，但我们注意到一个事实，即其他品类都有万店以上或者几千家店的品牌，唯独面包烘焙赛道没有。基于这样的洞察，我们对面包烘焙的供应链、商业模式做了很长时间思考和调研，最终定位专注于家庭日常消费的健康烘焙社区面包店。在产品架构上，我们把面包、吐司这个家庭最刚需、高频的品类作为最核心的品类；在空间打造上，将门店面积缩小到 25 平方米左右，不提供休闲空间；在生产模式上，通过更安全洁净的中央厨房加每日新鲜配送的模式，实现了极致产品标准化和门店简单化。

南堂馆品牌创始人王正金

我认为，地方化与精细化将是餐饮业未来的主流发展趋势。举个例子，过去川菜以“大而全”著称，但未来，具有鲜明地域特色的小而精的品类将更具竞争力。餐饮人可以关注那些既有客群基础，又有文化和故事的细分品类，把它们变得精致化和高级化。

香芙茗楼创始人翁骏昉

在未来的市场竞争中，香芙茗楼依然会坚持最初的方向——在茶与餐的交融中，寻找长期价值。无论市场如何变化，我们始终相信，真正能够穿越周期的品牌，不是靠短期的风口，而是靠长期主义的坚持。

湘味淳创始人颜剑

红海和蓝海的区别其实不是品类和市场，而是经营策略和认知思维。在我们看来，爆品策略是跳出红海进入蓝海的一条有效途径。比如，我们的单品爆款辣椒炒肉只卖 29 元一份，即便不盈利，也要保持高性价比。这种策略不仅吸引了更多新顾客，也强化了湘味淳作为“亲民湘菜”的市场定位。

湘味淳创始人颜剑

广东阿生鱼捞董事长张景

餐饮行业的创新不是靠一夜之间的变革，而是不断微调和进化，就像iPhone升级一样。同时，餐饮行业的创新不仅体现在产品上，而且是从品类定位、产品逻辑、商业模式等多个维度进行系统性的升级。阿生鱼捞能够在市场中快速成长，首先在于创造了“鱼捞”这一赛道。这个品类的创新，源于对中国传统生鱼片文化的现代化改造。过去，由于食品安全问题，生吃淡水鱼被认为风险较高，但阿生鱼捞通过特定的处理方式和锅底搭配，解决了这个问题，成功让鱼火锅变得更加安全、健康。此外，相比于传统鱼火锅要么采用辣汤煮鱼，要么用清汤涮鱼的模式，阿生鱼捞将鱼火锅和粥火锅结合，不仅让产品具有更高的辨识度，也让消费者在体验上有了全新的感受，从而在鱼火锅市场中成功形成差异化。尽管如此，差异化的本质不是差异化本身，也不是对用户需要的一种描述方式，而是确立“护城河”、建立“竞争优势”。

二、精细化运营成基本功，餐饮业深化生态共赢

一个不争的事实是，中国餐饮整体上已经进入了慢增长周期，这预示着粗放式运营时代的结束，精细化运营时代的开启。在新一轮增长周期中，餐饮品牌的增长新策略是什么？面对新的挑战，餐饮品牌提高产品与服务品质、提升运营效率和企业竞争力的最有效手段是什么？作为中国餐饮生态的重要一环，互联网平台企业在新一轮增长周期中，又该承担起什么样的角色？

以下内容为访谈实录。

1. 全链路升级：从门店到用户的深度运营

Q 您的品牌是如何通过精细化运营来增强竞争力的？在成本控制、供应链管理、门店运营等方面采取了哪些具体措施？

莲香楼总经理李启明

众所周知，粤菜的后厨配置系统相对繁杂，极易造成浪费。为了解决这个问题，我们开发了一套预估体系，通过对菜

品的分析和前端对销售的预估，优化后厨动线的设计，调整后厨的岗位分布和排班。举个例子，如果我的前 10 道菜占比达到 50% 的业绩，那我就会给这 10 道菜孵化不同的档口。不同的档口会有不同的人效，通过不同的人效，我们就能推算出来后厨的整个排班。

上海东盛自助料理总经理李树才

东盛的精细化运营目前主要集中在两个方面。一是从商业模型上对各个指标进行精细化的制定，如经营指标、成本指标、选址指标等。通过对商业模型的精细化打造，推动品牌持续健康发展。二是考核和管理的精细化，如把数据指标落实到每个人。通过对企业内部各个环节的运营流程进行剖析和改进，提高运营效率，减少资源浪费。

深圳君悦酒店中餐行政总厨刘求财

精细化运营的核心就是基于精细化的运营机制，提升经营效率、服务品质和客户满意度，同时降低成本，从而实现品牌的可持续发展。所以，深圳君悦酒店不仅要提供顶级菜品，更要确保服务、供应链、培训、客户体验等多个环节都达到极致。

在标准化出品管理上，所有招牌菜品都有严格的制作标准。例如，蒸蛋的蛋液、水量、盐量、蒸制时间都有精准配比，确保每道菜的口感稳定。在供应链优化上，依托国际采购体系，确保每一种食材都达到最高标准，同时采用 ISO 22000 食品

深圳君悦酒店中餐行政总厨刘求财

安全体系，确保供应链的安全性和稳定性。在员工培训体系上，服务团队不仅要熟悉菜品，更要会讲解菜品故事，让客人“吃懂”每一道菜的文化背景。在个性化服务上，每位服务人员都接受“观察 + 倾听 + 主动服务”的培训。例如，当客人出现轻微咳嗽，服务员会主动提供柚子茶；当客人饮酒较多时，会适时送上蜂蜜水，确保宾客体验最大化。

粤饺皇餐饮公司总经理邵坤

会员运营是我们当下的发力点。过去，我们的顾客分布在各个平台上，数量看似很大，看似是我们的资产，但深究起来关系又不大。我们希望通过精细化运营，定性各个销售平台，把核心的权益和折扣真正地落到会员运营上。我们还希望通过

粤饺皇

精细化运营，对会员进行溯源，了解一个非会员如何变成新会员、如何进行首次消费、怎么进行二次消费。溯源完成后，再进行分层运营，包括会员等级、积分玩法、会员权益等。

厦门小觅渔餐饮管理有限公司总经理吴河钦

在连锁餐饮品牌实践中，精细化运营的实施是一个复杂而系统的过程。小鱼号的精细化运营主要体现在三个方面。一是门店用户行为分析：基于渠道、用户行为等维度的数据分析，根据平台导向和政策实施有针对性的运营活动。二是产品和推广优化：通过对公司结构化产品的研发、推广、运营等环节进行精细化的优化，确保市场适应性及门店盈利性。三是客户画像和生命周期管理：形成客户画像、理解用户生命周期，并据此提供个性化服务。

怪噜范创始人邬忠芬

在怪噜范的品牌实践中，对于线上运营和精细化运营的定义是：将门店运营动作“翻译”为线上数据的变化，根据线上数据的变化反推门店运营的机会点。通过门店运营动作，提升线上数据表现，从而从线上流量池中获取更多的顾客。同时，线上数据的呈现，也反向赋能门店线下运营能力的提升，从而形成线上线下互相加持的良性循环。

西安 W 酒店总经理王文龙

在当下竞争激烈的市场环境下，酒店餐饮的持续增长不能仅靠自然客流，所以我们在线上营销、日常运营和用户体验提升等方面展开深度探索，打造了一套适应市场趋势的餐饮增长体系。在节日营销上，每逢圣诞节、新年、跨年、情人节等重要节点，酒店都会提前一个月规划节日套餐，并结合线上平台优化关键词排名，确保有需求的用户能在第一时间找到酒店的相关产品。

此外，酒店餐饮还围绕“生日”场景打造个性化消费体验，让酒店成为顾客庆生的首选地点。比如，对于儿童生日宴，酒店提供卡通主题布置，并赠送专属生日蛋糕；对于女性顾客，餐桌上会布置精致装饰，并提供定制甜点；对于男士，酒店则会搭配专属特调鸡尾酒；对于老年人，则设置了更符合传统习惯的布置和长寿面。这种贴心的服务不仅提升了消费者的用餐体验，还增强了品牌的口碑传播力，使酒店餐饮更具社交属性。酒店还推出了寿星生日半价政策，即生日当月，顾客可凭身份证不限次数享受半价优惠。这一策略极大地提升了复购率。精细化的用户运营，最终转化成实实在在的业绩增长。2024 年 7 月，西安 W 酒店的自助餐厅单月销售额突破 100 万元，环比增长近 30%。

香格里拉集团区域中餐行政总厨侯新庆

香格里拉集团区域中餐行政总厨侯新庆

精细化运营是服务细节的精细化，是数据的精细化解读。比如，基于数据，怎么制定解决方案并落地执行；在落地执行的过程中如果有偏差，怎么及时作出调整。所以，我们每周都会开一次推广和运营会议，根据数据制定运营方案。从人均消费、增长人数到包房、大厅的使用率，每个环节都要有明确的目标和实现路径，只有这样才能做到精细化运营。举个例子，2024 年 3—4 月，我们明显地感觉到消费客群的消费频次在下降，对此，我们整合分析了各个平台和相关同行的数据，制定了相应的运营策略，优化菜品，调整价格。从 5 月开始，顾客即成功回流。

上海中心 J 酒店总经理富爱德（Foued El Mabrouk）

精细化运营是一种科学的管理方式，上海中心 J 酒店的精细化运营主要体现在三个方面：一是供应链的优化，二是餐饮服务细节的提升，三是产品的创新和持续

上海中心 J 酒店总经理富爱德
（Foued El Mabrouk）

改进。在供应链上，我们建立了严格的食材采购和管理体系，确保食品的新鲜和安全。在服务细节上，我们十分注重客户体验。比如，酒店特别安排了餐饮管家为来餐厅用餐的客人提供个性化服务。从客人预订开始到用餐结束，我们的管家会一直跟进和落实客人的具体要求，为客人定制难忘的用餐体验。在产品创新上，每个季节我们都会安排不一样的时令菜单，为客户提供高品质的产品。

我们深知，在市场竞争日趋激烈的当下，餐饮不再只是满足食欲的工具，而是消费者寻找幸福、寻求情绪价值的重要场景。因此，J 酒店的餐饮业务不仅是在提供食物，而且是在创造记忆。在运营方式上，我们也没有按照传统酒店餐饮的方式运营，而是构建了一套独立化、品牌化、极致化的餐饮体系，让每一家餐厅都能独立在市场中竞争，甚至超越众多独立餐厅，成为城市餐饮地标之一。

和平饭店国宴级中餐主厨马浩成

上海和平饭店在接近百年的历史里的定位一直是一个奢华的品牌和酒店，所以我们很注重宾客的奢华体验，通过精细化的运营和协作来不断提升我们的服务质量。厨房、前厅、宴会团队、销售团队、服务团队必须高度协作，任何一个环节的纰漏都会影响宾客的整体体验。厨房不仅是出品部门，还要成为一个指挥中心，统筹各部门协同作战。例如，在一场宴会中，

和平饭店国宴级中餐主厨马浩成

原定的小包房因客人临时增加而换到了更大的玻璃房，这意味着所有菜品都要调整为分餐模式，设备、人手、动线规划都需要重新安排。像这样的情况，我们几乎每周都会遇到，如果没有极致配合的高效协作文化，就会严重影响整体运营效率。

除团队精细化协作之外，精细化运营还包括对产品细节的精细化打磨。比如，仅仅是一道牛肉菜品，就会涉及刀叉的使用、餐具的选择、切割的便利性、摆盘的视觉呈现等多个环节。曾经有一次，服务员在为客人上菜时使用了弧度较深的碗盘，导致客人用刀叉切割时十分不便。从那以后，厨房和前厅团队建立了更精细的沟通机制，确保每一道菜都能在最恰当的器皿中呈现，带给客人最佳的体验。

同时，和平饭店还非常注重线上客户反馈。每一条负面评价，都会由专人跟进，鼓励客人积极参与餐厅的管理和改进，通过良好的客户反馈管理，不断提升服务质量和宾客满意度。我们需要把上海和平饭店这一奢华地标型酒店的形象传达给更多人，让更多人认识到其背后的精神。

长隆珠海度假区酒店板块总经理耿勇祥

随着餐饮行业竞争的日趋激烈，长隆横琴酒店也开始从供应链整合、餐饮服务、内部管理等多个维度进行精细化管理，以确保品牌竞争力。

在供应链上，集团将不同区域的采购需求进行整合，提高采购量，以获取更有竞争力的价格。同时，管理团队加强了对供应商的考察，不再局限于过去的固定供应商，而是通过展会和市场调研，寻求高品质、性价比更高的食材供应链合作伙伴。针对过去采购管理的“随采随买”模式，酒店新设立了计划采购组，要求各部门提前制订采购计划，并通过长期采购协议锁定部分食材价格，以减少市场波动带来的影响。这种模式类似“期货采购”，在保证食材供应的同时，也有效降低了浪费。除了采购优化，酒店还强化了库存管理，每周进行盘点，确保库存的精准化使用。例如，在餐厅预估当天客流时，不仅计算总人数，还细化到儿童、女性、老年人等不同人群的消费习惯，以便更精准地备餐。这种数据驱动的精细化管理，使食材利用率大幅提高，减少了浪费。

长隆珠海度假区酒店板块总经理耿勇祥

在餐饮服务上，长隆横琴酒店的餐饮服务不再仅仅是“吃饭”，而是希望打造一种沉浸式的体验。为此，酒店在餐饮服务中融入了多种创新元素。首先，酒店根据不同主题区域，打造特色餐厅。例如，在企鹅酒店的自助餐厅，游客在用餐时可以看到真实的企鹅生态，增强互动性；飞船酒店则依托珊瑚馆，提供与海洋主题相关的餐饮体验。其次，在部分餐厅，酒店引入了现场表演，比如在儿童自助餐厅中，服务员会定期组织小朋友互动舞蹈，让用餐过程变得更加欢乐。

在内部管理上，酒店推出了“快乐服务”培训体系，不仅要求员工具备专业技能，更强调服务意识的培养。酒店鼓励员工跨部门轮岗，例如厨师在淡季可以调往前厅服务部门，以提升综合能力，同时降低人力成本。未来，酒店将持续优化供应链，提高就餐转化率，并探索新的沉浸式餐饮体验，以保持市场竞争力。

Q 您认为精细化运营对餐饮品牌的考验有哪些？您的品牌是如何克服的？

孙北北面包创始人孙鹏

精细化运营最重要的是思维模式的升级。其一，要引入互联网的思维方式，比如快速迭代、共享创新这样的思维，不能把互联网、数字化单独理解成一个工具，如果没有快速迭代、开放性、包容性的思维方式，肯定做不好精细化运营。其二，在具体使用层面，精细化运营一定要有好的数字化工具。其三，精细化运营一定要借助互联网的营销方式。我们和美团的战略合作，让孙北北从创业一开始，就具备非常强大的系统支撑。

厦门小觅渔餐饮管理有限公司总经理吴河钦

我们遇到的挑战主要表现在三个方面。一是品质控制。随着分店数量的增加，

厦门小觅渔餐饮管理有限公司总经理吴河钦

确保各分店的菜品质量和服务水平保持一致是一个挑战。在此方面，我们通过建立严格的品质控制体系和利用现代信息技术对食材的采购、储存、制作等过程进行实时监控来克服。二是成本控制。公司总部要投入大量资金用于品牌建设、供应链管理、人员培训等方面。对此，我们通过精细化管理降低食材浪费、能源消耗等成本，并利用规模效应与供应商进行长期合作，争取更优惠的采购价格。三是市场竞争。餐饮市场竞争激烈，需要不断创新营销策略，如利用社交媒体进行精准营销、推出个性化的菜品和服务等。通过上述策略和方法，小鱼号品牌在保持品牌一致性的同时，实现精细化运营，提升了用户体验和品牌价值。

怪噜范创始人邬忠芬

我们遇到的最大挑战是大部分的门店一线管理人员缺乏对线上数据的基础认知，所以难以很好地实现线上线下的互相赋能。我们也在通过培训逐渐提升一线管理人员的线上运营意识和能力。

和平饭店国宴级中餐主厨马浩成

和其他的中餐厅不一样，和平饭店的中餐厅是更有烟火气的地方。我们的客群结构非常多元，既有日常的商务宴请、家庭聚会，也有高端私人订制和国宴接待，每一类客人都有不同的需求，即使同一类型的客人也有不同的需求，如同样是生日宴，年龄不同需求就会不同。在日常运营中，我们会根据客人的具体情况调整菜品内容，并且我们需要不断推出创新菜品以满足宾客的期待。在坚持传统口味的同时，融入现代化甚至是艺术的元素，确保每道菜都具有和平饭店的独特风格和深厚的文化底蕴。比如，龙凤厅凭借精细化运营的策略，实现了质的飞跃，不仅提升了内部工作效率，更是将深厚的文化底蕴融入每一个运营细节，使龙凤厅的品牌影响力日益扩大。

2. 数智化赋能：餐饮效率提升与消费体验重构的“工具箱”

Q 数字化在餐饮行业发展中的作用日益凸显，您的品牌在数字化转型方面有哪些实践?

莲香楼总经理李启明

数字化是管理方式的进化，是让餐厅运营更精准的“放大镜”。举个例子，过去，我们的菜单上有 80 道菜，但通过数据分析，我们发现 80% 的销售额其实来自其中的 20 道菜。这一发现促使莲香楼精简菜单，减少销量较低的菜品，提高厨房运作效率，不仅降低了食材浪费，节省了成本，也让前厅的翻台率大幅提升。

上海东盛自助料理总经理李树才

在数字化管理上面，除了传统的中后台数字化系统，东盛还有一个包含人工智能识别功能的数字化系统，一旦某个餐品少到一定程度，系统就会自动提醒，这极大地提升了门店运营效率。

孙北北面包创始人孙鹏

数字化是孙北北面包的基因，因为对于过去整个连锁行业的数字化变革，我不仅是见证者，更是参与者。从收银到供应链、会员和社群营销、门店运营管理、门店选址等各个环节，我们已经实现了数字化全链条打通。过去，餐饮品牌的管理方式是只依靠督导去管理门店，今天我们靠的是数字化的系统来提升整体效率。在选址方面，我们也正式引入了美团的选址系统。当然，数字化的价值还有很多挖掘的空间，如会员营销。当下的餐饮行业已经从增量市场转变为存量市场，用户复购变得越来越重要。过去，品牌把顾客看成流量，关注翻台率，但现在我们要把每个顾客看成一个独立的人，要了解他的消费习惯和喜好，进行精准化的服务。

东池便当总经理滕宁彬

数字化管理的根本是通过有效和及时地提供数据，让管理者能够第一时间对将要发生或者会发生的事情作出预判。从过程来讲，数字化管理是在营业额、毛利率以及人员效率等角度作可视化、集成化管理，虽然数字化管理也包括成本管控的精细化，但数字化管理不仅是为了控制成本和降低成本，还是为了提升人员效率。从营销方面看，数字化管理就是要基于数据对营销活动的投入回报周期进行精准把控，细化到每个阶段。当然，我们现在说的数字化管理，我认为是如何通过一组组数字来看经营过程中发生的问题。

厦门小觅渔餐饮管理有限公司总经理吴河钦

数字化在餐饮连锁经营中的应用已经相当广泛，目前绝大多数餐饮企业已经实现了点餐和收银的数字化，在外卖平台上也有相对成熟的 SaaS 产品，能对应做智能投放。我们两年前开始建立自己的 BI 模型，通过两年的实践，现在在选址模块、菜单模块以及经营模块方面已经有自己的量化模型。在这个基础上，我们可以高效地进行市场决策，给予新老门店及加盟商快速的响应与反馈，提高服务效率。此外，我们也在进行线上渠道声量建模，打造品牌综合声量评估，为下一步的门店宣传做声量容器。

Q 很多人认为，智能化是餐饮行业的未来。从您的实践探索看，目前 AI 技术在餐饮业的哪些环节有比较好的落地？

杨记营诚董事长杨勇

罗妈砂锅也尝试过智能炒菜机，我认为智能炒菜机很适合用在人均 30 元以下的快餐上。但人均 50 元以上的餐厅不适合用智能炒菜机。因为这个价格段的消费者更看重“锅气”和“烟火气”，而在此方面，智能炒菜机还不太成熟。虽然智能设备在餐饮中仍有局限，但 AI 在提升人效和优化运营方面的潜力巨大，未来有望在更多场景中发挥作用。

美团餐饮 SaaS- 产品组负责人老胡、数智策略组雪路

基于 AI 技术的持续演进，我们构建了覆盖餐饮全链路的系列智能解决方案。从经典专家系统，到大数据驱动的机器学习，再到当前的大模型技术浪潮，我们已实现识别、预测、推荐、生成等核心 AI 能力与业务系统的深度整合，并在餐饮行业互联网化中完成多场景落地，覆盖了从选址优化、菜品智能管理、客户全周期运营，到门店效能诊断及供应链智能调度的全链条环节。

在选址场景上，为了切实提升企业开店位置推荐的好店概率及商圈评估的可参考性，实现对城市适合开店的位置预测以及对目标商圈的定性定量评估、风险点预警，我们综合了大量跨领域的 AI 能力，推出了智能选址的系列产品。在实现过程中，不管是商业 POI（兴趣点）的聚簇算法，还是综合了人流、客流画像、经营环境、竞争系数等多维特征进行的大数据建模预测，抑或是大模型对品牌门店画像的特性分析，都最终指向了对客户业务流程的 AI 赋能及最终门店选址成功率的提升。

在菜品管理场景上，我们提供了从菜品操作到洞察、分析、优化的系列能力。不管是高频的语音一键录菜的便捷操作、大模型能力智能优化菜名及配图以提升转化率的小而美的能力，还是进阶地围绕菜单体系进行问题诊断、菜品改良调优、价格设计、新品孵化信息发现、套餐智能测算组合推荐等场景的解决方案，AI 技术都贯穿其中，支持了信息的大量收集、分类分析及处理、推理的能力实现。

在客户运营场景上，通过对用户偏好及消费场景的识别，我们实现了扫码点餐系统的个性化推荐；同时，我们推出“营销云”产品，协助门店进行精准营销，通过 AI 技术整合平台及门店私域客户画像，分析用户评论、行为数据，提取关键洞察，并基于历史数据预测，提供分层的用户促复购、提转化、防流失系列智能营销策略。

在门店巡店及管理场景，我们建设了“数智督导”全硬件结合产品。带有图像识别能力的 AI 摄像头，能动态结合 POS 系统数据进行智能监测及分析，助力连锁企业及时发现门店的风险点及优化点。在评价管理场景，受益于大模型能力的加持，商家现在可快速处理全渠道评价，并获得多维度的洞察。同时，评价作为餐饮中独特的沟通场景，未来我们也能通过评价的及时智能回应、个性化互动，可以更好地增强消费者与门店品牌间的情感联结，并持续优化改进，扩大正面影响力。

在库存与供应链管理上，我们通过 AI 分析销售数据与天气、商圈门店类型、活动影响的相关关系，进而预测食材原物料订货的需求，预警库存问题。同时，由大模型支持的行业专家智能体问答及改进动作建议，可以进一步协助管理者有效进行“监控→分析→行动”的改进闭环，最终优化库存周转率，降低浪费。

当然，以上只是大概列举了一些主要模块的具体场景 AI 能力建设。整体而言，我们很早就启动了 AI 在餐饮实际业务中的落地，并持续保持对引入新技术的敏感度。以 DeepSeek 的应用为例，DeepSeek 浪潮在 2025 年年初掀起，而平台不仅早在 2024 年年中就接入了 DeepSeek 的早期版本用于数据总结处理，也在第一时间将 DeepSeek-R1 的满血大模型 reasoning model 的能力引入商家的 AI 助手中，持续践行“用科技和服务，帮助餐饮企业持续成功”。

从 SaaS 的视角来看，平台业务的成功本身等同于直接为商家成功创造价值。以扫码点餐中的菜单优化及个性化推荐为例，AI 的加持可直接带来转化率的提升；以 AI 选址网规场景中的好店模型为例，其推荐的商圈位置成为好店的概率，可比原传统方式的选址网规平均提升 55.6%，直接影响了开店成功率的基本盘；以供应链预估场景中的订货预测为例，其预测可用天数稳定超越传统预估方式 20% 以上，直接指向了订货满足度的提升和损耗的下降。

间接的改变则更集中于对处理效率的提升以及信息数据的洞察分析场景。譬如，通过 AI 辅助进行巡店及评价管理，可以节省对应岗位工作人员 70% 以上重复的视频巡检劳作及评价语料分析；在信息洞察、辅助决策的场景，通过多维数据指向的分析结果，及时发现门店某渠道转化能力下降、某菜品表现不佳的问题点，可辅助商家快速地、有针对性地进行改良优化，从发现到决策的时间周期从月度缩短到周度，部分场景可从周度缩短到日度，直接影响门店达到经营稳定的时间周期，进而影响回本周期。

冇味湘潭菜总裁彭敏

2024 年，基于冇味湘潭菜的供应链优势，我们开始探索纯外卖店，孵化了新品牌钵子村，引入了炒菜机器人，产品的还原度基本上能够达到 90%，甚至更高。

钵子村采用炒菜机器人主要是为了解决标准化的问题。从实际运营情况看，炒菜机器人的效率会更高一些，只要把流程设置好了，炒菜机器人可以一直工作。现在，一个外卖门店只需要 4 个人就能高效运营。

孙北北面包创始人孙鹏

智能化一定是餐饮行业的趋势。比如，智能监控可以帮助品牌及时高效发现门店的各种问题。又如，在供应链的订货端，原来是靠人、靠经验，接下来可以实现智能订货，结合同比、环比的销售数据、品类结构、天气等各种要素，对订货、生产情况进行精准的预估，基本上能解决依赖经验的问题。孙北北目前已经上线了美团 AI 的功能，结合我们的数据和使用，我们也非常期待和美团 AI 的共创共建。

任何一个行业的变革一定不是单纯的商业模式的变革，其背后一定是技术本身的变革。以烘焙赛道和孙北北面包为例，我们能够快速发展，本质上是背后供应链技术更加成熟，这带来了商业模式变革的可行性。所以从这个角度看，AI 技术一定会给餐饮行业带来全新的可能，甚至是颠覆式的变化，孵化出很多今天意想不到的商业模式。

江渔儿总经理孙滇

从我们的实践经验看，AI 在餐饮业的应用目前主要集中在炒菜机器人上面，在其他环节的落地非常少。这主要是因为餐饮行业缺少既懂 AI，又懂餐饮的复合型人才。

江渔儿目前已经引入了炒菜机器人。我们通过测试发现，炒菜机器人在火候、时间、温度的控制上比人更加稳定，更能保证菜品的品质，而且它的效率也更高，能够将厨师长解放出来，使他能够把更多的精力放在量化管理跟品质化监督上面。举个例子，手撕包菜这道菜因为每天的销售率比较高，过去至少需要两个操作人员，但现在只需要一个人把称重好的食材交给炒菜机器人就可以，整体效率提升了 50% 左右。此外，炒菜机器人的应用也提高了新菜的上新速度。现在，我们只需要把研发测试好的菜品数据输到系统里，厨房准备好食材就可以直接上线销售了。

Q 从当下的情况看，AI 改造升级传统餐饮行业，最大的难点和挑战在哪里？餐饮企业在接受智能化解决方案时的主要顾虑是什么？

美团餐饮 SaaS- 产品组负责人老胡、数智策略组雪路

就我们当前的认知来看，难点和挑战其实集中在以下三个方面。

一是数据基础问题。源头业务数据线上化比例较低、线上数据结构化程度较

差，数据治理难度大。中小商家普遍存在POS系统、外卖平台、会员数据未打通的问题，70%的企业无法实现多源数据融合，影响AI模型的精准度。同时，餐饮本身是一个非常有线下烟火气的生意，仍然有大量的线下信息没有被很好地收集与管理起来。数据是AI发挥的前提，算法仍然面临“巧妇难为‘少’米之炊”的痛难点。我们也在推出跨领域一体化系统、软硬件结合的解决方案来逐步尝试解决这些问题。

二是场景差异化问题。餐饮百花齐放，同样是一杯奶茶、一份小吃，放在佐餐场景还是健康餐场景，消费场景和可发挥的重点就截然不同；同样是茶楼，在成都的定位和在上海的定位就有明显差异。中华美食博大精深，地域性特色浓厚，要读懂中国人的味蕾，积累大量的、深入的行业认知，构建有针对性的分析方法，才能让AI把劲儿用对地方。

三是AI信任度问题。AI至今虽然有了非常大的飞跃式发展，但毕竟不是“算命”。预估本身无法完全精准，AI提供的方案也需要关键专家再加以甄别和适配改造才能更好地应用于现实场景。在实际推进过程中，当遇到不可避免的部分数据的缺失错误、大模型输出的幻觉结果时，企业很容易短期快速丧失对AI应用的信任感。部分场景替代工作、大规模场景提效的人机协同模式还需要进一步打磨，相信这也是整个人类社会本身与AI的终极命题。

孙北北面包创始人孙鹏

AI改造升级传统餐饮行业是一个趋势，但怎么和餐饮深度结合还需要不断地探索实践。AI现在还是一种飘在空中的感觉，我们需要从实际经营的角度去思考怎么开发和使用好AI工具，怎么在实际过程中帮品牌解决实际业务问题和提高业务效率，这个必须是懂AI的人和懂业务的人相结合才能迸发火花。同时，我认为当前最大的挑战依然是我上面提到的思维模式的改变。如果传统的餐饮行业伙伴，从老板到团队，只是嘴里喊着AI，但没有真正从思维模式上去改变、去包容，那基本上AI对这个企业的帮助会非常有限。

东池便当总经理滕宁彬

当下，炒菜机器人在餐饮行业受到广泛关注，这是一个很好的方向，但我不认可用炒菜机器人可以减少厨师数量的观点。餐饮行业采用炒菜机器人是为了提升效率。举个例子，一个3人的门店，再怎么做日营业额可能都无法突破5000元。如果增加了2台炒菜机器人，就会增加出餐的速度，3个人加2台炒菜机器人，可能干了6个人的活。但是，如果品牌引入炒菜机器人是为了把厨师替代掉，那就走错了方向。我认为，AI改造升级传统餐饮行业，不仅是智能工具的引入，更重要的是思维的升级，要把员工解放出来，让他们去发挥更大的作用，服务好每一位顾客，才能有更高的复购率，门店才能有好的营业额和开出更多的门店，从而形成良性的发展。

3. 生态共赢：流量、数据与品牌价值的深度联动

Q 开展线上运营，选择合作平台时，您主要考虑的因素有哪些？对各个平台如何定位？

粤饺皇餐饮公司总经理邵坤

我们对每个平台都有一个定义词。对于短视频平台，我们的定义词是“引流”，能不能把更多的新客转化到线下。对于大众点评，我们的定义词是“口碑”，它的流量更精准，我们会通过大众点评评估门店的线下服务、交付的环节能不能满足消费者需求。

孙北北面包创始人孙鹏

对各个平台，我们会从三个维度进行定位。一是品牌营销平台，我们会以短视频类的社交媒体为主。二是销售平台，主要以美团外卖等平台为主。三是大众点评这类品效结合的平台，既要给门店带来客流和销售，也同时承担了品牌营销的功能。当前，孙北北也在小程序会员体系上进行深入挖掘，自营平台对品牌连锁也是非常重要。

厦门小觅渔餐饮管理有限公司总经理吴河钦

在选择合作平台进行线上运营时，主要考虑平台的用户覆盖范围和市场份额、平台的用户特征、平台的服务费用和推广效果、平台的流量和曝光度、平台的数字化管理能力、平台的供应链和物流支持、平台的本地化服务能力等因素。不同的平台有不同的用户群体，我们需要根据自身的目标客户群体选择匹配的平台。例如，美团外卖在当前外卖市场中占据较大份额，用户覆盖广泛，我们就会优先考虑先上美团外卖。

上海中心J酒店总经理富爱德（Foued El Mabrouk）

我们在选择合作平台时，主要会考虑三大因素：一是平台的受众人群；二是平台背后的服务支持能力；三是平台的商业模式。每个平台都有不同的客户群，对于品牌而言，需要针对不同的客户群制定自己的运营和营销方案。举个例子，小红书适合“种草”，抖音适合曝光和引流，美团点评的交易属性则更强。

Q 您如何看待平台和餐饮品牌的关系？您如何定义平台在新一轮增长周期中的角色？

中国全聚德（集团）股份有限公司党委书记、董事、总经理周延龙

一直以来，我的理念都是餐饮要回归到商业的本质，在人、货、场三个维度上全面提升餐饮门店的商业化运行水平和质量。因此，我从来没有把美团当成一个工具，而是一直将其视为全聚德的一个平台。这个平台就像一个客流稳定的商业综合体，为我们提供了更多的可能。无论是美团还是全聚德，无论是商户还是平台，我们最终的目标只有一个，就是真正地为消费者做好饮食方面的事情。

美团公益平台负责人李梦阳

在消费者价值观升级与行业竞争多元化的双重驱动下，社会责任已成为餐饮品牌竞争力的核心要素之一。这一现象反映了餐饮行业的商业逻辑正在从“利润至上”向“义利共生”的深刻转变。一方面，“Z”世代更关注品牌背后的社会价值，有很多调研都显示消费者愿意为践行环保、公益的餐饮品牌支付溢价；另一方面，餐饮消费的本质是“信任购买”——无论是食材安全、服务承诺、环保理念还是公益慈善，社会责任成为品牌可信度的具象化表达。

美团连接了数万合作商、数百万骑手、近千万商家以及亿万消费者，我们通过产品流程设计，激发生态圈成员履行社会责任的意愿与动力，让消费者能够通过平台找到履行社会责任的商家，也让商家能因践行社会责任而获得消费者的青睐。在美团上经营的餐饮商家可以加入“公益商家计划”，消费者每完成一笔订单，商家即捐出定额善款。目前，美团上有 64.4 万餐饮商家加入了公益商家计划。公益商家能在美团 App 露出公益标签、公益档案，消费者能看到商家的善行善举。同时，美团自研了善款追踪系统，实现捐赠资金流向的全链路可视化。以“美团乡村儿童操场”为例，公益商家每累计捐赠 20 元即可以为乡村幼儿园铺设一块操场拼接地板，商家和消费者都可以看到捐赠的地板铺设到了操场的哪一块地板上。截至 2025 年 2 月，该项目已累计建成 2934 座操场，覆盖了贵州、云南、西藏、青海等 29 个省、自治区、直辖市的 2128 个乡镇，40.8 万名乡村儿童直接受益。

美团在行为公益上也开发了一些公益产品。比如，用户可以通过美团碳账户，积累一些低碳行为的积分，现在通过美团外卖选择无需餐具订单、点选小份菜等行为，都能获得相应的积分，这些积分都能用来支持公益，实际的善款由美团公益基金会配捐。通过这种方式，美团连接起消费者和商家，以更多形式、更低门槛来践行社会责任。

莲香楼总经理李启明

餐饮品牌和平台之间是相辅相成的，餐饮品牌在平台上做得好，大家会慕名而来；如果投诉率占比高，业绩下降得也很快。从这个角度看，互联网平台就像企业管理的一面镜子，我们内部会把大众点评看成一个管理系统，基于平台用户的反馈来反推，解决内部的管理问题。

上海东盛自助料理总经理李树才

站在东盛的角度看，我认为大众点评这样的平台带来的不仅是流量和生意，还有品牌价值，因为大众点评的数据其实就是品牌力的量化呈现。所以，我们每周都会对大众点评的数据进行分析，利用数据仪表盘等功能，优化我们的产品和服务。

深圳君悦酒店中餐行政总厨刘求财

平台和餐饮品牌之间其实是互利共赢、共荣共生、可持续发展的关系。尤其是在餐饮竞争日益激烈的今天，线上运营能力已经成为酒店餐饮增长的重要引擎。比如，自从深圳君悦酒店主席楼获得黑珍珠认证后，餐厅的美团 & 点评曝光量和客流量大幅增长，吸引大量慕名而来的消费者，尤其是香港客群。同时，团队每周也会召开“点评复盘会”，分析顾客反馈，找出最受欢迎的菜品和需要优化的服务环节，确保持续提升用户体验。这些策略的实施，让深圳君悦酒店不仅在行业内维持了领先地位，也实现了餐饮收入的稳步增长。未来的市场竞争，既是产品和服务的竞争，也是线上运营能力的竞争。2025年，酒店将进一步优化平台运营，利用大数据精准营销，提高复购率。

厦门小觅渔餐饮管理有限公司总经理吴河钦

平台与餐饮品牌之间是互相成就、共生共荣的关系。餐饮品牌可以利用平台提供的数据和工具优化经营策略和进行产品创新，调整产品结构和营销策略，利用平台的物流配送优化供应链管理，制订更加精准的采购计划，提高效率和降低成本。比如，美团经营洞察功能可以帮助企业进行用户画像分析、市场趋势预测等，为产品创新提供数据支持。又如，美团平台覆盖的场景和人群与小鱼号品牌高度契合，能够帮助小鱼号实现较大范围的品牌曝光和用户触达。

怪噜范创始人邬忠芬

平台和餐饮品牌的关系在我看来其实是一个相互成就的关系。在和平台的合作过程中，我们通过平台获得了更多的品牌曝光和顾客。平台的数据可以一定程度地反映出各个门店的线下运营水平。而通过平台数据，我们也可以对应地进行一些经营策略的调整，提高产品研发时的考察效率，从传统的“走到哪儿看到哪儿”变成如今的“看到哪儿走到哪儿”。

上海中心J酒店总经理富爱德（Foued El Mabrouk）

我一直认为，专业的人做专业的事。比如，在数据采集上面，酒店餐饮是一个单一的模式，而美团这样的平台则可以通过多元的模型去整理分析数据，帮助我们从年龄、地域、消费能力等各个维度对消费者进行画像，进而围绕消费者的真实需求，不断地优化产品和服务，增加顾客满意度，提升品牌的竞争力。所以，平台和品牌之间是一个共生共赢的关系。

长隆珠海度假区酒店板块总经理耿勇祥

在消费模式转变的背景下，外卖平台的兴起给传统酒店餐饮带来了挑战。消费者即使入住酒店，也可能更倾向于点外卖，而非在酒店餐厅用餐。这种现象促使长隆横琴酒店重新审视与平台的关系。我们认为，平台不仅是竞争者，更是合作伙伴。

酒店通过与平台的数据合作，能够更精准地了解客群需求。例如，平台提供的用户画像可以让酒店在菜单设计、定价策略等方面作出更精准的调整。酒店还利用平台进行品牌曝光，通过营销推广活动吸引更多游客选择在酒店内就餐。

面对消费者习惯的变化，酒店也积极调整营销策略，与各大线上平台展开合作。酒店通过大数据分析，精准推送套餐优惠信息，同时在点评平台优化顾客反馈机制，利用高质量的消费者评价吸引更多潜在客户。此外，酒店还推出了房餐套餐，即消费者在预订房间时，可直接选择包含餐饮的套餐，以提高就餐转化率。

三、消费者更关注质价比，餐饮业从“竞价”走向“竞质”

2024年以来，中国餐饮行业的竞争日趋激烈，价格战成为众多品牌争夺客源的主要手段。无论是老牌餐饮企业，还是新兴的创业者，都在这场激烈的角逐中奋力突围，相关讨论也从性价比转向极致性价比。与此同时，餐饮商户的利润空间也被不断挤压。从性价比到极致性价比，这背后的底层逻辑是什么？面对如此内卷的行业环境，餐饮品牌又该如何迎战？

以下内容为访谈实录。

1. 效率化竞争：成本控制与价值重构

Q 2024 年，餐饮价格竞争不断升级。您如何看待这一现象？这背后反映了餐饮业的哪些趋势？

北京南城香餐饮有限公司董事长汪国玉

价格战并非某个品牌主动发起的，而是由市场环境决定的。消费者更注重性价比，品牌必须迎合这一趋势，提供更有竞争力的价格，才能留住顾客。但价格战不仅仅是低价，如果只是单纯降价，而不优化运营模式、降低成本，即便短期吸引了客流，也难以长期生存。

价格战的本质是效率化竞争、精细化管理和长期主义策略。在我看来，餐饮行业的底层逻辑不会变——消费者永远需要高性价比、高质量的餐饮体验。谁能做到这一点，谁就能在市场变革中立于不败之地。也就是说，价格战不会一直持续，但它带来的行业变革已经不可逆转。

龙泉集团董事、副总裁邢勇

2024 年餐饮价格战不断升级，这一现象反映了当前餐饮业竞争的激烈程度。其背后主要体现了以下趋势：一是市场饱和度较高，餐饮企业为争夺有限的市场份额，不得不通过价格手段吸引消费者；二是消费者对价格敏感度增加，在经济形势和消费观念的影响下更加注重性价比；三是行业同质化严重，许多餐饮企业在产品和服务上缺乏差异化优势，只能依靠价格竞争来立足市场。

我们认为，过度的价格战并非可持续发展之道，虽然短期内可能会吸引部分消费者，但长期来看会压缩企业的盈利空间，影响产品质量和服务水平。因此，餐饮企业应更加注重产品创新、服务提升和品牌建设，通过提供独特的消费体验来提高顾

龙泉集团董事、副总裁邢勇

客的忠诚度和复购率，避免陷入单纯的价格竞争泥潭。

热气饼店合伙人冯宇玮

我认为不能单一地从价格本身来看待价格战，如果只关注价格，产品品质越来越差，消费者其实是不认的。消费者更希望以合理的价格购买到让自己有满足感的东西，消费者真正想要的并不是便宜，而是“值”。也就是说，随着越来越多的消费者变得更为理性，餐饮市场开始进入“质价比为王”的新阶段。

麦卡珑比萨董事长李会泽

近年来，中国餐饮行业进入新一轮竞争，价格战愈演愈烈。这反映了餐饮行业从“增量市场”进入“存量市场”的深刻变化。我认为，价格战的本质并不是拼谁的价格更低，而是拼谁能在低价竞争中依然保持盈利，拼谁能在低价竞争中持续提升经营质量。在低价竞争中，如果无法保持盈利，如果以降低经营质量为代价，必然会被市场淘汰。

上海东盛自助料理总经理李树才

2024 年，餐饮行业整体承压，消费者更加注重性价比，自助餐行业的竞争尤为激烈。50~60 元的低价自助餐层出不穷，甚至很多火锅、烤肉店也开始推出自助模式，市场价格战进入白热化。但是，羊毛出在羊身上，如果一个品牌靠低价竞争，那它最终势必会在品质上作出妥协，进而影响消费者的长期忠诚度。所以，单纯的低价竞争并不能够带来长期的生存空间。

芳竹园火锅创始人梁继坤

从创立至今，芳竹园一直坚持做“高体验、低客单”的火锅，始终坚持锅底免费、白虾一元一只，免费提供水果、冰激凌、饮料等增值服务。在我们看来，餐饮品牌不能把极致性价比看作一种短期的营销手段，而是要把它当作品牌的核心价值观。餐饮行业的竞争，最终比拼的是谁能真正把“便宜又好吃”做到极致。我们更关心的是花了多少钱放到顾客嘴里，而不是投在营销上。

谷田稻香总经理刘红超

餐饮价格战比的不仅是价格，更是餐

谷田稻香总经理刘红超

饮品牌的综合实力和市场竞争力，比的是供应链优势、成本控制能力、产品品质与创新能力以及品牌影响力与顾客黏性；价格战的背后反映了餐饮行业的以下几点趋势：一是消费需求更加理性和多元化；二是行业洗牌加速，集中度提高；三是数字化和线上化趋势加强；四是产品服务和创新，成本控制和运营效率提升成为餐饮竞争的关键。

上海金茂君悦大酒店总经理孟祥瑾

内卷是行业的一个普遍现象，2024年，上海金茂君悦 · 食在56海鲜自助餐厅的客单价也较2023年略有下降，但我们还是坚持了品牌一贯的经营思路，即以品质取胜。我们认为，价格内卷是行业竞争中最常用的手段，但也是最不持久的手段，所以餐饮经营的立足点和出发点还是把品质做好，这才是在市场竞争中取胜的关键。

三个渔夫 · 蒸汽海鲜创始人孙作权

过去，消费者愿意为“品牌溢价”买单，但现在他们更关注“质价比”，希望用合理的价格享受到真正优质的美食。餐饮价格战的本质是回归到信任——消费者对餐饮企业产品、服务、价格的信任。我一直认为，三个渔夫卖的不是海鲜，卖的是顾客对品牌的信任，真正决定一家海鲜餐厅生意好坏的，不是价格的高低，而是客户对产品的认知、对品牌的信赖。

侨美集团总经理杨百杰

餐饮价格战反映了餐饮业竞争加剧、消费者需求变化等趋势。部分消费者在选择餐饮时更加注重性价比，对价格更为敏感，同时市场供给过剩，导致部分企业通过降价等方式来吸引顾客。这也说明同行在不断进步，通过优化供应链、降低采购成本、合理规划人手、提升运营效率、减少不必要的开支，从而让价格有了更多下探空间。

全牛匠创始人兼董事长袁彬洪

经济环境与消费变化让消费者变得更加谨慎，对价格更为敏感，倾向于选择性价比高的餐饮选项。与此同时，餐饮市场饱和度较高，新进入者不断增加，各品牌之间的竞争日益激烈。为了在有限的市场份额中占据一席之地，吸引更多的客流量，企业选择以价格战作为竞争手段，试图通过低价策略来获取竞争优势。受此影响，行业可能会加速洗牌，行业集中度会进一步提高。同时，价格战也可能促使企业更加注重产品和服务的创新，未来餐饮行业可能会逐渐从价格战转向价值战。

重庆丽晶总经理杨隽翰

餐饮价格内卷现象是产品同质化的结果。当品牌的个性逐渐缺失，顾客对品牌的忠诚度就会越来越低，满意度也越来越低。在这种情况下，顾客自然会用价格考量品牌，而餐饮品牌为了吸引顾客，会不可避免地走向价格战。所以，品质永远是第一位的，当品牌把自身的品质与竞品区隔开后，自然会赢得消费者的青睐。

2. 盈利空间优化之道：供应链升级与差异化运营

Q

在价格竞争愈演愈烈的背景下，很多品牌利润空间受到明显挤压，微利是否会成为餐饮业的一种常态？品牌应该如何平衡低价与盈利之间的关系?

北京南城香餐饮有限公司董事长汪国玉

2024 年，各大餐饮企业感受到市场环境变化——营收下降、利润下降。2025 年，餐饮人的收入会比 2024 年好，因为大盘还在往上走。但餐饮暴利的时代已经一去不复返了，微利是未来的常态。价格战其实就是个洗牌的过程，是中国连锁化进一步提升的必经之路。

龙泉集团董事、副总裁邢勇

受价格战影响，微利现象在餐饮业日益突出。但微利并不一定会成为餐饮业的常态，这取决于企业的应对策略。餐饮品牌可以从以下几个方面应对：一是加强成本管理，提高运营效率；二是注重产品差异化，深入挖掘自身品牌的特色和优势；三是提升品牌附加值，通过文化营销、情感营销等方式，赋予品牌更多的内涵和价值；四是拓展多元化盈利渠道，增加收入来源；五是灵活用工，降低人工费用。

麦卡珑比萨董事长李会泽

任何一个行业、一个品牌，都不应该追求暴利，追求暴利是不会长久的。麦卡珑也不会追求短期暴利，而是要成为一个真正能长期发展的品牌。在我看来，当下的餐饮行业并不是趋于微利，而是正在回到合理的利润范围。当然，如果一个餐饮品牌的定位不清晰，竞争力不强，它的利润空间就会变得越来越小。但是一个餐饮品牌如果具备自己的独立性，具备精准的定位，有非常合理化的菜品结构，它就能和竞争者区隔开，这种差异化就可以帮助它创造合理的但并不见得是微利的利润。

三个渔夫·蒸汽海鲜创始人孙作权

餐饮经营的核心是便宜和质量好，即极致的质价比。餐饮经营的目标是盈利。房租不降，人员工资在涨，企业也在合规化经营，品牌不盈利不仅生存不下去，也无法为员工和顾客提供持续的价值。因此，对于餐饮企业而言，想要可持续发展，就一定要在保证品质的同时，依然能够拥有健康的利润空间。未来真正能够立足的品牌，不是利润最高的，而是最懂客户的。

胡子大厨品牌负责人钟凯旋

越是不成熟的行业，毛利率越高，而

随着行业趋向成熟，毛利率就会回归到正常水平。当下的餐饮行业，看似利润空间受到挤压，其实是回归到一个行业的利润平均值。这时候，餐饮人的思维也要随之升级，不能再靠人口红利，而是要靠管理红利，这是品牌发展的长线战略。

重庆丽晶总经理杨隽翰

我一直坚信，品质是餐饮品牌长线经营的核心价值。但坚守品质不容易，品牌在发展过程中会面临很多抉择，是选择做一家利润高的企业，还是选择做一家长久的企业，其实不太一样。在我看来，企业赚钱是目的，但还要以长期经营为目标，要有合理的利润，而不是暴利，不能只看重短期的利润，要做长期、正确且有价值的事情。

Q

面对行业内普遍的价格竞争，您的品牌采取了哪些差异化策略来避免陷入低价竞争的恶性循环?

麦卡珑比萨董事长李会泽

麦卡珑并未简单跟随降价，而是选择通过供应链优化，提高产品的质价比。在同样价格下，我们的食材一定要比竞争对手好；如果食材相同，我们的价格一定不能更高。

上海东盛自助料理总经理李树才

东盛的策略是，在保持价格稳定的同时，提升消费者的体验价值。近年来，品牌的客单价略有调整，整体依然维持在100~150元。同时，在体验感上，东盛不断优化就餐环境、提升食材标准，以让消费者在同样的价格下，获得更高的就餐满意度。

谷田稻香总经理刘红超

极致性价比并不意味着牺牲产品品质，反而更能促进餐饮人加强产品品质的把控。如何在保证品质的前提下降低成本，是古田稻香的追求，也是餐饮品牌需要面对的重要考验。

上海金茂君悦大酒店总经理孟祥瑾

面对市场变化，真正能让品牌长期稳健增长的，不是价格战，而是菜品质量、运营精细化和会员体系的深度耕耘。比如，我们的餐饮出品讲究不时不食，坚持为消费者提供时令的应季产品，包括我们的下午茶都会与时间和季节的变化进行适配。从行业属性看，餐饮行业是一个传统的服务行业，如果能把精细化运营落实到服务、管理、资源整合等全部经营环境中，

上海金茂君悦大酒店总经理孟祥瑾

就能在一定程度上避免陷入低价竞争的恶性循环。举个例子，供应链决定了餐饮的成本、品质和利润空间。在此方面，金茂君悦通过精细化采购和供应链管理，确保高品质、低损耗，并未因成本压力而降低品质，在竞争激烈的市场中保持住了优势。又如，金茂君悦的咖啡厅目前已积累了超过 4000 名忠诚会员，这些会员不仅带来了高频消费，也成为品牌口碑传播的核心推动力。

三个渔夫·蒸汽海鲜创始人孙作权

三个渔夫极致性价比策略的核心就是让顾客觉得值。但“值”这个概念，不是简单的便宜，而是“超出顾客的心理预期”。所以，三个渔夫还会通过极致服务为消费者提供极致的消费体验。比如，不同的海鲜有不同的吃法，涮的时间、搭配的蘸料都会影响最终的口感。为了让消费者获得最佳体验，我们会要求所有门店的员工必须主动地提供专业服务，适时提醒客人海鲜的最佳食用时间，并通过润物细无声的方式向顾客示范正确的食用方式。

胡子大厨品牌负责人钟凯旋

极致性价比其实一直都是餐饮消费者的需求点，对于餐饮品牌而言，最关键的节点和核心还是如何平衡成本和定价。因此，极致性价比考验的是餐饮品牌整体的经营能力，有一些极致低价的店一样会倒闭，根本原因还是顾客觉得不值。胡子大厨的策略，是在不降低品质的前提下，提高运营效率，确保每一家门店都能实现可持续盈利。

侨美集团总经理杨百杰

侨美应对餐饮价格内卷的方法是回归餐饮本质，把产品放在首位，同时输出更多关于广府西关菜的饮食文化。让顾客吃得好，同时吸引更多会吃、懂吃的顾客，让大家在成为美食家的路上，有侨美相伴。

重庆丽晶总经理杨隽翰

面对新的市场环境，我们持续在产品、服务、场景上突出自己的优势，提升自己的竞争力。在产品上，我们会根据每一季的新鲜食材设计菜单，让消费者可以品尝到当季最新鲜的食物。在服务上，我们不仅要求服务热情，更要求服务周到。举个例子，很多小朋友在用餐的时候，会看手机，将声音外放。注意到这个现象后，我们会专门为他们配备儿童耳机，同时也避免影响其他宾客的用餐体验。在场景上，我们不仅会为顾客提供舒适的就餐环境，还会优化各种细节提升顾客的就餐体验。比如，我们有一道铁板炒饭很受顾客欢迎，但考虑到消费者的口味各不相同，我们特意增加了一个试吃环节，不仅能更精准地掌握顾客所期待的口味，也增加了仪式感。

重庆丽晶总经理杨隽翰

Q 在价格竞争中，降本增效十分关键。您的品牌在此方面有哪些经验可以分享?

北京南城香餐饮有限公司董事长汪国玉

面对价格战，南城香决定主动迎战，而不是被动应对。2024 年，我们正式启动了“辉煌行动”，这不仅是一次策略调整，还是涉及组织架构、经营模式的全面升级，核心目标是在价格战中保持盈利，并通过精细化管理提升竞争力。在供应链上，我认为，真正的供应链是深入源头，从养殖到种植，到中央厨房，再到餐桌的全产业链布局。因此，南城香进一步优化采购模式，减少中间流通环节，确保食材价格稳定。与此同时，南城香还通过提升中央厨房的自动化水平，减少人工干预，提高生产效率，最终实现降本增效的目标。

龙泉集团董事、副总裁邢勇

2024 年，餐饮行业面临着复杂多变的市场环境，包括消费者需求快速变化、原材料价格波动、劳动力成本上升以及市场竞争激烈等多重因素交织。针对这些挑战，龙泉集团作出了一系列调整。在市场策略上，更加注重线上渠道的拓展，加大了对线上外卖和团购业务的投入力度，通过优化线上菜单、推出优惠套餐等方式吸引消费者下单。同时，加强了会员体系建设，提高会员的忠诚度和消费频次。在成本控制方面，除了优化供应链降低食材成本，还通过内部管理优化、提高人员工作效率、合理调整门店布局和营业时间，降低运营成本。此外，加大了品牌营销力度，通过与社交媒体、网红达人合作等方式，提升品牌知名度和美誉度，吸引更多潜在客户。

热气饼店合伙人冯宇玮

热气饼店的质价比策略，绝不是简单的低价竞争，而是基于品牌自身供应链能力的优化。品牌自建中央厨房，确保原料采购、加工、配送的全链路成本可控，让

热气饼店合伙人冯宇玮

门店既能维持合理的利润空间，又能在价格战中保持优势。同时，品牌并未停留在传统烘焙产品的范围，而是不断地进行产品创新和优化，例如推出更符合市场需求的大蛋挞、新配方吐司等，让消费者始终保持新鲜感，增强复购率。

麦卡珑比萨董事长李会泽

麦卡珑主要做了三个方面的优化措施。首先是建立集采合作机制，通过与其他品牌共享供应链、共同采购关键原材料，降低采购成本。其次是通过“自研配方 + 代工”模式控制成本，核心食材由麦卡珑自主研发，并由合作工厂代工，既保证产品品质，又降低生产成本。最后是通过优化食材管理，引入更精准的库存管理系统，减少原材料损耗，提升整体运营效率。通过这些供应链优化措施，麦卡珑依然能够保持健康的盈利水平。

上海东盛自助料理总经理李树才

东盛团队很早就开始布局供应链，包括建立中央厨房、物流中心和研发中心。这一前置性的投资，使东盛在后续扩展过程中能够有效降低食材成本，同时保证食材的新鲜度和品质。东盛的供应链优势在于能够直接从源头采购，而不是通过中间商层层加价。比如牛肉类食材，我们是直接从澳大利亚、新西兰等地进口整批牛肉，再通过中央厨房进行分割处理，以此降低单位成本。如果我们的食材全部依赖中间商采购，那么在上海做 100 多元钱的自助餐，我们肯定做不下来。

上海东盛自助料理总经理李树才

芳竹园火锅创始人梁继坤

在芳竹园发展的历程中，有很多品牌模仿过我们的商业模式，但是目前这些品牌都不在了，核心原因是它们没有强大的供应链。所以，极致性价比不是策略，而是一种能力。目前，芳竹园的供应链统配率已经超过 80%，涵盖了肉类、底料、丸滑、豆制品等核心食材。

在采购模式上，我们采用了“先付款、再提货”的策略，不欠供应商钱。在我们看来，如果你押供应商的钱，供应商就会把这笔资金成本算在里面，就无法给你最优质、低价的产品。这种方式虽然在短期内需要更多资金投入，但换来了长期稳定的供货价格和更低的成本。

更重要的是，我认为供应链并不只是拥有一个强大的厂，而是作为品牌方，能够嫁接顾客的需求和厂家的管理。你的菜单设计一方面要满足顾客的需求，另一方面要契合上游供应链的趋势。

谷田稻香总经理刘红超

我们会从食材、人力、运营、设备等多个维度进行成本控制。比如，在食材成本控制上，我们与多个供应商建立了长期合作关系，通过批量采购获取更优惠的价格；同时根据历史销售数据、季节性因素、促销活动等进行食材需求预测，避免过度采购导致的浪费，减少加工过程中的浪费。在人力成本控制上，根据门店的经营规模和业务量，合理配置员工数量和岗位，并优化岗位职责，避免人力浪费；同时健全员工培训，提高员工的工作技能和效率，从而提高人均产出。

在提供极致性价比的过程中，最关键的是要在成本控制与产品品质之间找到平衡点。这要求餐饮品牌具备强大的供应链管理能力、市场洞察能力以及创新能力，以确保在降低成本的同时，不牺牲产品品质，满足消费者的期望。

三个渔夫·蒸汽海鲜创始人孙作权

海鲜餐饮的成本高、损耗率大，如果不能优化供应链，利润空间极易被压缩。我们在供应链管理上下足了功夫，精选优质海鲜，减少中间商环节，降低采购成本，同时采用“二手货”策略——并不是选择低品质食材，而是选择尺寸稍小但品质同样优秀的海鲜，以更具竞争力的价格提供给消费者。例如，市场上“满黄”的最大螃蟹最贵，但如果挑选稍小但同样肥美的

三个渔夫·蒸汽海鲜创始人孙作权

螃蟹，不仅能控制成本，还能让消费者用更低的价格享受到优质产品。

胡子大厨品牌负责人钟凯旋

降价容易，但如果没有优化成本结构，最终只能牺牲品质。胡子大厨的价格体系经过了精心设计，不是一味地追求低价，而是让消费者感受到物有所值。我们会通过供应链直采降低食材成本，同时在门店运营上优化人力成本，比如用更适合的机器对食材进行前置处理，使餐厅能够在控制成本的情况下，仍然提供高质量的餐品。

全牛匠创始人兼董事长袁彬洪

对于餐饮品牌而言，要想为消费者提供极致性价比，必须做好以下三个方面的功课：首先是实现供应链稳定性，实现规模与品质的平衡；其次是通过数字化工具优化流程，提升人效与坪效；最后是有精准的成本核算与动态定价策略，即通过系统化的成本控制与效率提升，实现“高品质 + 合理价格”的平衡。只有构建起强大的供应链体系与精细化运营能力，才能在性价比赛道中持续领跑。为了应对行业竞争，全牛匠持续优化供应链和门店模型，将库存周转率提升了 30%，损耗率控制在 3% 以下，单店筹建成本降低 30%，同时将 SKU 精简至 35 个，高毛利菜品占比提升至 65%，从而提升了品牌竞争力。

3. 从低价到超值：长期价值驱动的盈利模式

Q 价格竞争是否会成为餐饮行业的长期现象？您的品牌未来将如何调整定位，以保持竞争力？

北京南城香餐饮有限公司董事长汪国玉

虽然当下的市场环境充满挑战，但我相信价格战不会永远持续，最终市场会形成新的格局。南城香的目标是在价格战结束后，形成精品化与规模化并行的双线发展模式：在核心商圈，推出精品门店，提供更优质的产品和服务，吸引更高端的消费人群；在大众市场，则继续用规模化效应进一步降低成本，提升市场占有率。

麦卡珑比萨董事长李会泽

2025 年，价格战的氛围依然会在餐饮业蔓延。这是挑战也是机遇，我们会坚持初心，为消费者提供高品质的产品。此外，我们将升级门店模型，提升消费体验。麦卡珑最初的商业模式以“外卖 + 外带”为主，堂食占比较低。然而，随着消费者对于用餐体验的要求提升，我们决定在未来加大堂食店的比重。以比萨为例，比萨的最佳口感往往在刚出炉的 5 分钟内，在外卖配送过程中即便温度仍能保持，口感依然会有所下降。因此，增加堂食体验店，不仅能提升消费者的体验感，也能进一步强化品牌认知度。

在经营模式上，我们会继续坚持直营。因为相比于追求规模，麦卡珑更看重品牌的长期稳定性。举个例子，麦卡珑的门店数量虽然未达到千店规模，但门店存活率极高，尤其在天津市场的闭店率几乎为零。未来，麦卡珑还将继续强化其区域深耕策略，通过精细化管理，建立更强的品牌壁垒。

麦卡珑比萨董事长李会泽

三个渔夫·蒸汽海鲜创始人孙作权

理性消费是餐饮行业未来的主旋律，在新的市场环境下，我们的核心就是做好两件事，一是弄明白卖给顾客什么，二是卖给员工什么。在此基础上，我们坚持做好极致的性价比、极致的服务和极致的管理。同时，我们也在探索新的商业模式，比如推出主打牛肉的火锅品牌，以 80 元左右的客单价，适应新的消费趋势，扩大市场覆盖面，在市场变化中保持竞争力。

重庆丽晶总经理杨隽翰

我们将始终围绕品质，如品质服务、品质食材、品质管理等方面，不断深化，让优化每天都在发生。我们希望顾客每次来到这里，都能感知到我们又进步了。

全牛匠创始人兼董事长袁彬洪

顾客回归理性消费是大势所趋。2025年餐饮人必须开始回归本质，更加关注真正的顾客价值。这个价值不是单纯地比拼价格，而是在同样的价格，比谁的产品好、谁的服务好，不仅要满足消费者饱腹的需求，还要让他们愉悦、放松。作为“乐山跷脚牛肉非物质文化遗产传承单位”，全牛匠会以传承和弘扬非物质文化遗产的使命和实践，让消费者在品尝美食的同时，也能感受到深厚的文化底蕴。同时，在保持跷脚牛肉核心竞争力的基础上，我们会融入更多地方特色小吃和创新菜品，丰富品牌内涵，满足顾客的新鲜感和多样化需求。

全牛匠创始人兼董事长袁彬洪

四、供给优化助消费热力跑起来、沉下去，餐饮多层开花

2024年，一线城市餐饮消费增速显著放缓，下沉市场逐渐成为餐饮行业的新蓝海，一些餐饮品牌趁机推出了更符合下沉市场消费者需求的产品和服务，在不少县域市场迎来“逆向旺季”。当然，品牌在进入下沉市场时也面临着消费习惯差异、供应链成本高企、运营模式调整等多重挑战。餐饮品牌如何精准把握下沉市场消费者的需求，打造真正接地气的产品和服务？在优化供给的过程中，如何平衡标准化与本地化，确保品牌调性与市场需求的统一？面对县域市场的广阔机遇，餐饮行业又该如何构建可持续的增长模式，实现从“下沉”到“深耕”的跨越？

以下内容为访谈实录。

1. 越下沉越吃香，餐饮消费迎来新风向

Q 2024 年，餐饮行业一个明显的发展趋势是二、三线城市好于一线城市，下沉市场则又好于二、三线城市。您的品牌在不同层级城市的表现是否同样如此？这背后的原因是什么？

热气饼店合伙人冯宇玮

热气饼店在不同层级城市的表现和大盘基本相同。我们的模型比较轻，更多的投入还是在房租上。一线城市的房租普遍高于二线城市，同时二线城市的消费力也不弱，甚至有的二线城市的消费力还更强一点。所以，二线城市门店和一线城市门店的营业额虽然差不多，但是利润会更高。我们也在往县城走，效果也不错。

滇牛云南酸菜牛肉火锅创始人高源泽

滇牛在同层级城市的表现与大盘比较契合。从整体上看，一线城市的门店营收会更高一点，但是从利润率上看，下沉市场表现得更好。这主要是因为食材、房租、人工成本一直被视为餐饮行业的“三座大山”，而下沉市场的人工、房租等成本会更低一些。

重庆渝井巷老火锅创始人李传久

渝井巷在长春本地的市场布局不断扩张，2024 年先后在长春市新开四家门店，这与二、三线城市餐饮发展机会较好的趋势相契合。从整体上看，下沉市场居民消费能力逐步增强，市场消费者基数庞大，且运营成本较低，竞争相对较小，是餐饮行业新的增长引擎和竞争高地。二、三线城市及下沉市场的消费潜力加速释放，为餐饮企业提供了更广阔的发展空间，企业需要重新调整市场布局战略。

芳竹园火锅创始人梁继坤

从整体上看，芳竹园在下沉市场表现会更好。相比一线城市，下沉市场门店的利润率会更高。这一方面是因为下沉市场消费能力的提升，另一方面是因为下沉市场连锁化率不高，而连锁品牌在品牌形象、标准化、性价比上的优势，使其更易赢得下沉市场消费者的青睐。

谷田稻香总经理刘红超

一线城市增长减缓，二线城市增长突出，这点可以从我们门店的身上得到很好的验证，一线城市如北京、上海的门店生意下滑，甚至出现负增长，而二线城市如无锡、珠海等地区的门店业绩非常不错，很多二线城市都在以惊人的增速崛起，成为推动餐饮行业发展的新兴市场。

失眠企鹅精酿啤酒创始人刘元昌

失眠企鹅在下沉市场的表现非常亮眼，我们在洛阳、南阳、平顶山、濮阳等不同城市都有门店拓展。我认为背后的原因有很多。第一，随着城市化进程的加速和消费升级的推动，下沉市场消费者的消费潜力正在逐渐释放，他们有稳定的收入，且家里没有房贷和车贷，可支配收入非常可观，使餐饮消费活力增强。第二，对于企业经营来说，一线城市的餐饮市场竞争激烈，供给过剩，同时房租、人工等刚性成本不降反增，导致餐饮企业的利润空间缩窄。相比之下，下沉市场的创业成本和竞争压力较小。

失眠企鹅精酿啤酒创始人刘元昌

鲜目录创始人彭龙

与许多品牌将重点放在北上广深等一线城市不同，鲜目录走的是“农村包围城市”的道路，在下沉市场的门店比例已接近 70%，北上广深暂时还不是我们的市场。在我们看来，一线城市的房租、人力成本过高，且寿司在这些地方已经有了相对成熟的市场认知，竞争压力较大。而在下沉市场，寿司仍然被认为是一种“新奇特”产品，消费者对其接受度高，市场竞争较小，更容易形成品牌效应。

擂饭创始人汪静

擂饭的门店主要分布在新一线城市，也有一些门店分布在县域市场，表现都非常不错。从营业额上看，新一线城市的门店要高于县域市场的门店。但如果抛开营业额，看盈利和投资回报周期的话，县域市场门店盈利情况非常可观，很多县域门店半年就回本了。从我们的实践看，现在县域市场的消费能力正在不断地提升，甚至不亚于大城市。

美团研究院副院长张琳

平台数据确实也观测到了相同趋势，我们看到下沉市场的餐饮消费确实更加活跃，2024 年全年下沉市场的餐饮消费额和订单量同比分别增长了 19.6% 和 24.1%，分别高于同期城市餐饮消费额和订单量增速 6.1 个百分点和 3.9 个百分点。首先，我们判断，下沉市场餐饮行业更活跃主要还是受供给优化的带动，下沉市场的餐饮供给不论是在质量上还是在数量上都有很明显的提升。从数据上看，下沉市场的餐饮供给数量在不断增加，2024 年全年下沉市场新增餐饮商户数占全国新商户的 32.9%，同比增长 3.7 个百分点，有明显的提升。供给的数字化和品牌化程度也在提升，拿饮品行业举个例子，很多品牌都加速在下沉市场布局，2024 年平台上销售额排名 TOP20 的饮品品牌中有 32.4% 的新开门店是开在县域地区的，而且这些品牌也在顺应消费者线上消费的趋势，2024 年在平台上有交易的门店数量同比增长 43.6%。其次，这也和下沉市场居民消费倾向持续提升有关。从统计局的数据看，2014 年以来农村居民消费倾向持续高于城镇居民，且农村居民消费倾向在小幅波动中保持增长态势。最后，就是随着互联网的普及，城乡信息壁垒被打破，新鲜事物传导到下沉市场的速度越来越快，下沉市场的消费理念不断向大城市看齐，在供给迅速发展的背景下，消费也就快速在增加。

2. 开拓下沉市场，价格和价值缺一不可

Q

从您的实践经验看，开拓下沉市场，应该特别注意哪些方面？在产品设计、定价策略、服务模式、供应链与成本控制等方面有哪些经验可以分享？

热气饼店合伙人冯宇玮

在我们看来，拓展下沉市场，质价比是核心武器，品牌也会有加持，但并没有想象中的大。举一个简单的例子，热气饼店目前并不是一个响当当的全国品牌，很多县域市场的消费者甚至都没听说过热气饼店，但我们的门店在当地的经营状况却非常好，本质上还是因为当地的消费者认可我们的产品。

滇牛云南酸菜牛肉火锅创始人高源泽

滇牛在各个城市的运营策略，都会根据当地市场特点进行调整。例如，在河南、宁夏等地租金成本较低的下沉市场，门店面积通常会比上海的店型更大，从而提升了接待能力。而在上海等一线市场，门店则控制在 200~300 平方米，以提高坪效。营销策略同样因地制宜。在上海，消费者更依赖美团、大众点评等平台，而在下沉市场，则需要兼顾更多平台。滇牛会针对

不同市场的流量入口，选择最佳的推广渠道，提高市场渗透率。

重庆渝井巷老火锅创始人李传久

渝井巷倾向于选择商业中心、购物中心、写字楼附近等高流量区域，与知名的商业综合体、购物中心等建立合作关系，借助其品牌影响力和客流量，提升品牌知名度和店铺曝光度。在经营策略上，会推出价格实惠、分量足的菜品，满足下沉市场消费者对性价比的高要求；在宣传推广上会采用简单易懂、接地气的宣传方式，同时利用当地的广播、电视等媒体进行广告投放。

芳竹园火锅创始人梁继坤

品牌和价格是芳竹园开拓下沉市场的组合拳。下沉市场的缺点是消费力不一定有大城市那么足，所以客单价比较高的品牌在下沉市场没有什么优势。蜜雪冰城为什么可以开到乡镇，是因为其价格更便宜，且有品牌势能和标准化的产品。芳竹园的客单价在 60 元左右，这是我们能够下沉的一个重要原因。此外，在选址上，我们在大城市是以综合体为主，在下沉市场中以社区门店为主，因为下沉市场购物中心的消费习惯还没有完全养成。

芳竹园火锅创始人梁继坤

失眠企鹅精酿啤酒创始人刘元昌

2024 年失眠企鹅继续围绕河南市场做区域加密，河南省内门店目前已突破 130 家，单郑州区域门店就已经突破 70 家；同时，我们在 2024 年启动了广州与长沙市场，聚焦核心城市，稳步洋葱圈式发展，预计 2025 年年中，我们的全国门店会突破 300 家，全年突破 500 家。失眠企鹅之所以能突出重围，是因为我们化繁为简，有足够“轻”的商业模式，有足够极致的单店模型，轻氛围，易复制，再加上有足够突出质价比的产品。比如，失眠企鹅的门店普遍设在 40~50 平方米，主要提供外带服务，同时保留部分堂食空间。这种模式让品牌能够同时满足外卖需求与社交场景，形成差异化优势。

鲜目录创始人彭龙

首先，商业模型决定市场策略，不能简单地把北上广的模式复制到县城，一定要建立符合当地消费需求的商业模型。以鲜目录为例，在扩张的过程中，我们对门店模型进行了无数次打磨。如在门店结构上，将面积控制在 30~50 平方米，兼顾堂食、外带和外卖；在乡镇门店选址上，第一要求乡镇人口在两三万人以上，第二要求有初中、小学。其次，开拓下沉市场，挖掘产品的情绪价值也非常重要。寿司本身是一个世界级美食，它的分享属性和体验感都比较好。结合寿司的这一属性，我们针对下沉市场需求，创新推出了婚宴套餐等场景套餐。现在，我们的寿司已经成为一些农村婚桌上的第一道菜品，上桌一秒就会被抢空。有一个门店，一个月就做了 100 多场婚宴，利润有十几万元。

鲜目录创始人彭龙

擂饭创始人汪静

擂饭属于刚需性餐饮，从我们的经验看，下沉市场和高线市场的消费需求并无太大的差异，现在的消费者都注重超值的体验感，他们不仅要求价格实惠，还想得到一些超值的服务。在价格定位上，无论是在下沉市场还是在高线市场，我们都是统一价格。

美团研究院副院长张琳

综合美团数据看，性价比突出的品牌在下沉市场表现好，但是和高线城市相比，性价比的方向不太一样。高线城市是以降价的形式回应消费者对高性价比和低客单价的追求，而低线城市更多是通过在相同的价格下提高品质来回应消费者对性价比的需求。对于原本就在下沉市场深耕的单店和小店，它可能是快速学习市面上一些大热单品翻新一下自己的菜单，提升菜品的丰富度，这里面既有形式上的新颖也有食材上的升级。

当然从宏观的大数上看，在下沉市场表现比较突出的还是一些连锁品牌，他们精细化运营能力很强，同时也有强大的品牌供应链赋能，通过更低的采购成本、房屋装修成本、数字化运营等方面的优势，在保证盈利的前提下为消费者提供品质相近但更低价格的产品和服务，而且产品和服务都非常标准化和稳定。

Q 在未来，您的品牌在市场扩张上有什么规划和目标？会更倾向于下沉市场还是高线城市？为什么？

重庆渝井巷老火锅创始人李传久

在短期规划上，渝井巷会进一步巩固在现有城市的品牌地位，提高市场份额。例如，在长春继续加密店铺布局，提升品牌知名度和美誉度，争取成为当地火锅市场的领导品牌之一。同时，优化菜品和服务，加强员工培训，提升运营效率和顾客满意度。在中期规划上，渝井巷会逐步向周边城市扩张，在东北地区的二、三线城市如沈阳、哈尔滨等开设分店，拓展市场覆盖范围。建立中央厨房和物流配送中心，实现标准化的食材采购和配送，确保各门店菜品质量和口味的一致性，同时降低成本。在长期规划上，我们的目标是成为全国性的知名火锅品牌，在全国主要城市开设连锁店，形成规模化的连锁经营体系。

芳竹园火锅创始人梁继坤

品牌的扩张策略，首先是深耕现有市场，而不是盲目开拓新区域。在现有市场中，下沉市场是我们的重点方向，这跟品牌和模式有关系。下沉市场人口的流动性比较低，复购率会更高。而芳竹园希望把钱都花在食材上，为消费者提供极致的性价比，和下沉市场的消费需求高度适配。

失眠企鹅精酿啤酒创始人刘元昌

我们的目标是在未来 3 年，完成全国 2000 家门店 +3 座智能工厂。目前我们正在筹备华南（广州）、华西（四川）中央工厂，这 2 座工厂预计 3~5 年会投产，1 座工厂能服务 800~1000 家的终端门店。这样，河南、广州、四川 3 座工厂鼎足而立，能够帮助失眠企鹅快速完善全国门店布局。

鲜目录创始人彭龙

鲜目录的商业模型决定了下沉市场是我们的主战场。中国下沉市场的规模足够大，寿司品类又是一个万店赛道，我们希望通过标准化、供应链优化、市场下沉等一系列策略，让鲜目录从“小众寿司”走向“大众餐饮”，达到万店规模。但在通往万店的道路上，我们不会盲目扩张。因为连锁化的关键不是单纯地开更多的店，而是确保每家店都能成功运营、实现盈利。我们已逐步构建起全国性的供应链网络，在多个城市设立中央厨房，集中进行寿司的基础加工，以减少各门店的后厨操作难度，同时提高产品稳定性。此外，我们还与大型供应链平台深度合作，优化采购流程，减少中间环节，确保食材价格的竞争力。

擂饭创始人汪静

2025 年，我们计划新开 500 家门店，以湖南、长沙、河南 3 个省为大本营，进行区域深耕，并积极拓展云贵川市场。在具体城市上，还是以省会城市为主。在我看来，一个品牌想要在一个省出圈，就必须先占领省会城市这样的消费高地。

3. 下沉背后的分层：向专业化、精细化迈进

Q

餐饮的发展其实不仅有城市分层的现象，产品分层、服务分层、价值分层等现象也越来越显著。您怎么看待餐饮分层的现象？未来餐饮分层现象将如何演变？

滇牛云南酸菜牛肉火锅创始人高源泽

餐饮分层这种现象会愈演愈烈，滇牛从火锅大赛道里切入云南火锅赛道，就是餐饮分层的一个典型。这一现象背后的根本原因是餐饮行业竞争激烈，餐饮人必须创新才能活下去，这就必然会导致产品分层、服务分层和价值分层。这也是餐饮业向专业化、精细化迈进的一种表现。

重庆渝井巷老火锅创始人李传久

重庆渝井巷老火锅创始人李传久

首先，随着消费者需求的日益多样化，产品分层将愈发精细。高端餐饮市场将不断推陈出新，注重食材的珍稀性、烹饪的艺术性和菜品的独特性，如推出分子料理、创意融合菜等，满足高净值客户对极致美食体验

的追求。而大众餐饮市场则会更加注重性价比和口味的普适性，以经典菜品为基础，进行标准化生产，确保品质稳定。

其次，消费者对餐饮的需求不再局限于满足口腹之欲，更注重文化和情感价值的体验。高端餐饮将通过挖掘和展示地方特色文化、历史传承等元素，为顾客提供独特的文化体验。同时，一些餐厅会注重营造温馨、浪漫、怀旧等情感氛围，满足顾客在情感方面的需求。

最后，未来餐饮消费场景将更加多元化，不同场景下的分层也将更加明显。除了传统的堂食场景，高端商务宴请、私人聚会、主题派对等特殊场景对餐饮的品质、服务和环境提出了更高的要求，餐饮企业需要根据这些场景提供定制化的解决方案。同时，一些新兴的消费场景如户外露营餐饮、空中餐厅、海底餐厅等也将不断涌现，满足消费者对新奇体验的追求。

谷田稻香总经理刘红超

在新的经济环境下，大赛道、大品类将难以支撑亮眼表现，但细分赛道会得以发展。如酸汤、砂锅、拌饭等高度细分、轻量级的赛道涌现出众多新品牌和新机会。我们也将关注这些细分品类的市场动态，适时推出新的菜品或服务，以满足细分市场的需求。

失眠企鹅精酿啤酒创始人刘元昌

餐饮行业的多层开花，是多重因素造成的。第一，我们认为餐饮的消费趋势在发生变化。随着消费者需求的多样化和个性化，餐饮消费呈现出“K 形分化”的趋势，即高端和低端市场同时增长，而中端市场相对萎缩。消费者更加注重性价比和质价比，不再盲目追求高价位的餐饮产品。第二，人口流动带来的结构变化，为餐饮发展带来的新机遇。随着人口结构的变化，特别是年轻人口的流动，二、三线城市成为餐饮消费的新战场。第三，大数据、人工智能等正在深刻地推动餐饮行业的数智化转型，改变了餐饮业，也带来了新的增长机遇。

未来的餐饮竞争会更加激烈，餐饮分层会更加明显，我认为有以下几点变化。第一是高端消费会被重塑，强调精致质价比的品类会迎来长足的发展，主打浮夸装修、非理性溢价的高端餐饮可能会被消费者渐渐抛弃，餐饮的品类和赛道会更加细分，小而美、专精特新类的品牌会不断崛起。第二是面对激烈的竞争环境，供应链的核心地位会更加突出。供应链的建设保证了产品的标准化与品质化，这是规模化发展的基础；同时，只有供应链才能筑建企业竞争的长期壁垒，没有稳定的供应链，做餐饮就是在赌博。这也是我们失眠企鹅“先有工厂，再有门店”的核心逻辑。

鲜目录创始人彭龙

现在，大家都在提消费降级，但鲜目录在下沉市场的发展反而是一种消费升级的表现。过去，乡镇乃至县域的消费者可能觉得寿司是一种高消费的产品，想吃但又不敢吃。但现在大家想吃就能吃。我一直思考一个问题，餐饮到底在营销什么，在卖什么？其实餐饮卖的不是产品，而是价值。寿司只是一个载体，大家都在卖寿司，一定要思考你能给消费者带来的不同价值和体验是什么？所以，无论是餐饮的城市分层、产品分层，还是服务分层，本质上都是价值分层，这是餐饮业发展到一定阶段后的必然结果，这种分层势必向更加细分化的方向发展。

五、从“美味”到“责任”，中国餐饮业走通高质量发展与可持续转型之路

当下，中国餐饮行业正从高速增长转向高质量发展，可持续发展成为行业的核心命题。随着消费者对健康、环保、社会责任、食品安全的关注度不断提升，餐饮品牌不仅需要在产品和服务上精益求精，还要在供应链管理、资源利用和社会影响等方面作出长远规划。如何在保证美味与效率的同时，减少食材浪费、降低碳排放？如何在激烈的市场竞争中，通过创新模式实现经济效益与社会价值的双赢？从“舌尖上的美味”到“舌尖上的安全”，餐饮行业的高质量可持续发展之路该如何走通？

以下内容为访谈实录。

1. 餐饮高质量发展，创新是“底线”

Q 在餐饮行业，“可持续”和“高质量”是两个经常提到的词。您是如何定义“可持续”和“高质量”发展的？

第十四届全国人大代表、兰州牛肉拉面行业协会会长马利民

兰州牛肉拉面凝结着劳动人民的创造和智慧，是中华民族传统饮食文化的有力见证，需要不断挖掘保护、传承创新、宣传推广，使品牌和技艺代代相传，更好地奉献社会。对于老字号兰州牛肉拉面企业来说，需要专注特色，传承企业文化，守

正创新。对于连锁化、品牌化的兰州牛肉拉面企业来说，就需要做好专业管理，提升企业的专业化、产业化、标准化水平，不断适应市场，做优做强。未来，兰州牛肉拉面行业将从着力开展增强优质原料保障能力、推动特色产业集群建设、拓宽线上线下销售渠道、挖掘文化特色推动商文旅融合、强化标准引领提升品牌效应、深化科技创新赋能产业升级、加大人力资源保障力度等方面做好各项工作，推动兰州牛肉拉面产业高质量发展。

中国全聚德（集团）股份有限公司党委书记、董事、总经理周延龙

我认为，“高质量”是不盲目追求规模和速度，活的要有质量。质量是什么？就是现金流、盈利水平等基本数据能够达到一个健康预期的标准。对于全聚德这样的老字号来说，“可持续”的核心在于“活下去”，不仅要做出好产品，更在于如何塑造符合时代需求的商业模式和文化表达。因为，全聚德不仅是一个商业品牌，更是一个文化载体。如果它消失了，影响的不只是一个企业，而是一段历史。

山东凯瑞商业集团董事长赵孝国

早在2019年，凯瑞就提出要走高质量发展的长期之路，在高度和深度上下功夫。所谓“高度”是指品牌的品质美誉度要高，品牌势能要强。这几年，凯瑞旗下的餐饮品牌如泉客厅等品质品牌也成为各个榜单上的常客，这也说明我们的品牌势能得到了第三方机构的高度认可。所谓“深度”，就是我们一定要理解产品、做透产品。比如，一个单品从食材溯源到产品结构以及营养构成，包括烹饪手法、目标消费人群画像以及提供的是满足饱腹还是提高情绪价值，都要做到用大数据进行梳理、固化、实施。在此方面，凯瑞一直在进行探索和践行，就是为了能让企业长期走下去。

龙泉集团董事、副总裁邢勇

对于龙泉集团而言，可持续和高质量发展首先是产品、服务的持续升级。2024年，尽管餐饮行业面临诸多挑战，但龙泉集团依然保持稳健发展态势。旗下椰子鸡等品牌在产品研发方面积极创新，深入挖掘椰子鸡产品多样性，推出了多种特色锅底及海南地标琼菜，满足不同消费者的口味需求。其次，可持续和高质量发展还是社会责任高质量履行。作为地方领军企业，龙泉集团在保就业、支持本地经济发展、参与公益事业等方面作出了积极贡献。据不完全统计，31年来龙泉集团参与公益事业捐款捐物累计逾千万元，广泛赢得社会的好评及市民的认可。

美团社会价值沟通负责人毛雅芳

“可持续”与“高质量”是健康餐饮生态的一体两面——前者是动能，后者是方向，两者共同支撑行业长期健康运行。要实现可持续发展，核心在于平衡环境承载力、社会公平性和经济可行性。在环境方面，减少食材浪费，减少一次性塑料使

山东凯瑞商业集团旗下餐饮品牌泉客厅 · Spring Pavilion

用，支持低碳供应链，推动商户节能减排等；在社会方面，便利用户生活，坚守食品安全，保障劳动者权益，服务乡村振兴，带动公益慈善等；在经济方面，支持商户提升数字化能力，提高经营效率，降本增效，提升经营韧性，保持餐饮生态市场繁荣，保持市场活力与包容性增长等。高质量发展对餐饮行业来说是通过数字化和技术进步，实现效率、体验和价值的全面提升。高质量发展，本质是以技术创新重构行业价值。在消费侧，建立“从吃饱到吃好”的品质跃迁，如“黑珍珠”“必吃榜”引导体验升级；在供给侧，实现“从经验驱动到数据驱动”的效能革命，如智慧餐饮系统提升人效。

可持续为高质量注入动力，低碳转型倒逼技术创新，消费者绿色偏好推动品质升级。在餐饮行业向可持续、高质量转型过程中，美团希望充分发挥连接功能，通过平台规则设计、资源开放、生态共建，助力餐饮行业实现“向绿而生，向善而行”。

江南晓菜创始人朱悦

我认为，“可持续”和“高质量”发展的关键是传承不守旧。在江南晓菜的发展过程中，我们坚持经典与创新并重，在保留传统江南风味菜肴的同时，积极引入现代烹饪技术和健康理念，推出符合当代人口味的创新菜品。同时，我们十分重视顾客反馈，不断改进菜品，满足不同需求，确保菜品既有传统特色，又符合现代消费者的喜好。在经营管理上，我们通过数字化手段优化库存管理，减少浪费，提升顾客体验，实现高质量的餐饮服务。

东池便当总经理滕宁彬

东池便当已经经营 20 年，这 20 年里很多餐饮品牌是“眼看他起朱楼，眼看他宴宾客，眼看他楼塌了”。东池便当目前虽然有了一定规模的几百家门店，但仍专注深耕品质，严控标准，是因为我们更注重产品本身，以顾客为中心，让顾客吃得安心、吃得放心，这不是一句口号，而是我们的底线。我们公司的办公室里，每天午餐都有人在吃自己的东西，包括我也是每个礼拜至少吃一次。20 年来，我们始终秉承一个理念，东池的产品是做给家人吃的，是给亲戚、朋友吃的。

未来，真正能够生存下来，可持续、高质量发展的餐饮品牌，必须具备持续稳定的 QSC（品质、服务、卫生）能力，只有这样才能真正打造一个让顾客满意的体系。

东池便当总经理滕宁彬

美团相关人士

科技赋能推动餐饮业高质量发展，我们认为可以从四个方面来看。

一是坚守安全底线。以食品安全为底线，利用物联网、数字技术推动标准化生产流程、严格供应链管理（如中央厨房统一配送）保障食材新鲜与营养，并推动健康膳食理念（如低糖低脂菜品创新）。

二是提升餐饮品质。以技术创新推动个性化服务（如定制餐饮）、智能化体验（无人配送、智能点餐）以及环境设计的文化附加值（如卫星店、主题餐厅、景观用餐场景）。

三是提升行业效率。推动产业从粗放扩张转向集约化，例如连锁经营降低边际成本、供应链整合提高响应速度，同时通过业态融合（如“餐饮＋文旅”）拓宽市场空间，通过数字化（如线上线下一体化）和品牌化（如地域特色菜系开发）提升竞争力。

四是构建良好生态。加强行业内商户、骑手、消费者、平台各方沟通合作，促进监管、协会、公众与行业生态内相关方互动，推动形成多方共治的行业格局，促进生态各方共赢。

科技赋能餐饮业高质量发展，行业在安全、品质、效率和生态四个方面全面提升，最终推动“以人为中心”的面向未来的餐饮产业发展。

2. 餐饮高质量发展，绿色健康是“天线”

Q 当下，绿色餐饮已成为餐饮行业的发展方向，也是餐饮业可持续发展的主要趋势。此方面，我们有哪些经验和案例可以分享？

龙泉集团董事、副总裁邢勇

在绿色餐饮方面，龙泉集团积极践行可持续发展理念，积累了一定的经验和案例。例如，在食材采购上，优先选择本地、有机、环保的食材供应商，减少食材运输过程中的碳排放，同时支持本地农业发展。在餐厅运营中，推行节能减排措施，采用节能设备和环保餐具，减少能源消耗和废弃物产生。此外，龙泉集团还注重对员工和消费者的绿色餐饮理念宣传教育，通过店内宣传海报、员工培训等方式，倡导绿色消费和环保生活方式，提高公众的环保意识。

客语客家菜创始人许可鹏

做餐饮不能只是单纯地提供美食，而是要解决顾客的情绪需求、社交需求以及对健康的追求。在我们看来，消费者愿意为健康和新鲜买单，而不是为标准化的冷冻食品买单。如果连食材都无法保证新鲜，品牌的根基也会随之动摇。所以客语始终坚持现炒、现做，不使用预制菜，将新鲜作为品牌的底线。比如，盐焗鸡每天分早、中、晚三次出锅，超过规定时间的产品绝不售卖；土猪汤绝对不隔夜，绝对不隔餐，确保每一碗汤都是当天熬制。

美团青山计划负责人田瑾

绿色低碳发展，是我们长期耕耘，希望为行业和社会创造价值的方向。在2017年，美团就发起了行业内首个关注环境保护的“青山计划”，将企业发展、日常经营与环境治理密切相连，携手商户、消费者以及生态各方，共同探索行业环境影响治理的系统性解决方案，共同构建

“更好生活，更美自然”。我们一方面开展广泛合作，形成“减量、替代、回收”并重的塑料污染治理思路，已在全国22个省市建立了常态化餐盒回收体系；另一方面，建设“商家—平台—消费者”的可持续生态圈，促进行业生产经营和消费方式的绿色低碳转型。我们倡导线上适量点餐，增加商家“小份饭”“小份菜”供给，减少食品浪费，同时上线“无需餐具”等产品功能，引导消费者参与绿色消费，助力可持续消费理念深入人心。截至2024年年底，美团平台累计超过290万餐饮商户提供超过922万种小份菜，已有4.9亿用户使用过美团“无需餐具”功能，无需餐具订单数累计达89亿单。

美团小份菜相关负责人张通

我认为，绿色餐饮不仅需要餐饮企业绿色生产和绿色经营，也需要在全社会建立起绿色餐饮的消费理念。为大力倡导绿色餐饮消费理念，我们以小份菜为抓手，发挥平台示范引领作用，推出切实举措，全方位促进形成“厉行节约、反对浪费”的良好风尚。

在供给侧，我们通过流量扶持、专项培训、免费投放小份环保餐盒、点亮“粮食节约行动”徽章等一系列举措，推动更多商家上线提供“小份菜”“小份饭”；鼓励“拼好饭”“一人食”等新模式，为消费者提供更丰富的餐品选择，适应更多健康膳食需求。截至2024年12月底，美团平台累计超过290万餐饮商户提供超过922万种小份菜。相比较2024年年初，分别增长了22.88%和19.8%。

在消费侧，我们通过适量点餐提醒、社区公益宣导、网上直播等多种方式，倡导绿色消费理念，激发公众节约意识。在平台的推广牵引下，小份菜开始成为商家和消费者的“共同选择”。未来，我们将会继续和政府、协会、研究机构、餐饮企业等各方一起发力，推动反食品浪费的公益性、政策性与食品消费的商业性、自主性有机结合，形成小份菜供给与消费的“社会风潮”，营造多方共商、多方共治的反食品浪费氛围。

江南晓菜创始人朱悦

我们始终坚持“选好材，做好菜”的

江南晓菜创始人朱悦

品牌理念，深耕南京市场。首先是优选本地食材，优先选择本地新鲜、天然的食材，减少运输距离，支持当地农业，确保环保和健康。其次是根据不同季节调整菜单，使用当季最鲜美的食材，保证最佳口感，同时降低对环境的影响。最后，在餐厅运营中注重节能减排，采用绿色包装，减少碳足迹，履行社会责任。

东池便当总经理滕宁彬

东池便当创立之初，就提出了一个口号：看得见的干净，吃得到的健康。这讲起来是一句大白话，实际上是提炼了绿色餐饮这一理念，看似一个小小的便当，不仅要为消费者提供合理的膳食结构，还要做到新鲜好吃。当然，好吃是很难用数据去衡量的，我的看法是好吃首先要食材新鲜，其次是做法要简单，最后是到嘴里一定要安全。这些都是和绿色、健康高度吻合的。

3. 餐饮高质量发展，食品安全是“红线”

Q 餐饮不仅要提供“舌尖上的美味”，更要关注舌尖上的安全。您的品牌是如何守护“舌尖上的安全与美味”的?

第十四届全国人大代表、牛肉拉面行业协会会长马利民

坚守品质、特色经营成为老字号品牌可持续和高质量发展的主旋律。不少老字号品牌都把宾客体验放在首位，以过硬的品质和优质的服务增加了满意度，提高了网评分，提质增效取得明显成效。

民以食为天，食以安为先，安以质为本，质以诚为根，无论时代如何发展变化，用健康的食材不会变，传统的工艺不会变。遵循老手艺人代代相传的“三遍水，三遍灰，九九八十一遍揉”的行训，并根据四季的变化不断调整，真正做到用心做面的境界。这就是老字号对消费者的承诺，也是在整个兰州牛肉拉面行业所要坚持的。

美团食品安全总监刘帅

食品安全是满足人民日益增长的美好生活需要的重要组成部分。美团外卖高度重视食品安全，坚持“标准先行、技术引领、科普教育、协同治理”的工作方针，不断完善组织和人力保障，持续优化食品安全管理体系，努力为消费者提供安全放心的产品和服务。在公司层面，我们成立

食品安全办公室，承担统筹食品安全战略制定、能力建设、文化建设、法规解读、合规方案制定、行业对话交流和合作等职能，促进食品安全治理高效协同运转。在业务层面，我们设置专业品控和客服团队，负责商家经营资质审查、在线管理、违规处置以及消费者咨询与投诉处理等职责。

为提升食品安全管理水平，践行“帮大家吃得更好，生活更好”的公司使命，平台采取了一系列措施，旨在构建积极正向、健康发展的行业生态。具体举措包括如下几个方面。一是持续加强商家入网管理。通过 OCR 图片识别、入网经营商家电子档案系统校验和人工核验，对入驻商家的资质证照进行严格审核；定期开展专项合规治理，动态管控证照过期、超范围经营、外卖黑灰产等问题。二是完善配送食品安全管理体系。加强骑手的健康管理和食品安全培训，建立配送箱清洁消毒标准化作业流程，推出配送箱清洁消毒线上监测系统，要求骑手录制配送箱消毒视频并上传系统，保障配送箱卫生安全。三是助力消费者权益保障。完善制度保障体系，优化食品安全投诉管控机制，推出“放心吃”食品安全责任险，并设立权益保障基金，为消费者食品安全提供支持。四是积极参与食品安全社会共治。面向商家推出“安心 365”食品安全公益培训项目，联合第三方机构积极开展外卖餐品抽检，并通过强化消费提醒、优化餐品结构、细化信息展示等方式倡导用户按需点餐，助力商家减少餐饮浪费。

此外，2024 年年底，我们开展了食品安全专项行动，发布了建立违规商家公示机制、加大平台巡检和第三方抽检力度以及建设智慧食品安全管控产品等三大专项举措。2025 年年初，我们还陆续公开了治理“幽灵外卖”、专区推广“互联网 + 明厨亮灶”等更多食品安全建设工作，目标是构建更加坚固的食品安全防线，帮助更多商家提升食品安全管理水平。

“民以食为天，食以安为先”，我们深知食品安全工作只有进行时，没有完成时。未来，美团外卖将在相关部门的指导下，继续扎实做好外卖平台的食品安全管理工作，深入参与食品安全社会共治，努力让消费者买得放心、吃得安心、用得舒心。

客语客家菜创始人许可鹏

餐饮的核心不仅是味道，更是食物的安全感和信任感。因此，客语所有门店都采用透明厨房，消费者可以直接看到食材从生到熟的全过程。供应链的管理，是客语守护舌尖安全的关键。我们与广东省最大的养鸡场、养猪基地、农户合作，以“订养订种”的模式确保食材供应稳定。例如，客语的土猪汤所使用的猪肉，全部来自特定养殖场，每一批次的肉品都经过第三方检测机构的食品安全检测，确保食品安全和品质稳定。

东池便当总经理滕宁彬

食品安全是餐饮的基础，为了确保食

材的安全性，东池与业内领先的供应商建立了长期合作关系，大米来自华润五丰，炸油选择益海嘉里的金龙鱼大豆油，鸡肉则采购自新希望、圣农等行业龙头企业。从这个角度看，食品安全问题并不仅是一个餐饮品牌的事情，更是一个综合系统性的工程，食品安全不能只盯着餐饮企业，还要盯着整个产业链。

江南晓菜创始人朱悦

在菜品研发上，我们以自主研发为主，打造独具特色的菜品。所有菜品我们都坚守零添加原则，坚持“纯手工、当餐现做”，并承诺“若发现一道预制菜，全单免单”。

Q 今年，预制菜首次在国家层面有了明确的标准。但在餐饮行业，很多品牌都想要和预制菜撇清关系。您如何看待这一现象？预制菜如何才能让大家吃得明白放心？

中国全聚德（集团）股份有限公司党委书记、董事、总经理周延龙

在过去一段时间，我们大胆进入预制菜领域。对于全聚德来说，餐饮产品化、食品化有两层意义：一是让全聚德 160 年累积的优势释放到更广的范畴；二是让全聚德优化产业结构，实现“餐饮 + 食品”的双轮驱动。但我们对预制菜的观点是鲜明的：全聚德、丰泽园等老字号的优势是对食材的尊重、对技艺的拿捏和对市场的洞察。我们希望全聚德这样的老字号能够守成创新，坚持优势，为消费者提供原汁原味的菜品。所以，在终端门店呈现当中，我不建议有大量的预制产品出现。但我们可以通过前端的中央厨房和产业链上游伙伴，对食材进行统一的粗加工，如凉菜、面食产品、主食产品等，可以沿着产业进步的方向走。

北京南城香餐饮有限公司董事长汪国玉

现在很多人把预制菜理解偏了，将预制食材也当成了预制菜，但预制食材不能叫预制菜。举个例子，现在提到中央厨房，大家就觉得是预制菜，但中央厨房里包的馄饨、生产的油条胚子其实是预制食材。又如小炒肉，中央厨房前置处理食材，到门店 3 分钟现炒出锅，肯定不能称为预制菜。什么可以用预制菜？什么不可以用预制菜？我觉得应该有适当的比例，比如梅菜扣肉就是预制的，粥则是现熬的。如果粥也预制的话，它反而成本更高。我认为，餐饮和超市不一样，超市的场景适合预制菜，但餐饮不能卖超市的东西。比如，超市卖的馄饨是冻的，那餐饮门店就不可以卖冻的，要和超市有差异化。所以，我不看好预制菜在餐饮行业的发展。餐饮的未来就是要好吃，要健康，就是现制。如果怕麻烦，用预制菜把餐饮行业变简单，那么餐饮行业也就不存在了。

山东凯瑞商业集团董事长赵孝国

市场对预制菜的误解主要来自认知偏差。预制菜是先进国家餐饮行业发展到一定水平后，对食材进行前置化科学加工，而使之成为日配和鲜配的标准化、工厂化、科学化的一种生产方式。我们应该区分预制菜和工业食品这两个概念。真正的高品质预制菜产品，是将原来传统的门店厨房加工环节前置到中央厨房，有效地解决了农残、药残问题，确保了食材的源头安全性，通过现代化的加工工艺及检测手段避免了在门店厨房现场操作出现的许多标准不确定性。而单纯地用防腐剂及科技延长食品保质期是人们之前理解的工业食品，而非预制菜。在预制菜的使用上，那些将工序前置化的预制菜，比如扒猪脸、扒肘子或者炖排骨等产品，如果现点现制一是时间长、不可能；二是不能有效养味，一直以来该类产品在厨房都是提前预制好的。所以，我在这里再次呼吁，正确理解预制菜与添加了防腐剂的工业食品是两个赛道的不同产品，因此预制化的产品不是妖魔菜。在该方面，同在亚洲的日本已经有许多案例，他们的居家养老、中小学生团膳以及连锁的餐饮门店都有预制菜鲜食日配。

在我看来，有着先进、科学的加工工艺的预制菜生产，既能够保证提升供应链的效率、减少门店的物理空间占用、提高后厨操作的标准化、提升菜品标准化的稳定性，同时又能减少餐厨垃圾及食品浪费。随着大数据的运用，预制菜在加工生产、物流配送、仓储进销存以及每日产品销量、每份菜的销售都可以做到有据可查，只有这样预制菜才可以持续健康地发展下去。

斗鸣鸡公煲创始人秦勇

这反映了市场对预制菜的认知不足，预制菜被妖魔化的现象越来越严重。举一个简单的例子，现炒菜品中的菌落群可能比工厂生产出来的还要多。从食品安全的角度看，预制菜能有效规避这一问题，因为对于监管部门而言，监管工厂显然会比监管上百万家的餐厅更容易，而且预制菜还能有效降低天灾的影响。预制菜产业有着广阔的发展前景，现今顾客对于预制菜概念的理解还需要一个过程，所以斗鸣以中央厨房做前阶的安全加工，做到零添加、冷冻配送，既满足了顾客对健康的需求，让顾客消费起来安全放心，又提升了门店生产效率。

六、区域地方菜加速走向全国，餐饮特色化供给不断丰富

2024 年，一批区域地方菜品牌逆流而上，“反攻”一线、新一线城市并成功站稳脚跟，成为餐饮行业的一股新兴力量。区域地方菜加速走向全国的底层逻辑是什么？在走向全国的过程中，这些品牌面临的挑战有哪些？他们又是如何克服挑战，脱颖而出的？未来这种趋势是否会持续扩大，甚至是改变餐饮行业的格局？

以下内容为访谈实录。

1. 区域地方菜走向全国：消费者和行业环境的深度联动

Q 2024 年，不少地方菜、地方小吃进军北京、上海等一线城市，进入全国人民的视野。您如何看待这一现象？背后的原因是什么？

笨鸡小跑创始人傅文斗

从整体上看，这是因为消费者消费习惯的改变、消费口味的多样化为地方菜的发展提供了足够大的市场空间。从笨鸡小跑自身的发展看，我们决定走向全国，是因为探索出了一套成熟的单店盈利模型。在门店面积上，从过去 3000 平方米的大型店面缩减至 250 平方米左右的中小型门店；在产品层面，以炒鸡为核心菜品，主打沂蒙菜，这样既能保证品牌的市场认知度，又能使门店具备更高的抗风险能力。此外，团队也已经成熟，对消费者的需求也有了更深的了解，这保证了笨鸡小跑能够以更高效、更可复制的方式进行全国拓展。

滇牛云南酸菜牛肉火锅创始人高源泽

2024 年地方菜、地方小吃加速走向全国，背后的原因主要有以下几点。一是消费需求转变。年青一代成为消费主力军，他们乐于尝新，追求个性化、多样化的餐饮体验。二是传播方式助力。互联网和社交媒体发展迅速，地方菜、小吃通过短视频、图文等形式广泛传播，引发关注与好奇。三是国内旅游市场火热。游客对美食体验重视度高，地方菜、小吃作为地域文化代表，成为旅游打卡必备，借助旅游传

滇牛云南酸菜牛肉火锅创始人高源泽

擂饭创始人汪静

播影响力加速走向全国。四是运营模式创新。一方面，地方菜、小吃注重打造特色品牌，在命名、食材、场景等方面突出地域文化，实现差异化竞争，如云南酸菜火锅以“滇”字命名等；另一方面，连锁化、标准化运营模式发展，保证菜品质量和口感稳定，利于品牌扩张。五是性价比优势凸显。地方菜、小吃多采用当地常见食材，成本相对较低，能提供高性价比的餐饮选择，符合当下消费者的务实消费观念。

掌柜的店创始人王晓东

区域地方菜加速走向全国其实是消费主体、传播方式变化的结果。“90后”“00后”这些年轻的消费主力，对于美食的需求与品位呈现出了特色化、多元化的特征，且他们的分享欲更强，他们通过网络平台分享，提高了区域地方菜的声量，形成了强大的势能。

擂饭创始人汪静

区域地方菜、地方小吃走向全国是消费者对传统文化越来越重视的结果。以前的消费者是通过餐饮解决温饱问题，现在的消费者是精神需求大于温饱问题。当消费者追求精神满足、注重情绪价值的时候，就会去挖掘更多的地方特色，更多的特色美食、非物质文化遗产。

客语客家菜创始人许可鹏

消费人群变化是地方菜和地方小吃走向全国的主要原因。作为新的消费主力，“90后”和“00后”拥有更包容的消费认知，只要餐饮品牌做好场景和认知，就能被年轻的消费者接受。这也标志着中国餐饮行业正进入百花齐放的新阶段，也倒逼着老餐饮人去创新。

姚稷大铁锅创始人姚健龙

姚稷其实不算走向全国，作为一个东北菜铁锅炖品牌，我们只是走进了上海和苏州两个城市。从我们自身的发展历程看，之所以选择进入上海、苏州，是因为发现东北的饮食文化具有天然的社交属性，能够为餐桌带来更多互动和乐趣。南方市场对铁锅炖的认知度并不高，但这反而成为它的机会。

2. 越是地方的，越是全国的

Q 您的品牌是如何脱颖而出，赢得消费者青睐的？有哪些经验可以分享？

笨鸡小跑创始人傅文斗

一直以来，笨鸡小跑的主打点都是健康好吃。怎么才能做到健康好吃？首先是原料要好，其次是烹饪技法专业。原材料不好，再好的厨师也做不出来好吃的菜品。我们坚持用地道的沂蒙食材，充分挖掘地方特色，很多菜顾客第一次吃，不一定会觉得多惊艳。但用他们的话说，这道菜能吃得住，几天不吃就想得慌。

除了依靠地域特色，笨鸡小跑还会找到文化和口味接受度更高的市场，以降低推广难度。在北方市场，品牌会围绕苏北、京津冀等区域进行渗透，这些地方的消费者对山东口味较为熟悉，且市场尚未出现强势的炒鸡品牌，因此具备较大的增长空间。

滇牛云南酸菜牛肉火锅创始人高源泽

在早期，滇牛的锅底仅提供酸菜牛肉锅这一款选择，避免消费者面对过多选项时的犹豫，确保认知的清晰度。在我们看来，你给顾客的选择越多，顾客就越不知道选什么。随着品牌的成熟，滇牛开始逐步增加新品类，如菌菇汤锅、鸡汤锅等，逐步丰富消费者的选择。也就是说，一个品牌想要脱颖而出，就必须把自己的特色发挥到极致。

粤饺皇餐饮公司总经理邵坤

我们能够打动消费者的根本原因首先在于新鲜现做的过程和健康卫生的理念。包饺子的场景让消费者所见即所得，这是他们选择我们的最大理由。其次是我们产品的口味和原材料，我们所有的原材料都是同品类中最优质的原材料。

掌柜的店创始人王晓东

河南菜的地域标签较弱，品牌化程度低，市场上很少有叫得响的河南菜连锁品牌。这也意味着，在进军全国市场的过程中，河南菜必须找到自己的差异化优势，做出地方特色，才能真正建立品牌认知。所以，在供应链端，我们会挖掘河南流传下来的跟非遗有关的文化和食材。比如，我现在用的鸡是固始的鸡，鱼是信阳南湾湖的鱼，甲鱼是潢川的甲鱼，豆腐是从柳林发过来的。

擂饭创始人汪静

站在餐饮品牌的角度看，你不能满足所有人的口味，你只能把产品的价值最大化，让客户觉得物有所值。擂辣椒这道菜是地方特色的非遗美食，而我们把这道菜做了一种新的呈现方式、一种新的销售模式。所以，擂饭不仅是一道菜，更是一种文化的传承，这是擂饭能够赢得消费者青睐的基础。当然，从产品层面讲，擂辣椒没有什么技术壁垒，在这么多做擂辣椒的品牌中，擂饭能够受到大家的青睐，是因为我们有创始人这个新壁垒。以我自己为例，两年的时间做到全网 100 多万粉丝，每天坚持在一线工作，坚持直播，每天的曝光可以达到几百万浏览量。

陈八两品牌创始人王少君

面馆连锁品牌的竞争主要集中在两个方面，一是产品，二是定价。我们的理念是产品是“1”，供应链、组织力都是后面的“0”。在产品层面，市面上很多达到一定规模的连锁面馆为了保证出品的标准化，都会采用冷冻面或干面，但这往往牺牲了口感，而陈八两始终坚持每日新鲜配送手工面条，不依赖预制品。所以，在北京这样的北方消费者居多的弱竞争市场，依托产品层面的优势，我们花六成力气就能轻松地脱颖而出。但在上海这样的不以北方消费者为主的强竞争市场，就需要花十成的力气，在装修、选址、经营管理、服务、产品定价等每一个环节都要做好，尤其考验你的定价跟管理效率。

陈八两品牌创始人王少君

客语客家菜创始人许可鹏

做品牌一定要坚持长期主义，要用做事业的心态做品牌。举个例子，在疫情防控期间，大家都觉得困难重重，但长期来看，餐饮行业永远都会存在，顾客永远追求健康和好吃。所以，在这期间，我们坚持新鲜食材现场做的认知，优化产品和服务，和顾客建立起了高度的信任感。比如，我们的土猪汤坚持用好猪肉，用农夫山泉炖出来。我们也做了很多调研，发现顾客之所以选择我们，就是因为新鲜、健康。

此外，客家菜是一个小众的地方菜，这个品类其实很难赢得年轻消费者的青睐，但现在，我们的客户群中大部分都是年轻人。客语靠什么赢得年轻消费者的青睐？我认为主要得益于渠道年轻化、场景年轻化和价格年轻化。总结起来，首先找准年轻人的渠道，然后通过年轻人的场景，用适合年轻人的价格去做年轻人的生意。

姚稷大铁锅创始人姚健龙

姚稷能够站稳脚跟，一是好吃，二是整个用餐过程充满了仪式感和氛围感。在好吃上，其实每个人的口味都不一样，众口难调。所以好吃首先是食材好，要做到原汁原味，如果食材不好怎么做都不好吃。举个例子，姚稷对食材的选择极为苛刻。铁锅炖的核心食材是鹅肉，选用的鹅并非市场上随处可见的养殖鹅，而是我们自己育种、在湖水边养殖、喂五谷杂粮、养殖周期也更长的鹅，所以才让鹅肉最终具有更加鲜嫩的口感。我对供应链的定义不是降低成本，而是保证品质，因此即便我们的鹅比普通鹅贵 30%~40%，但我们依然选择坚持使用。

在氛围打造上，东北风情是我们的一大特色，我们把每个顾客都称为“大舅”或“舅妈”，大舅永远是对的，他们提出什么要求我们尽量全部满足。服务员都身着东北特色的服装，晚上还会有精彩的表演，这种地方文化特色浓郁的就餐氛围，也成为很多人选择姚稷的原因。

姚稷大铁锅创始人姚健龙

Q 在走出本地的过程中，您的品牌遇到过哪些难题和挑战？是如何克服的？

笨鸡小跑创始人傅文斗

地方菜要想真正实现全国化，供应链是绕不开的话题。供应链不仅是降低成本的工具，更是品牌长期竞争力的核心。因此，笨鸡小跑采取了“总部配送 + 本地采购”相结合的供应链模式，以确保全国各地的门店都能维持稳定的产品品质。品牌的核心原料如鸡肉和调料，全部由总部统一配送，以确保口味一致性。而青菜等辅料，则由各地门店根据当地市场情况进行采购，以降低物流成本，提高食材新鲜度。

滇牛云南酸菜牛肉火锅创始人高源泽

从区域品牌走向全国，最难的不是市场教育，而是供应链能力的支撑。云南的食材丰富，但如何让这些食材高效、稳定地供应全国各地的门店呢？这对滇牛来说，是扩张过程中必须解决的问题。在此方面，我们采用了“社会化供应链 + 深度采购团队”的模式，在各个地州设立了专门的买手团队，挖掘优质食材资源，并通过集中采购，将这些食材输送至全国。举一个例子，水性杨花这种云南特有的水生蔬菜，在本地并不算稀奇，但在外省几乎无人知晓。滇牛通过供应链整合，让这道菜成为门店的特色爆品，并成功赋予其市场价值。在冷链运输日益成熟的今天，这种模式让云南食材能够更高效地进入全国市场，为品牌扩张提供了有力支持。

掌柜的店创始人王晓东

在餐饮行业，想要长久立足，不能只做单一品类，而是要根据市场需求，不断调整商业模式和品牌结构。我们也在通过多品牌布局，打造从高端餐饮到快餐连锁的完整品牌矩阵，让河南菜覆盖更广泛的市场。“中原会馆”主打商务宴请和高端社交场景，“掌柜的店”主打家庭聚餐和日常消费的品牌，“当家水煎包”是我们在快餐领域的最新尝试。

未来河南菜能不能真正出圈，关键在于快餐的连锁化。目前，“当家水煎包”已经完成了供应链标准化，所有的食材均在河南集中加工，通过冷链配送到全国各地的门店，确保出品的稳定性。此外，对于快餐而言，模型非常重要，我们已经探索实践了商场店、社区店、超惠省三种模型。目前来看，这几类门店模型都有优化的空间，2025 年我们也会继续打磨，前期可能会慢一点，但一旦蹚通了就能快速跑起来。

擂饭创始人汪静

擂饭的最大挑战是如何确保在不同城

市让口味依然保持地道，如何让消费者在北京、上海、郑州，乃至重庆、昆明，都能吃到和长沙本地一样的擂饭。目前，我们的产品是标准化的，所有的流程也是标准化的，但是在操作上还有优化的空间。未来我们或许会尝试引入炒菜机器人，减少人为操作的误差，提高出品的稳定性。

陈八两品牌创始人王少君

杭州面是很小众的品类，去外地是很难得到别人认可的，因为懂你的不多，而像我们的手工面，外地人就很能理解。因此，在走向全国的过程中，我们并不只是简单地去做区域覆盖，而是看能否在当地找到精准的目标客群。目前，我们的渠道、加盟商梯队、中台和后台的赋能、品牌的影响力和品牌的美誉度都没有问题，最大的挑战在于组织力的建设，尤其在制度、流程、数字化等方面。组织力是一个看不见、摸不着的东西，但就是这种看不见、摸不着的东西，却是一个品牌从百店到千店过程中最重要的关卡。所以，我们也在主动放缓脚步，以时间换空间的方式，提升组织力。

粤饺皇餐饮公司总经理邵坤

当粤饺皇的品牌知名度在华南市场逐步建立，我们开始思考如何将这套模式复制到全国。但在实际推广过程中，我们意识到，市场的接受度并不完全相同。举个例子，广东消费者已经习惯了生鲜饺子的模式，但在其他市场，消费者对“现包现卖”的概念并没有特别的需求，盲目复制现有的模式，显然不是最优解。对此，我们针对不同市场，制定了相应的运营策略：在广东市场继续保持生鲜模式，在其他市场则围绕消费者的刚需场景打开知名度，在选址、环境、菜单等方面进行差异化的设计，比如通过熟食和外卖快速贴近当地消费者的消费习惯。

然后是管理上的挑战。过去，我们采用单店加盟模式，但随着品牌规模扩大，我们发现多店管理能力不足的加盟商往往难以保证门店的运营质量。现在，我们会优先选择具备多店管理经验的加盟商，以区域代理的方式，稳扎稳打，确保品牌能够在新市场保持稳定发展。

客语客家菜创始人许可鹏

2024 年年底，客语在北京西单大悦城开设首店，这是品牌正式迈向全国市场的第一步。进入北京市场，对于客家菜来说是一个挑战。相比广东，北京市场对客家菜的认知度较低，且北京的饮食文化跟广东差异较大。比如，北京消费者喜欢烧烤、烤鸭，在口味上偏辣，而广东这边更讲究食材。所以，让北京的消费者接受广东的饮食文化还是有一定挑战性的。我们的策略是“不调整口味，坚持文化输出”。我始终坚信，健康、食材本味是所有消费者都会接受的，不管你是广东人，还是北京人。

姚稷大铁锅创始人姚健龙

我们遇到的挑战主要有两个：一是标准化建设，二是组织力打造。对于品牌而言，实现好吃除了要食材新鲜，产品的稳定性也十分重要。如果口味不稳定，顾客踩过一次雷，很可能就没有下次了。铁锅这个品类是汤加少了会煳底，加多了不入味。为了实现标准化，团队做了反复的测试，每个细节都不容有误差，现在已经基本平稳。

在组织力和团队建设这一块，姚稷还需要更上一层楼。在我看来，如果组织力不行，发展得越快死得越快。所以，2025 年姚稷的核心还是练内功，发展不会太快，上涨 20% 就行。目前，我们也开办了姚稷大学，进行人才培养，同时实现合伙人制，推出工龄奖，以防止员工的流失，保持团队的稳定。

3. 延伸产业链，地方经典美食跨界融合势在必行

Q 您认为区域地方菜加速走向全国的趋势是否会持续扩大？这会给中国餐饮格局带来哪些变化？

滇牛云南酸菜牛肉火锅创始人高源泽

地方菜、小吃的全国化拓展，将使餐饮市场的菜品、风味更加丰富多样，消费者可选择的范围更广，不同地方特色的餐饮相互融合、创新，催生新菜品、新风味、新形式。这也意味着市场竞争的加剧，促使餐饮企业提升品质、创新菜品、优化服务、降低成本，以增强竞争力，推动餐饮行业向高品质、多元化、品牌化方向发展，并推动地方菜、小吃与文化旅游、农业等产业深度融合，形成“美食 + 旅游”“美食 + 文化”“美食 + 农业”等多种新业态延伸产业链，提升附加值，为餐饮行业发展提供新动力和增长点。

擂饭创始人汪静

未来，情绪价值在餐饮品牌中所占的比重将越来越大。这也意味着将有越来越多的特色美食被发现，每一个地方特色美食都可能形成一条新的赛道。一道菜带动一个产业、一道菜激活一种文化的现象将屡见不鲜。比如，我们家乡的擂钵是几百年来的传承，一直没有走出安仁，但擂饭把它带了出来。在此前长达 58 年间的时间里，家乡的擂钵厂从来没有扩大过生产规模，也没有年轻人愿意去传承。但现在，因为擂饭，这个非遗工艺又重新焕发了生机。

陈八两品牌创始人王少君

我觉得这是阶段性现象，餐饮品牌最终还是要靠产品和组织力。很多品类其实不具备全国基因，未来能不能活下来、活得好，我觉得是一个问题。我反而觉得深耕区域是未来的大趋势，走向全国的品牌是万里挑一，大家最终可能会发现，真正的盈利点还是在你的大本营。

七、标准化铺平发展路，餐饮连锁化速度和质量兼具

2024 年，餐饮行业可以说是冰火两重天。一方面，大批餐饮店被洗牌、出清。另一方面，也有很多品牌强势崛起，加速扩张，冲刺千店、万店规模。其中，既有深耕行业多年的老牌餐饮企业，又有崭露头角的新锐品牌。这些新老品牌强势崛起背后的密码是什么？在规模扩张的同时，它们又如何平衡速度与质量，避免陷入“大而不强”的困境？

以下内容为访谈实录。

1. 标准化建设与产业链成熟助推餐饮品牌强势扩张

Q

2024 年，餐饮品牌倒闭率创下新高，与此同时，也有很多强势品牌通过直营、加盟、“堂食大店 + 卫星小店”等模式加快扩张步伐。您如何看待这一现象？这反映了餐饮行业的哪些发展趋势？

重庆五斗米餐饮集团董事长王顺海

中国餐饮连锁化的桎梏不仅是标准化，还有商业模式的落后，强势品牌加快扩张是其标准化建设和商业模式革新的结果。过去，很多中国餐饮企业都是滚雪球发展，今天赚了钱明天开个店，明天赚了钱后天开个店，如果哪天太阳一大，雪球就化了。如果这些品牌能跳出这种思维，与产业链、资本融合，完全可以国际化发展。

珮姐重庆火锅传承人颜冬生

2024 年，珮姐重庆火锅也开放了特许加盟。这是因为经过 10 余年的发展，珮姐重庆火锅已经累积了强大的品牌势能，建立起了强大的供应链和后台管理体

珮姐重庆火锅传承人颜冬生

系，这些优势为珮姐重庆火锅的透明发展奠定了坚实基础。这个时候开放加盟，就是要充分利用品牌效应和供应链优势，为珮姐重庆火锅带来持续的增长动力，稳固珮姐重庆火锅的市场地位。

珮姐重庆火锅对加盟商也提出了严格要求，包括具有长期共同发展的意愿及规划；具备多店发展的财务基础；拥有良好的地方人脉资源等。同时，珮姐重庆火锅此次开放的加盟模式，不是简单的品牌授权与模式复制，而是依托珮姐重庆火锅的品牌和后台管理体系，坚持直营管控全维助力。因此，珮姐重庆火锅此次开放特许加盟，不仅是在寻找具有各种优势资源的加盟商，也是在寻找真正愿意携手并进、志同道合的合伙人，希望能够一起在餐饮这条赛道上作出成绩。

师烤豆花烤鱼总经理、联合创始人刘虹汝

未来的餐饮市场有很大趋势会成为大连锁和特色餐饮品牌的天下。过去几年，餐饮行业的连锁化进程加速，越来越多品牌开始向标准化、规模化发展。在这样的市场环境下，师烤也在 2024 年开放了加盟。早在 2023 年，就有意向加盟商主动找上门，但我们并没有开放加盟，主要是因为 2023 年师烤处于快速发展阶段，品牌需要将精力集中在直营店的运营管理上，以确保每家门店都能严格按照统一的标准提供产品和服务。到了 2024 年，我们已经建立了中台体系，同时通过对 200 多家直营门店的经营，总结了一套覆盖中台

师烤豆花烤鱼总经理、联合创始人刘虹汝

服务和门店前端的标准化体系。此外，加盟商本身经营能力也在提升，在筛选加盟商时，我们要求对方具备一定的餐饮管理经验，并且愿意接受严格的培训和考核。

灶座小锅烀饼董事长王占东

回观日本前 30 年的餐饮市场，跟中国现阶段的餐饮现状比较相似。中国餐饮市场由原来的暴利时代向微利时代转换，从增量市场向存量市场转换，由低连锁率向高连锁率转化，现在正是快速洗牌阶段，也是良币驱逐劣币时代。未来中国餐饮市场将出现更多像蜜雪冰城、华莱士、海底捞等大品牌门店，餐饮比的不仅是产品、服务、环境等维度，在未来比的一定是战略定位与布局，包括商业模式、企业文化、盈利模式、产品结构、组织力、供应链和财务系统的能力等，是更高维度的比拼。

小禾山创始人许积翔

这是因为餐饮的环境变了，土壤变了。以前的土壤是很肥沃的，种什么就能长什么，现在这个土壤就像戈壁，有很茂盛的植被，也有灌木丛，也有很多植物被淘汰了。在这种情况下，餐饮品牌只能自我革命。

通过加盟模式进行品牌扩张，本质上是生产关系的升级，用一句话形容就是分工合作，专业的人做专业的事。举个例子，在门店经营上，加盟商肯定比品牌创始人更用心，用心就一定会产生更专业的结果。

港师傅创始人元帅

这种现象本质上是餐饮行业从“野蛮生长”向“精耕时代”转型的阵痛表现。要实现可持续的“万店梦想”，必须破解两大核心命题。一是品类必须具备穿越周期的生命力。以港师傅为例，我们从中国香港茶餐厅的灵魂单品“菠萝包”切入，构建了独特的品类竞争优势。这款诞生于 20 世纪中国香港茶餐厅黄金时代的国民单品，通过 TVB、中国香港电影的文化输出（如周星驰电影《行运一条龙》、动画电影《麦兜菠萝油王子》），早已在内地消费者心智中完成“情怀预售”。这种沉淀半个多世纪的品类认知，是流量成本的天然护城河，再加上单品门店的稀缺性，让消费者愿意为被占有的心智买单。品类自带“网红属

港师傅创始人元帅

性”让流量的捕获变得相对轻松。70 多年的历史，茶餐厅里菠萝油的上座率，足以让我们看到这个品类穿越周期的消费黏性。产品的长红基因是门店生命周期的底层保障。

二是商业模式：从单店盈利到系统赋能。开一家店赚钱，只能代表单店盈利。而把这家能赚钱的店通过场景验证（不同类型的选址）、周期验证（12 个月营业额变化）、人力验证（人员更替后业绩波动）后，拆解成模块，系统赋能给餐饮小白，让他能够“拎包开店，持续经营”，才算单店盈利模型的成功。

具备这两个条件后，要达到万店的目标，那就需要寻求更多志同道合的伙伴（加盟商）携手同行，让中国港味点亮更多城市的烟火气。

从社会发展的视角看，过去因为信息差，一些品牌将加盟模式变成了“收割”工具。当信息差逐渐被抹平后，品牌“收割”加盟商的成本越来越高，甚至是得不偿失，同时加盟商也不会轻易掉进“被收割”的陷阱。可以说，餐饮行业已经进入了“踏踏实实赚钱，好好做品牌的时代”。此外，中国餐饮供应链、物流体系都已经非常成熟，这些都为我们开放加盟、实现“万店梦想”提供了坚实的基础。

2. 标准化锤炼餐饮品牌扩张新密码：从做一道菜到做一套门店模型

Q

从您的实践经验看，品牌持续扩张背后的主要驱动力和支撑力是什么？您认为品牌的核心竞争力是什么？

重庆五斗米餐饮集团董事长王顺海

做餐饮，选址是关键，位置选不好，坚决不能搞，餐饮企业 90% 以上的失败其实都是在选址上。然后是定位，定位不对，努力白费。定位，不仅是价格问题，还要考虑消费对象、竞争环境、产品等。所以，定位不是一个点的问题，而是一个系统工程，要有系统思维，要有闭环思维，要有产业链思维，要把有限变成无限，这也是五斗米 20 多年来持续发展的关键。

杨记誉诚董事长杨勇

主要有下面几个关键因素。

一是中后台体系的完善。自 2015 年起，杨记誉诚就开始构建强大的中后台支持系统，这包括团队建设和公司标准化流程的建立。公司还成立了内部商学院，专门用于员工培训和技能提升。例如，为了支持“罗妈砂锅”品牌的快速发展，公司投资 400 多万元建立了一个专门的培训中心。

二是供应链的建设与优化。杨记誉诚建立了覆盖全国的七大供应链分仓，这些分仓通过数字化管理提高了物流效率，确保了产品能够快速、高效地配送到各个门店。

三是品牌核心竞争力。每个品牌的核心竞争力都在于其强大的运营支持和高效的供应链管理。

这些因素共同作用，使“罗妈砂锅”能够在 2023 年 8 月至今这么短时间内迅速扩展至在全国超过 600 家门店。通过这

罗妈砂锅

些策略，我们不仅加速了品牌门店数的扩张，也增强了品牌的市场竞争力和可持续发展能力。

珮姐重庆火锅传承人颜冬生

我们是 2019 年正式走出重庆，进入北上广深等核心市场。当时，我们其实根本不懂上海的市场，直接杀进去了，但火得一塌糊涂。紧接着，在深圳市场同样取得成功。回过头来看，我觉得品质好是最根本的原因，只要产品足够扎实，模式又适配，就能在一线城市占据一席之地。

聚味瞿记创始人兼董事长瞿涛

我们做过调研，发现顾客会在不知道吃什么的情况下选择瞿记。因为他们觉得瞿记很靠谱，味道始终在线，品质经得起时间检验。在我们看来，这正是品牌的核心竞争力，这里面既包含着出品的稳定，也包含着食材的品质，甚至还和长沙这座城市有关。

为了保证出品的稳定性，瞿记采取了“师徒制 + 内生增长”的发展模式。每开一家新店，都会在老店提前培养骨干人员，

珮姐重庆火锅

聚味瞿记创始人兼董事长瞿涛

由师傅带徒弟，徒弟变成新店骨干，再去带新的徒弟，这样我们的团队始终是自己的团队，而不是外面找来的熟练工，从而确保了每一个新店的产品和服务都能保持原有的品质。此外，我们把餐饮流程拆解成标准化的动作，前端供应链负责所有门店的食材切配和清洗，降低“人为误差”，后端确保厨师们在操作上有明确的标准。老客人 10 年前吃我们的龙虾，在 10 年后再来吃，味道不能变。

为了保证食材的品质，瞿记采取了源头直采的模式。龙虾用湖北的清水虾，虾壳薄、头小、屁股大，出肉率很高，生蚝来自中国最好的生蚝养殖基地——山东乳山，牛肉来自亚洲最大的牧场，大米则是五常大米。现在，瞿记已经成为长沙的地标性美食 IP，是很多外地游客来长沙后的必吃美食。

热气饼店合伙人冯宇玮

热气饼店成立于 2023 年，仅用一年多的时间，品牌便在全国拓展了近 200 家门店。品牌快速扩张的原因有两个：一是基于品牌自身供应链能力，为消费者提供极致的质价比；二是打造出一套以小面积、高效运营为核心的商业模型，从而在竞争激烈的市场中迅速扩张。

谷田稻香总经理刘红超

谷田稻香有一个万店的宏伟目标。我们的底气来自对以下这些因素的深入理解和有效管理。首先是谷田稻香的品牌影响力在持续提升，在品牌标准化上建立了一套完整的品牌标准。其次是我们拥有成熟的供应链体系，能够有效降低食材采购成本。再次是我们不仅已经摸索出一套高效的店铺运营模式，还有一套完善的人才培养体系。最后是我们拥有强大的数据分析能力，可以预测不同地区、不同时间段的销售趋势，提前做好准备。

师烤豆花烤鱼总经理、联合创始人刘虹汝

2024 年，我们定的目标是在接下来的 5 年内直营和加盟门店数要从现有的水平增加至超过 1000 家。这背后的驱动力有两个：一是烤鱼是一条上千亿元的赛道，国内外的市场容量足够大；二是师烤品牌的标准化程度能够让我们走得更远。

斗鸣鸡公煲创始人秦勇

一个餐饮品牌如果能做好必须具备四个因素。一是成熟的单店盈利模型，二是选址要好，三是运营团队要好，四是供应链要强。斗鸣鸡公煲在 2019—2022 年的 3 年时间里，仅开出了 12 家直营店，这些门店分布在学校、写字楼、商场、社区等不同类型的商圈，目的是寻找最适合的门店模型。经过 3 年的数据分析，明确了最佳商圈模型后，品牌才正式进入规模化扩张阶段。2023 年，斗鸣鸡公煲在一年内成功开出 200 多家。2024 年，开出了 120 多家，虽然发展步伐有所放缓，但门店质量却明显提升。

江渔儿总经理孙滇

从江渔儿的实践经验看，门店模型和供应链能力是品牌持续扩张的主要驱动力和支撑力。首先，门店模型是餐饮品牌扩张的基础，门店模型清晰，决定品牌未来能做多大规模。2024 年，江渔儿同步测试了 3 种门店模型。第一种是主攻外卖市场的卫星店，第二种是主攻一线城市的旗舰店，第三种是覆盖三、四线及以下城市市场的小门店。为什么我们会有卫星店的想法？从消费端看，是因为我们看到线上消费已经成为年青一代的消费主场，他们需要更安全、更可靠、更有品质的外卖体验。从供给端看，卫星店投资门槛低、回报周期短，20 万元左右的投资，10~12 个月即可回本，对年轻群体或返乡创业者更具有吸引力。

其次，供应链决定了品牌扩张的长度和宽度。只有控制住供应链，连锁品牌才能真正具备可扩张性。在此方面，江渔儿的策略始终是围绕核心食材，把供应链做精，而不是全面覆盖。因此，我们在云南自建了酸菜供应基地，并聚焦肉类加工和酱汁生产两大领域。

除了门店模型和供应链，研发能力与品牌营销也十分重要。餐饮品牌必须深刻理解消费者需求，基于消费者的需求进行产品研发和品牌营销，才能在激烈竞争中持续存活下去。

灶座小锅烀饼董事长王占东

从大环境看，随着旅游业的发展，资源和流量正向东北菜靠拢。灶座是东北菜的新兴力量，消费者对不同地域美食的探索欲望增强，促使灶座小锅烀饼等餐饮品

灶座小锅烀饼董事长王占东

牌需求大增。从品牌自身发展看，这是我们对东北菜传承和创新的结果，小锅烀饼解决了很多传统铁锅炖“太大，吃不了”的痛点，让 2~3 人也可以吃得很好，而且小锅人均较低，适应了当下的消费趋势。

小禾山创始人许积翔

2024 年，小禾山的门店是 150 家左右；2025 年，预计会开到 500 家；2026 年应该会开到 1200 家。小禾山快速扩张的底气是国内产业链的成熟以及我们对供应链的理解力。我认为，真正的供应链能力不是生产，而是高效整合。供应链的能力不是说你拥有多少养殖基地和中央厨房，而是把货物组织在一起卖出去的能力。当下，各个品类的供应链都已经做得很极致了，餐饮品牌要做的是依托产业链里面最成熟的供应商，进行商业模式的创新。

小禾山创始人许积翔

湘辣辣品牌创始人易志勇

商业模式是湘辣辣的核心竞争力，我们称之为必点爆品驱动轻模型。拆分来看，一是门店面积上，控制在 200 平方米左右，门店动线优化至 15 分钟上齐菜品，42 分钟翻台。二是产品结构上，SKU 精简到 30 个，通过量化操作平衡标准化与烟火气，招牌黄牛肉以“分部位现炒”形成差异化，桌均下单率达到 90%。三是场景上，放弃商务宴请与大型聚餐，聚焦白领小聚、家庭小聚、情侣闺蜜小聚三个场景；聚焦客户后再聚焦渠道，在一线城市只选高流量的购物中心。四是人效上，前厅加后厨员工精减到 28 个人。

德华楼执行总裁张依心

2024 年，德华楼新增门店 12 家，在深耕武汉市场之外，也开始走出湖北，在深圳新开了一家门店，主要的驱动力和支撑力还是市场需求。我们分析了各个平台的一些数据情况，尤其是美团外卖的增长情况，发现德华楼当前的门店密度还不能满足消费者的消费需求，所以我们加快了拓店步伐，在原来的盲区新开了一些门店。

胡子大厨品牌负责人钟凯旋

做餐饮，不只是做一道菜，而是做一整套商业模型，商业模式正是胡子大厨的核心竞争力，即“快餐效率 + 正餐体验”。它既不是传统意义上的快餐，也不是完全的正餐，而是两者的结合——有快餐的翻台效率，又具备正餐的品质感。当然，这种模式并非胡子大厨独创，而是市场发展到一定阶段后的必然产物。

渝味响火锅创始人张静

响火锅的主要驱动力和支撑力是两个专一。一是在川渝网红餐饮发展得如火如荼的环境里，坚持以味道为记忆点，完全摒弃网红装修元素。二是放弃重金营销的策略，专一于维护好每一位顾客，将省下来的钱，投入顾客反馈及产品研发中。

港师傅创始人元帅

港师傅发展的历史虽然只有两年多，但我们已经从一间 11 平方米的小店扩展至全国近 200 家门店，并计划在 2025 年达到 500 家门店。品牌快速发展的原因首先是产品的市场容量足够大。其次是我们的门店模型已经跑通。标准化的流程设计，让夫妻二人或者餐饮小白也能快速上手完成门店运营。这种极致优化的模式可以让更多夫妻店和小型创业者有机会进入市场。再次是餐饮产业链的成熟，能够让我们高效地整合资源，进行快速扩张。最后是我们的团队能力越来越强。在前期，我们并没有盲目进行规模扩张，而是组建专业的赋能团队，深入已有门店寻找和解决单店盈利的全链路问题，进行反复迭代和总结。这种沉淀让公司的团队能力也变得越来越强。

成都明悦大酒店总经理赵玲

2024 年，明悦的餐饮业务收入同比增长 35%。其中，产品肯定是最核心的竞争力，但明悦的成功不仅是依靠产品，还有多维度的闭环。首先，根据不同的客户需求，满足他们的情绪价值。在此方面，我们专门设立了服务管家这个岗位，来提升客户的就餐体验，客户任何的不满和意见，任何特色的、个性的、定制化的需求都可以在第一时间得到妥善解决和满足。

其次，明悦在供应链上也拥有极大的优势。比如帝王蟹、波士顿龙虾都是国外源头直采，贝类和生蚝均直接对接国内产地，从源头减少中间环节，降低成本。运输上采用“空运 + 水车 + 冷链”相结合的方式，确保不同品类的海鲜能以最佳状态到达。为解决活鲜储存问题，明悦还自建了暂养池。

成都明悦大酒店总经理赵玲

Q

很多餐饮品牌尤其是连锁品牌在进行扩张的时候，都会提到一个词——“门店模型”。在打造门店模型方面，您有哪些经验可以分享？

杨记营诚董事长杨勇

在打造门店模型时，我们会多维度考量并根据不同场景设计具有针对性的门店模型。例如，从消费人群、消费能力、消费时段、产品结构、厨房动线、前厅动线等多个维度进行综合评估，以确保门店模型能够适应不同场景的需求。以“罗妈砂锅”为例，其3.0版本设计了三种门店模型。

第一种模型是商场店模型。由于商场用餐时间集中，该模型对出餐效率要求极高，因此在厨房动线和前厅餐桌摆放上会特别优化，以提升效率。

第二种和第三种模型是商圈店模型和社区店模型。这两种模型更注重全时段经营，涵盖早、中、晚和宵夜，产品线更加丰富，同时更注重营造场景感，以满足不同时段和消费人群的需求。

这些差异化的门店模型设计，能够更好地适应不同场景的需求，提升品牌竞争力和顾客满意度。这种灵活且精细化的运营策略，为品牌的快速扩张提供了有力支撑。

珮姐重庆火锅传承人颜冬生

不同的时代有不同的门店模型。随着市场消费环境的变化，我们意识到传统大店模式的高投入、高租金已经不再适用于所有市场。所以，我们也大胆探索“小店模型”，通过低成本、高效率的方式拓展市场，提升品牌的抗风险能力。当然，小店模式并非降级，而是升级。我们用更少的资源，创造更大的价值。

聚味瞿记创始人兼董事长瞿涛

瞿记所有门店的面积都在1000平方米以上，每个门店的投资额都在500万元以上。虽然餐饮行业目前存在小店化的趋势，但我们不会做小，会坚持大店模式。首先，从品牌自身发展来看，大店模式虽然很重，但竞争壁垒也深，很难被模仿。其次，从行业发展看，小龙虾这个品类，也需要一个标杆性的品牌带动整个品类升级。

与此同时，我们每开一家新店，都会对门店模型进行微调，在产品、服务、环境上持续优化，让下一家店永远比上一家店好一点点。比如，我们不会用那种打不烂用不坏的餐具，而是用好的陶瓷，为顾客呈现出更好的视觉效果，提升顾客的用餐体验。

师烤豆花烤鱼总理、联合创始人刘虹汝

我们在门店模型打造上基本是两个方面：一方面看投资回报，另一方面看客流。师烤目前的门店 95% 都是商超店。在投资回报方面，我们会综合计算门店的前期投入、运营成本、预期营收等，设定合理的回本周期和利润目标；在客流方面，不仅关注日常客流量，还会分析不同时间段、不同消费群体的客流分布情况，以此作为打造门店模型的依据。

斗鸣鸡公煲创始人秦勇

鸡公煲的单品属性，使其出餐效率成为影响盈利能力的关键因素。在过去，很多鸡公煲门店的点餐流程较为烦琐，影响了翻台率。例如，传统鸡公煲点餐流程需要经历五个步骤：选择用餐人数、选择干锅 / 汤锅、选择分量、选择口味、选择配菜。这种复杂的点餐模式，导致顾客决策时间变长，同时也增加了后厨的操作难度。为了解决这一问题，斗鸣鸡公煲开始推行菜单简化策略，减少点餐步骤，同时优化后厨动线，提高整体出餐效率，确保门店能够在高峰期实现快速翻台。除了菜单调整，品牌还扩充了产品线，增加了砂锅品类、鸡汤系列等，与鸡公煲形成互补。这一调整，不仅提升了客单价，还增强了门店的抗风险能力，使其在不同季节、不同市场环境下都能保持稳定的盈利能力。

斗鸣鸡公煲创始人秦勇

小禾山创始人许积翔

餐饮商业模型打造需要以终为始，小禾山的商业模式是以 1 亿人目标用户为始，从品牌的可持续性、可复制性和供应链的稳定性倒推结果，再从财务倒推商业模型。早期的时候，很多人看不懂小禾山的商业模式，觉得我们的菜做得一般。其实把菜做好是最简单的，但前提是你要实现标准化，供应链要有深度，否则做不成万店。

胡子大厨品牌负责人钟凯旋

胡子大厨是以湘菜为基础，围绕“现炒”做出差异化，并在模式上做到轻量化。相比传统正餐，胡子大厨的餐厅面积更小，但翻台率更高；相比快餐，胡子大厨保留了现炒的风味，但优化了后厨流程，使出餐速度能够媲美快餐。在选品上，胡

胡子大厨品牌负责人钟凯旋

渝味响火锅创始人张静

子大厨没有刻意跟风做“大单品”，而是围绕湘菜的特点，结合目标消费群体的需求，打造了多个高复购率的菜品组合。我们并不是要靠某一道菜打天下，而是靠菜品的整体体验感。我们通过数据分析和市场反馈，确定了一批符合年轻消费者口味的核心菜品，并根据不同区域的市场需求进行调整。

渝味响火锅创始人张静

响火锅迭代过两次：一次是人员管理体系迭代，另一次是财务管理体系迭代。而三重三轻的策略（重产品、重口味、重顾客，轻营销、轻装修、轻团队）四年从未改过，坚持内部团队少而精，外部对顾客真诚实惠，核心是对口味上真实手工炒料。我们认为，打造门店模型需要沉下心，要放大优势，不要随波逐流，否则很容易成为昙花一现的网红。第一阶段是产品期，不要考虑生意，就考虑顾客回头率。第二阶段是增长期，是第一阶段成功的放大与回馈，一般以客流至少是门店满载承受的 2 倍为标准。第三阶段是膨胀期，这阶段不要扩大团队、不要开旗舰店、不要干中央厨房、不要开放加盟，忍过一年后，生意依然很好，说明自己不是昙花一现，才值得走下一步。

港师傅创始人元帅

我一直认为，真正的连锁是把“100 打回 1”，然后实现“从 1 到 N”的飞跃。从 100 到 1 的核心逻辑，是有足够的门店数量，才能找到更多的问题，所以门店模型的打造一定是厚积薄发。此外，要始终遵循“下限思维”，即确保门店即便在最差的经营情况下，也依然能存活，在极端情况下一个人也能撑起门店的经营。

3. 产品力与组织力：连锁化的隐形护城河

Q 门店规模不断扩大带来的挑战有哪些，如产品质量、门店管理、供应链建设等？面对挑战，您的品牌采取了哪些具体的应对措施？

聚味瞿记创始人兼董事长瞿涛

餐饮行业的本质是人的生意，如果员工对企业没有认同感，服务再好都是装出来的。瞿记是做宵夜的，营业时间到凌晨3点，对员工的要求因此也更高，而我们留住员工的秘诀就是让他们看得到未来。比如，我们不断加大对员工福利的投入，所有基层员工都是全员上社保，公司内部还有健康门诊，每周都请医生来给大家调理。正因为这种理念，聚味瞿记的服务员团队十分稳定，客人进店能看到熟悉的服务员，能得到始终如一的体验。

师烤豆花烤鱼总经理、联合创始人刘虹汝

在不同的城市、不同的商圈，我们都会在产品组合上进行有针对性的调整，以契合当地消费者的口味和需求。做餐饮首要考虑的就是产品的稳定性，而产品的稳定性和品质都需要强大稳定的供应链来支撑。师烤会向上游延伸打造餐饮供应链，以保证门店产品的稳定。师烤还在人才储备方面建立了商学院，商学院通过统一的培训标准和操作规范，确保无论在哪个门店，员工都能按照相同的标准为顾客提供服务、制作产品，维护品牌的一致性和稳定性。

灶座小锅炉饼董事长王占东

我们的挑战主要集中在人才的招聘和培养、供应链压力增大和跨区域管理难度增加三个方面。对此，在团队建设方面，我们成立企业自有商学院，培养人才，并通过建立激励机制、提高薪资福利待遇等方式增强团队凝聚力；在供应链方面，筛选优质的供应商，建立长期稳定的合作关系；在管理方面，建立标准化管理体系。我们处处站在行业趋势、竞争市场的维度、顾客角度出发，遵循规律顺势而为，深入挖掘自身特色和优势：从菜品、环境、服务等方面进行创新，形成独特的品牌形象，如免费提供茶台茶包、小零食、大糙粥咸菜、冰激凌、水果和眼镜布等。

小禾山创始人许积翔

餐饮品牌的连锁化离不开数字化，但用数字化生成考核方法、出品管理方法，在本质上都是基于流程，所以数字化一定要落在具体的流程中，只有流程确定了才能生成数字化。我们更在意通过流程，能够追溯每个人的工作，让每个人形成工作方法。管理的本质就是能够分析出流程里面产生的问题并解决问题。

湘辣辣品牌创始人易志勇

对于中餐而言，出品的稳定一直以来都是一个挑战，湘辣辣也不例外。在此方面，我们的应对措施是优先保证爆品——现炒分部位牛肉的稳定性，然后用“工厂思维”培养厨师手艺，在标准化和烟火气之间找到平衡点，逐步提升整个出品的稳定性。具体来看，标准化主要是流程管理和过程管理的标准化，比如调料、盐具体到几克，计温器计到多少度，对其量化分解；烟火气主要是集中在出品上：要做到门店现场制，现炒新鲜有锅气。此外，门店的不断扩大，对企业的组织力也提出了极大挑战。在此方面，我们会通过赛马制激励人才培养，通过“外部招聘 + 内部培训”的方式，打磨企业的组织力。

德华楼执行总裁张依心

产品是餐饮的核心，在门店规模不断扩大的过程中，第一个挑战是如何保证产品的质量。我们的应对策略是尽量简化操作，优化完善供应链和培训系统。比如，在操作上，每个核心产品都有一个操作手册，包括配套的视频，保证每个新到门店的小伙伴都可以进行完整的学习。第二个挑战是如何守正创新，满足不同年龄段、不同区域消费者的需求。在深圳开店之初，我们完整还原了所有产品的操作和口味，但部分顾客反馈味道偏重偏咸。经过内部讨论，我们最后还是保留了产品本味，但开发了一系列符合深圳当地顾客口味的产品，包括皮蛋瘦肉粥、豆沙包等，逐渐获得了顾客的青睐。第三个挑战是门店管理，每个细节都要形成统一的规则、统一的流程。对此，我们也在不断探索新模式。比如跟美团等平台合作，发展外卖、团购、电商、直播等业务。又如引进数字化系统，

德华楼执行总裁张依心

实现了从办公到仓储，到任务派发的全流程数字化管理。

胡子大厨品牌负责人钟凯旋

中餐连锁的最大挑战在于，如何在不同门店、不同厨师的操作下，保证顾客吃到的味道始终如一。这不仅是胡子大厨面临的挑战，也是整个中餐行业都在面临的问题。供应链的稳定性是确保产品一致性的第一步。胡子大厨的食材采购全部由总部统一管理，核心调味料则由中央厨房生产并配送到各个门店。这种统一调料的供应方式，不仅有助于湘菜的风味保持稳定，同时也降低了门店的操作难度。

除了供应链优化，品牌还在后厨管理上进行了流程再造。现炒模式的关键在于火候和时间，每道菜的炒制时间都经过严格测试。这些标准化流程的制定，使胡子大厨能够在保持现炒风味的同时，确保每家店的出品稳定。

渝味响火锅创始人张静

门店的增加，首先给供应链带来了很大挑战。在此背景下，我们面临两个方向：一是坚持原有手工炒料的匠人之路，二是转向百城千店的工业化工厂之路。最终我们选择了前者，因为我们发现，很多手工炒料或称为手工炒料的锅底，由于销售数量庞大、成本过高、顾客口感不专业等，都会采用工厂模式，但最终口碑都会下降，要靠大量的宣传成本弥补。所以我们坚持小规模放店及货真价实的手工炒料。其次是管理的挑战。连锁化最大的核心就是管人，不管是发展、营销、财务、产品、品控、运营等，都是人在执行和落地，人员执行力跟不上，发展得越快垮掉得越快。数字化管理可以为人员执行力提供可执行的基础。

Q

您的品牌未来将如何制定发展战略？在规模扩张的同时，如何平衡速度与质量，并应对潜在的风险？

重庆五斗米餐饮集团董事长王顺海

我们会始终坚持单品化战略，把一个菜品做成一个品牌，把这个品牌做成一个产业。在这个过程中，我们不会轻易走向全国，而是聚焦发展，深耕区域，一个城市一个城市地拓展。我们的策略就是不断地推陈出新，让品牌迭代适应市场需求。只求百年企业，不求百年老店。

重庆五斗米餐饮集团旗下餐饮品牌庖丁家

杨记誉诚董事长杨勇

餐饮行业没有捷径，唯有深耕产品、优化管理、拥抱变化，才能在激烈竞争中立于不败之地。

杨记誉诚未来的发展战略聚焦于供应链优化、品牌力强化、数字化管理和产品创新。产品是核心，运营是根本，创新是提升，安全是底线，同时通过精细化运营和风险管控，确保在规模扩张的同时保持高质量和可持续发展。这一系列举措将帮助品牌在激烈的市场竞争中保持领先地位，并实现长期稳健增长。

一是供应链优化与生态链建设。通过“第三方合作 + 自建分仓”的模式，降低采购成本，同时确保食品安全；打造高效、稳定的供应链生态链，为品牌扩张提供坚实基础。

二是品牌力强化与私域流量运营、建设。2025 年将重点打造私域流量，建立会员体系，通过“小程序 + 社群”提升会员基数，增强用户黏性；通过数字化工具和精准营销，提升品牌影响力和市场占有率。

三是数字化管理工具推进。自研供应链中后台管理系统已于 2025 年投入使用，可提升仓储效率、降低损耗，并精准管控门店端的采购需求；我们还在品牌管理数字化上深度探索，如与美团点评等平台合作，提升经营数据分析能力和决策效率。

四是风险管控。通过数字化工具和数据分析，实时监控运营状况，及时调整策略，应对潜在风险；在快速扩张的同时，注重门店质量和运营标准化，避免规模扩张导致的品质下降或管理失控。

珮姐重庆火锅传承人颜冬生

珮姐重庆火锅会始终保持变革的能力，除了之前提到的探索新的店型、降低投资成本，我们也会加强私域运营，比如全国会员精细化运营、推出定制黑钻卡、定期举办宠粉活动等，以提升复购率。此外，珮姐重庆火锅与重庆火锅的发展密切相关。作为重庆火锅专委会主席，我希望通过系统化的行业赋能和文化推广，让重庆火锅成为世界级的餐饮品牌。目前，我们已经发起了“共创计划”，要求行业头部品牌至少帮扶一个新品牌，通过供应链优化、品牌管理、市场推广等全方位支持，推动整个重庆火锅行业的升级。我认为，重庆火锅的竞争力不应局限于个别品牌的成功，而是要打造一个整体更强的产业生态。同时，我们也正在推动重庆火锅的国家级非遗申报，以政策扶持进一步提升其文化价值。

聚味瞿记创始人兼董事长瞿涛

2025 年，瞿记的核心策略是以稳为主，沉淀内功。我们暂时没有扩店的计划，而是把重心放在组织力的打造上。一方面，是因为瞿记的门店密度在长沙已经趋于合理。另一方面，瞿记的经营理念是不追求一年挣十年的钱，而是希望能十年、二十年持续赚钱。这需要我们有足够的学习能力，有足够的迭代能力，也需要有足够的耐心。餐饮行业看似风云变幻，但最终留下来的，永远是那些把基本功打扎实的企业。

热气饼店合伙人冯宇玮

热气饼店的愿景不是变成一个网红品牌，而是成为消费者日常性的面包品牌。做一个长久的品牌，核心还是“产品 +”模式，模式跑通了，就能长期增长。热气饼店的目标不是短期流量，而是长期稳定的消费者信赖。在未来，品牌将进一步优化供应链，提高运营效率，并继续在华南、华中市场拓展更多门店。

师烤豆花烤鱼总经理、联合创始人刘虹汝

这个行业已经到了必须作出差异化选择的阶段。过去几年，烤鱼品牌如雨后春笋般涌现，形成了全国范围的竞争格局。然而，随着赛道的火爆，同质化现象也愈发严重。商场里的烤鱼店越来越多，甚至出现一家商场内并存三四家烤鱼品牌的局面。接下来的竞争，已经不再是单纯的口味之争，而是品牌模式、消费者体验的全方位较量。接下来，师烤将持续建立产品的差异化优势，在鱼以外的产品打造新的

核心爆点，在消费者心中形成记忆点。

斗鸣鸡公煲创始人秦勇

品牌的发展速度，不仅取决于市场需求，更取决于企业自身的管理能力。很多品牌在扩张过程中犯的错误，就是一开始只追求数量，等到体系跟不上了，闭店潮就开始了。2024 年，我们正式启动了“加盟直营化”管理体系，核心思路是将加盟店的管理标准向直营店靠拢，通过强化运营支持，确保品牌的可持续发展。

在督导体系上，品牌推出了“3+1”小分队管理模式，由 3 个线下督导 +1 个线上督导组成，负责管理 25 家门店，确保每一家门店都能获得足够的支持。这种模式避免了传统督导“一人管 40~50 家店”的无效管理问题，让每位督导能更深入地了解每家店的经营状况，并提供有针对性的改进方案。此外，新任督导必须在门店进行实际操作，学习鸡公煲的制作流程，确保他们不仅是管理者，更是具备实操能力的执行者。我们不希望督导只是来检查问题，而是希望他们能真正帮助门店提升经营能力。

江渔儿总经理孙滇

当下，价格竞争在餐饮行业愈演愈烈，这背后的本质是行业效率和供应链的竞争。在我看来，未来餐饮的价格竞争不会消失，只会形成不同的价值分层。因此，江渔儿不会盲目追求规模，而是基于自身优势，聚焦差异化竞争。

在管理上，我们会坚持把加盟商当直营店长来培养，对于资金实力不足、不热爱餐饮、前期不亲自参与管理的加盟商，江渔儿坚决拒绝合作。自成立以来，江渔儿一直坚持低调、稳健的加盟模式，从未收取过高的管理费用与装修费用，甚至连常见的管理费也基本免除，只象征性收取几百元服务费。正是因为把加盟商当直营店长来看待，我们和加盟商之间形成了共生共赢的关系，目前加盟店经营者的二店率达到了 50%。

在运营层面，江渔儿未来会精准控制菜品品类与 SKU，避免无效投入，明确自己的用户定位。我认为，菜单不仅决定菜品结构，也直接决定了门店的人员配置、设备投入与营销策略。所以，在江渔儿，每次新模型策划菜单都要经历十几轮反复论证，因为菜单的每个细节都会影响到成本、人效甚至顾客的复购率。

胡子大厨品牌负责人钟凯旋

餐饮市场的增长空间依然很大，餐饮品牌连锁化一定是未来的趋势，但如何找到适合自己的模式，是每个品牌都需要思考的问题。胡子大厨的商业模式已经跑通，但也必须不断地优化，以适应不同的消费场景和市场需求。比如，我们每家店开业之后都会收集新店开业反馈，将所有反馈整理成一个标准的手册，为后面的新店设计提供调整依据。我们认为，只有不断优化和调整，才能让品牌在竞争激烈的市场中持续保持活力。

渝味响火锅创始人张静

我们不会去做工业化工厂，更不会去开供应链工厂，现在国内供应链工厂已经饱和且专业度极高。在我看来，得人心者才能得天下。如果我们的规模到了不得不做工厂的阶段，我更愿意找志同道合的供应链朋友参与，并把供应链利润大头给他，用利润换人心，用人心换结果，用结果得天下。明年，响火锅三重三轻的策略不变，继续优化团队，寻求有能力的团队及供应链的深度加入，秉承“让专业的人，来干专业的事，让专业的事，来给专业的人回报”理念不变。

港师傅创始人元帅

加盟连锁必须遵循边际成本这一底层逻辑，所以我们采用分区域推进的策略，用剥洋葱的方式逐步扩张。此外，随着餐饮连锁化规模的持续扩大，其核心一定是从经营门店变成经营用户，一定是用户思维导向门店经营。所以我们会从选址、培训、供应链、线上线下的营销、用户经营等各个维度对门店进行赋能，确保品牌高质量发展。

成都明悦大酒店总经理赵玲

当下，我们的品牌定位已经非常清晰，团队储备和打法也比较成熟。同时，我们注意到，很多酒店的午餐和晚餐时段运营效率低。因此，2025 年，我们计划迈出连锁化扩张的步伐，与酒店品牌合作，复制明悦餐饮模式，让社餐逻辑和酒店管理相结合，盘活更多存量资源。

八、美食带动脚步，烟火叙事凝聚旅游新坐标

2024 年，哈尔滨的冻梨受到游客热捧、天水麻辣烫火爆出圈、淄博烧烤二度走红，餐饮与文旅持续深度融合。其中尤为值得关注是，地标美食逐渐成为消费新热点，餐饮本身也开始成为消费者的出行动机。“美食带动脚步”的现象为什么会愈发凸显？面对餐饮文旅融合的大趋势，餐饮品牌如何才能抓住新机遇，真正实现文化与商业的双赢？

以下内容为访谈实录。

1. 体验经济兴起，美食成为旅行起点

Q 如今，越来越多的人为了追求美食去旅游。味蕾游正在成为一种新时尚。您如何看待“美食带动脚步”这一新现象？它的本质是什么？

第十四届全国人大代表、兰州牛肉拉面行业协会会长马利民

地方特色美食已成为外界认识一座城市的起点，其承载的记忆和生活方式便是串联起城市文化、历史、地理的探索之绳。兰州牛肉拉面之于兰州亦不例外，看似一碗简单的面食，却是文化碰撞后的火花，蕴含着深厚的文化底蕴。这不仅是一碗面，也是一部历史、一种传承，更是一份情感的寄托。一碗兰州牛肉拉面，面条筋道爽滑，牛肉醇香滑嫩，调料丰富多样，每一种食材都经过精心挑选和烹饪。其制作流程不仅是一门技艺，更是一场视觉与味觉的盛宴。凭着“兰州牛肉拉面”这一文化符号，消费者可以从一个视角领略兰州风韵。

如今，兰州牛肉拉面已经遍布全国47个机场。在机场这个会聚五湖四海旅客的场所，能品尝到地道、纯正且蕴含深厚文化内涵的美食的机会实属难得。兰州牛肉拉面的入驻，为南来北往的旅客提供了一份独特的舌尖体验。凭借这份独一无二的魅力，兰州牛肉拉面成为工业和信息化部《首批中国消费名品名单》中唯一入选的面食类产品。这不仅是对其品质与特色的权威认可，更彰显了它在众多美食中无可替代的地位，也让这碗承载着兰州记忆的拉面在更广阔的舞台上散发独特光芒。

山东凯瑞商业集团董事长赵孝国

近年来，餐饮与文旅的结合越来越紧密，许多城市都在努力打造美食地标，希

山东凯瑞商业集团董事长赵孝国

望通过特色餐饮吸引游客。在这个过程中，我们看到有人为了麻辣烫去了天水，有人为了烧烤去了淄博。但这些其实并不重要，重要的是这种吸引力能否持久，是否昙花一现。因此，在我看来，“美食带动脚步”的本质是餐饮的地标 IP 化和特色差异化。举个例子，很多游客到杭州都会尝一尝西湖醋鱼，到北京一定会吃烤鸭，到重庆一定会吃火锅，到济南一定会吃把子肉。游客及消费者为什么会作出这样的选择？因为这些产品具有一定地区的地标性和差异化。

龙泉集团董事、副总裁邢勇

“美食带动脚步”这一味蕾游新时尚的出现，反映了人们生活水平的提高和消费观念的转变。随着人们对生活品质的追求，美食不再仅仅是满足口腹之欲，更成为一种文化体验和旅游吸引力。龙泉集团作为海南地区的多元化企业集团，拥有丰富的餐饮、酒店、娱乐、食品加工等资源，能够很好地顺应这一趋势。这一现象的本质在于美食与旅游的深度融合，满足了消费者对个性化、体验式旅游的需求。美食作为一种文化符号和地域特色的代表，能够激发人们的探索欲望，促使他们前往不同的地方品尝当地美食，同时带动当地旅游、住宿、购物等相关产业的发展，形成一种全新的消费生态。

笨鸡小跑创始人傅文斗

味蕾游正在成为一种新时尚，与地方政府的积极推动密切相关。现在，各地政府都十分重视地方菜的发展，都在积极探索餐饮和文旅的融合。比如，临沂年年都会举办炒鸡节和炒鸡大赛，极大地激发了各地消费者的消费热情。节假日期间，笨鸡小跑的门店几乎天天爆满，天天排队。

日月明餐饮董事长于忠勤

“美食带动脚步”源自消费者对真实、地道体验的需求增长。过去，人们去餐厅更多是为了满足基本的饮食需求；现在，餐饮已经成为一种文化消费。人们不仅想吃饱、吃好，更希望通过食物去感受当地的风土人情。对于外地游客来说，来到大连，吃的不只是海鲜，更是一种文化体验。

德华楼执行总裁张依心

这是餐饮行业跟旅游、文化深度融合的一个结果，体现了美食对消费者强大的吸引力以及餐饮行业对经济发展的推动作用。每个城市都有自己的美食文化，背后承载的是这个城市的发展历史和文化底蕴，这也是“美食带动脚步”现象的本质。

贵厨酸汤牛肉董事长朱虎

这一现象体现了人们对美食的强烈热爱。以贵州为例，得益于互联网的快速推动，当地特色的美食已经成为游客体验中很重要的一环。

上海广富林宰相府酒店总经理叶育成

味蕾游成为一种新时尚，本质上是体验经济的兴起。在人们旅行过程乃至整个人生旅途中，美食都是非常重要的一个体验环节。

2. 餐饮文旅融合：文化为根，特色是魂

Q 在餐饮和文旅融合方面，您的品牌有哪些探索和实践？如何通过产品、服务或场景设计等来满足这些新需求？

黄龙海鲜大排档创始人潘建钢

黄龙海鲜大排档的消费群体跨度极大，既有骑电动车的老杭州食客，也有开着豪车的外地游客。根据内部统计，打卡消费的外地游客已经占比超过 30%。总结来看，一是因为黄龙海鲜大排档抓住了消费者越来越看重“烟火气”的趋势，既保留了大排档的接地气属性，又在运营管理上不断升级，使黄龙海鲜大排档体现了城市的温度，并成为城市的记忆。这种情绪价值，是真正能吸引消费者的地方。二是因为店内装修融合了渔港文化元素，如渔网、渔灯、船桨等，令人仿佛置身海滨渔村，让消费者既能享受大排档的氛围，也能获得高品质的餐饮体验。

黄龙海鲜大排档创始人潘建钢

德华楼执行总裁张依心

首先是在门店的选址和设计风格上将餐饮和文旅融合。比如，德华楼 2024 年新开的巴公房子店，位于武汉的知名地标附近，采用了民国风的设计风格，吸引了很多游客打卡。其次是我们结合武汉文旅消费场景推出了系列产品。比如，黄鹤楼造型的年糕既保留了非遗特色，又融入了武汉地标建筑。我们还在樱花季推出一系列樱花产品，配合线上线下宣传吸引游客打卡。再次是加大研发的力度，推出一系

列可以让游客朋友带走的武汉伴手礼。最后是借助大型演唱会等活动，吸引明星、粉丝到店里打卡，为他们提供一站式品尝武汉非遗美食的场景和服务。

日月明餐饮董事长于忠勤

将日月明小渔村打造为大连的城市美食 IP 一直是我们的目标。我们希望每位到店的顾客都能感受到大连的味道和独特的氛围。为此，我们在多个方面发力。例如，餐厅内部装饰融入了渔村风格的元素，甚至在店里摆放了一艘真实的渔船。针对游客群体，品牌推出了本地特色菜套餐，如海肠捞饭等，以套餐的形式呈现，让游客更直观地了解大连特色美食。此外，品牌还与大连文旅局合作，参与各类美食文化节，让日月明小渔村成为城市美食文化的一部分。

贵厨酸汤牛肉董事长朱虎

2024 贵州旅游业十分火热，贵厨也新开了 7 家门店，在 7—8 月旅游旺季，外地游客占比达到了 50%。在餐饮文旅融合方面，我们一是打造好的产品、好的服务和环境，二是从去年 9 月开始以直播的形式，在每个月 13 号宣传贵州的美景、美食和人文风情，将品牌与贵州的风土人情进行强关联。

西安 W 酒店总经理王文龙

近年来，越来越多游客因美食爱上一座城，西安作为历史文化名城，美食已成为旅游的重要吸引力。酒店餐饮在其中有巨大的机会——既要满足外地游客的探索需求，也要成为本地食客的日常选择。基于这样的认识，西安 W 酒店主动挖掘陕西各地的特色美食，涵盖陕西的擀面皮、

日月明餐饮董事长于忠勤

西安 W 酒店总经理王文龙

陕南的热米皮、关中的特色小吃，并尝试将其融入酒店餐饮体系。例如，在自助餐的本地面档增加地方特色风味，让住客在早餐时就能感受到陕西饮食文化的独特魅力。

此外，酒店还与百年苏州面馆裕兴记、英国知名品牌 Burger & Lobster 达成合作，将中外美食引入西安市场，让游客在体验陕西风味的同时，也能感受世界美食文化。这种跨地域的美食交流，进一步增强了西安 W 酒店在美食旅游时代的吸引力。

上海广富林宰相府酒店总经理叶育成

广富林宰相府怡园不仅是一家餐厅，更是一座“沉浸式文化餐饮空间”。酒店的主建筑——宰相府，是一座拥有 500 年历史的江西贵溪古宅，被完整迁移至上海，并在现代修复的基础上，保留了原始的古典风貌。这使广富林宰相府的餐饮体验天然带有一种历史厚重感，让顾客在品味美食的同时，也能感受到古建筑的魅力。

上海广富林宰相府酒店总经理叶育成

为了让文化体验更加沉浸，酒店推出了免费文化导览服务，每天都有文化传播官为顾客介绍古宅历史、广富林遗址文化，让顾客在用餐前后都能感受到浓厚的文化氛围。“掌灯仪式”是广富林宰相府的另一项独特体验。每到黄昏，酒店工作人员会身着汉服，手持宫灯，沿着古宅庭院点燃灯盏，重现古代大户人家夜幕降临时的灯火辉煌。这一仪式不仅成为顾客打卡的热点，也让整个酒店的文化体验更具层次感。

此外，酒店还打造了一系列文化 IP 餐饮体验，让顾客在就餐的同时，获得更深层次的文化认同感。比如，结合宰相府的历史背景，酒店推出了“进士及第”文化体验，寓意着学业有成、事业腾飞，受到本地家庭和亲子客群的喜爱。又如，结合广富林的文化特色，酒店推出了“四季石狮”文创点心，每个季度更换不同口味，成为社交媒体上的热门打卡产品。通过这些文化元素的融入，广富林宰相府成功打造了一种“情绪价值”，让每一位到访的客人都能在品尝美食之外，收获更多体验感。

洛阳克丽司汀酒店总经理张浩

随着“美食 + 旅行”成为越来越多消费者的出游方式，克丽司汀酒店也在深度融入洛阳的文旅产业，让餐饮成为游客体验洛阳文化的重要部分。首先，酒店提供汉服租借服务，让顾客能够身着汉服体验洛阳风情，感受神都洛阳的古韵。其次，酒店还结合洛阳水席文化，在特定时间推出洛阳特色水席套餐，让外地游客在酒店即可体验到正宗的洛阳传统美食，而不必特意前往景区排队。最后，在伴手礼设计上，酒店提供牡丹饼、洛阳绿豆饼、唐三彩文创产品，让顾客不仅能在洛阳品尝美食，还能将文化元素带回家，形成完整的旅游消费闭环。

白天鹅宾馆总经理林镇海

广州是一个美食之城，作为广州美食文化的代表之一，白天鹅宾馆旗下餐厅不仅是国内食客的钟爱之选，也是国际游客心中的“必打卡餐厅”，这与白天鹅宾馆深度推进餐饮文旅融合密不可分。

首先，白天鹅宾馆会借助端午节、中秋节等系列节假日，进行美食文化的分享和体验，吸引了包括国内美食爱好者、各国领事馆驻广州人员、全球各大商会代表等在内的众多人员参与。其次，每年我们都会联合国内各大菜系的知名品牌和知名美食家，打造 5~6 场美食节，共同推广中国优秀的传统饮食文化，以餐饮文化撬动文旅宣传。同时，我们也会前往世界等地，进行粤菜文化推广和烹饪展示，在世界级论坛上呈现粤菜的独特魅力。最后，白天鹅宾馆还积极利用国内外的社交媒体和数字营销，将粤菜文化带到全球市场。越来越多的国内外游客开始了解白天鹅，并特意前来广州品尝正宗的粤菜。目前，白天鹅宾馆的食客中，游客的比例已经达到了 50%。

白天鹅宾馆总经理林镇海

Q 在您看来，要做好餐饮和文旅的深度融合，餐饮品牌需要做好哪些功课，应对哪些挑战，需要什么帮助？

第十四届全国人大代表、兰州牛肉拉面行业协会会长马利民

我国旅游业和餐饮业经过几十年发展，已经步入了提质升级的新阶段。推动多业态融合创新，是顺应居民消费升级需求、推动传统旅游和餐饮行业转型升级的重要方式，也是培育更有活力、创造力和竞争力的旅游和餐饮市场主体的有效途径。

餐饮文旅融合，一是可以打造特色美食精品路线，把美食文化融入景点建设，实现“以食带景”“食景融合”。二是可以创新开展互动式体验活动，让游客参与美食的制作过程，深入了解地方民俗文化，从而获得更为丰富的旅游体验，以此做好、做活“旅游”与“美食”深度融合文章，让“舌尖”带动“脚尖”，用美食招揽八方游客，让旅游因美食更具魅力、更有活力。

山东凯瑞商业集团董事长赵孝国

餐饮品牌要想在文旅市场占据一席之地，必须打造具有地域特色的 IP 及 IP 产品。凯瑞集团十几年来在大本营济南塑造和推广糖醋鲤鱼、把子肉等鲁菜特色产品，并通过品牌化运作及面对新消费群体的适当改良，让这些传统菜品焕发新的产品生命力。比如，我们会开发“把子肉四兄弟”配上黄河大米使之成为具有排他性的独特产品，而这独特的产品在其他城市吃不到，成为明星都来打卡的城市 IP，这样就能成为这个城市的旅游美食名片。其成功的关键是要能为顾客创造全新的消费“情绪价值”，使顾客不仅觉得好吃，还要觉得这是一种差异化的文化体验，真正能品尝到属于这个城市的味道。因此，餐饮在塑造城市 IP 时，一定不要一窝蜂地去模仿，而是要打造属于自己的特色产品。

重庆五斗米餐饮集团董事长王顺海

餐饮文旅的融合不是简单地为消费者提供好吃的菜品，而是让消费者感受到美食背后的愉悦感。举个例子，我们在重庆有一家火锅店，每天都会有全国各地的消费者来打卡。但很多消费者来这里，不仅是为了吃一顿火锅，更是为了和火锅店的合伙人一起唱首歌。显然，这些消费者看重的是火锅店带来的情绪价值，希望从火锅店找到一种精神的寄托。

龙泉集团董事、副总裁邢勇

要做好餐饮与文旅的深度融合，需要做好以下功课：一是深入挖掘当地的文化

龙泉集团旗下餐饮品牌龙泉人椰子鸡

内涵和美食特色，将文化元素融入餐饮产品的设计、包装和服务中，打造具有文化底蕴的餐饮品牌；二是加强与旅游景区、旅行社等旅游相关企业的合作，通过联合推广、线路设计等方式，实现资源共享和客源互送；三是提升餐饮场所的环境氛围和体验感，如打造具有地域特色的餐厅装修风格、举办文化表演和美食体验活动等，让消费者在享受美食的同时感受当地文化魅力。在融合过程中，可能面临文化解读不准确、合作协调困难、人才短缺等挑战。其中，最核心的是如何精准把握文化与美食的结合点，打造出既具有文化特色又符合市场需求的餐饮文旅产品，让消费者真正获得独特而满意的体验。

笨鸡小跑创始人傅文斗

早在 2017 年，笨鸡小跑就提出了“一顿饭认识一座城”的口号，希望将笨鸡小跑打造成大众认识沂蒙的一座桥梁。比如，我们店内包间命名均以当地景区为主题，让消费者在用餐的同时，能够感受到地方文化的魅力。所以，餐饮和文旅深度融合的本质是文化认同的建立。但一个餐饮品牌的力量是有限的，餐饮和文旅的深度融合还需要依靠政府的力量，建立“政府主导 + 企业参与”的模式。

黄龙海鲜大排档创始人潘建钢

对于餐饮业而言，餐饮文旅融合的本质是产品力的提升。以海鲜为例，一个人可以一个月不吃海鲜，但如果大家都一个月不吃海鲜，黄龙海鲜大排档就会遭遇经营危机。面对这种极端情况，餐饮品牌就需要打磨产品的亮点，吸引消费者消费。所以，不管怎么融合，餐饮品牌必须做好自己的产品，用产品去吸引消费者。

怪噜范创始人邬忠芬

“小吃”这类地方饮食，其具有的一些特点使得它在作为新型旅游方式的“旅游餐饮”的选择上有一定的局限性。小吃讲究“地道”，但外地游客难以寻找到真正最地道的小吃；一些真正地道的小吃就餐环境也相对较差，对食品安全的意识也比较差，很多传统老手艺人缺乏宣传推广意识也缺乏手段，导致许多地道的特色美食只被本地人了解和享用。

怪噜范之所以能在贵阳小吃赛道占据一席之地，很重要的一个原因就是我们的“贵阳小吃手艺人”理念。我们不仅是一个贵阳小吃的集合体，更为重要和独有的是，我们的很多小吃是通过寻访贵阳的老手艺人，与他们进行合作，以手艺传授、产品合作或者加入供应链等多维度的合作模式，将最地道的贵阳小吃集为一体；再

怪噜范创始人邬忠芬

通过现代化的餐饮管理模式，解决了环境、服务、食品安全等“地道小吃”的痛点，将最正宗最地道的贵阳小吃传递给广大的消费者。同时，通过多渠道的品牌宣传，尽到传播贵阳小吃文化的绵薄之力。

德华楼执行总裁张依心

餐饮文旅融合，最核心的是要深入挖掘产品特色。以德华楼为例，我们首先要把年糕、包子等特色非遗产品体现出来，然后再围绕产品，找到游客的兴趣点，进行深度的融合和创新，展现城市的文化和城市的风貌。

日月明餐饮董事长于忠勤

餐饮和文旅的深度融合，一是要突出本地菜的特色，因为游客来到城市，首先要做的就是品尝当地的特色美食。二是一定要重视线上运营。从整体来看，线上运营除了带来流量，还带动了产品和服务大幅的提升，这种线上口碑效应，不仅让本地消费者更愿意来打卡，也让游客在还未到大连之前，就已经对日月明小渔村有了认知。每年 5 月至 10 月的旺季，日月明小渔村的游客消费占比可以达到 60% 以上，甚至出现了 200 桌排队的盛况。

白天鹅宾馆总经理林镇海

餐饮和文旅的深度融合，并不仅是为消费者提供一顿美食，而且是为消费者提供一场充满特色生活方式的高品质体验之旅。比如，白天鹅宾馆的核心餐饮品牌玉

堂春暖，不仅是粤菜的象征，更是广式生活方式的缩影。从木质屏风到红木家具，再到繁复而精致的雕刻，每一个细节都透露着广式文化的底蕴。为什么“玉堂春暖”始终被食客视为殿堂级的粤菜餐厅，连续多年荣获《米其林指南》和《黑珍珠餐厅指南》认证，就是因为它传承的不仅是餐饮文化，还是人文文化。

3. 从美食服务者到城市故事讲述者

Q

您认为餐饮与文旅融合的发展趋势是什么？您的品牌未来在餐饮文旅融合方面有哪些具体规划和战略？

重庆五斗米餐饮集团董事长王顺海

在未来的竞争中，单纯的餐饮品牌已经难以满足消费者多元化的需求，只有将品牌的触角延伸到更广泛的生活方式领域，才能在市场上长期占据有利位置。五斗米也在探索更多场景化餐饮，比如结合文旅打造“地方特色餐饮体验馆”，把美食和文化、培训等相结合，增强品牌的文化属性。

龙泉集团董事、副总裁邢勇

未来餐饮与文旅融合的发展趋势是更加紧密和多元化。一方面，文化主题餐厅、美食旅游街区等形式将不断涌现，餐饮将成为旅游目的地的重要吸引力之一；另一方面，餐饮企业将更加注重与旅游产业的全链条合作，从游客的行前规划、行程体验到行后分享，全方位融入旅游生态。龙泉集团将抓住这些机遇，进一步拓展业务布局。例如，在旗下酒店中融入更多当地美食文化元素，打造特色餐饮服务项目；开发以椰子鸡等特色美食为主题的旅游线路，将美食体验与海南当地的旅游景点相结合；加强与旅游机构的合作，举办美食文化节等活动，提升品牌在文旅领域的影响力，吸引更多游客前来体验龙泉集团的餐饮和旅游服务；加大旅游手信产品的投入和研发，将龙泉食品以“礼”的形式呈现给消费者，让更多的游客关注到龙泉，选择龙泉食品。

笨鸡小跑创始人傅文斗

美食是消费者体验一个城市的起点。未来餐饮和文旅的融合，并不仅是餐饮品类的品牌化，还是城市地标美食的品牌化。我们已经在临沂成立了炒鸡协会，不仅希望把炒鸡品牌化，更希望让临沂成为“炒鸡之都”，让临沂炒鸡成为北京烤鸭、贵州茅台这样的大 IP。

洛阳克丽司汀酒店总经理张洁

当下，消费者的选择不只是取决于食物的味道，更在于用餐时的氛围、仪式感和个性化体验。也就是说，情绪价值已经成为消费者选择一个餐饮品牌的重要因素，酒店餐饮要想活得久，必须在文化、体验、情绪价值上不断创新。从这个角度看，餐饮文旅的融合，如果是让消费者的旅游体验停留在吃饱和住好上，那就太浅了，一定要让消费者带走一段值得回味的记忆。所以，要做好餐饮和文旅的深度融合，餐饮品牌还是要练好自己的内功，把出品做到极致，挖掘每个菜品背后的故事，激发消费者的欲望，并让用餐更有仪式感。举个例子，在顾客的生日宴或纪念日宴会上，我们会为顾客设计专属的藏头诗，印在杯子上，倒入热水后，诗句缓缓浮现，寓意“一辈子”的祝福。这种精心设计的仪式感，成为顾客拍照打卡的热门场景。未来，克丽司汀会持续深化文旅融合，将餐饮、文化、住宿体验整合，形成完整的沉浸式消费场景，并优化社交媒体运营，提升短视频营销和直播能力，加强在线传播。我们希望未来的克丽司汀酒店不仅是一个吃饭和住宿的地方，而且是一个能让消费者“带走故事和回忆”的品牌。

洛阳克丽司汀酒店总经理张洁

贵厨酸汤牛肉董事长朱虎

2025 年，品牌将持续挖掘贵州的特色文化，基于苗家的蜡染、刺绣、银饰等特色产品开发出一些周边产品，增加消费者对我们品牌的关注度。未来我们也希望完善好自身体系，把这一口好酸带出贵州，走向全国！

西安 W 酒店总经理王文龙

酒店餐饮的价值不仅在于提供美食，更在于创造独特的体验。在餐饮文旅融合上，西安 W 酒店分为两个核心方向：保持国际五星级酒店的高端品质，以创新驱动市场；同时，深度融合本地饮食文化，成为游客感受西安风味的第一站。所以，西安 W 酒店自助餐不仅提供标准的西式早餐，还特别设置了陕西特色档口，让住店客人能品尝到肉夹馍、羊杂粉、水盆羊肉等地道美食。针对高端宴请场景，飨艳中餐厅以淮扬菜为主，同时融合陕西经典菜肴，如葫芦鸡、油泼面、陕西烩菜，以满足外地客人对西安本地风味的期待。

贵厨酸汤牛肉

九、中国味香飘海外，中餐拓展全球“朋友圈”

2024 年，中餐品牌出海热情持续高涨，很多人将这一年称为“出海冲刺之年”。然而，面对完全不同的文化语境与消费场景，想用“中国味”征服“世界胃”绝非易事。中餐品牌在海外落地成功的关键到底是什么？面对陌生的市场环境，中餐品牌如何才能避免陷入“水土不服”的困境，真正实现从“走出去”到“走进去”的跨越？

以下内容为访谈实录。

1. 中餐出海：硬资源和硬能力缺一不可

Q 当下，出海已经成为很多中国餐饮企业的必选项。您如何看待这一现象？中国餐饮企业冲刺出海背后的原因是什么？

第十四届全国人大代表、兰州牛肉拉面行业协会会长马利民

中餐出海就是对中华优秀饮食文化的传播，就是讲好中华餐饮的故事。世界各地的美食爱好者品尝美食不仅满足了自己味蕾的需求，也满足了对不同民族文化特色的了解。有些中华美食已经经过上百年甚至上千年历史的传承，人们已经赋予它深厚的文化内涵，这也就在一定程度上体现了对中华美食文化开发的重要价值。

掌柜的店创始人王晓东

近年来，越来越多的中国餐饮企业选择走出国门，也有很多人用各种元年定义中国餐饮的 2023 年和 2024 年。但在我看来，中国餐饮真正的出海元年应该在更早之前。当下，很多餐饮品牌选择“走出去”是因为觉得国内市场太卷了，但现在海外市场的竞争也十分激烈，也非常卷。所以，中餐出海不能一窝蜂，你以为海外有很大的机会，但可能轮不到你。

杨记誉诚董事长杨勇

这是因为中国餐饮行业已经进入了存量市场，品牌在达到一定规模后，很难去实现更大的增长，只能寻找第二增长点。出海是品牌升级和国际化的进程，随着全球化进程加速，中国餐饮品牌有机会将独特的饮食文化和商业模式带到国际市场；出海也是一条充满挑战的道路，不仅会考验品牌的资源和创新能力，还需要品牌具备足够的耐心和持续的投入。

广东阿生鱼捞董事长张景

我的观点是既鼓励中国餐饮出海，也不完全鼓励中国的餐饮出海。鼓励中国餐饮出海的原因是中国餐饮是世界餐饮体系的重要力量，但国际化水平却较低，换句话来讲，我鼓励中国餐饮出海是因为中国餐饮人要承担起中餐国际化的使命。除了中餐国际化，利用中国餐饮人独特的效率模型，比如合伙制、赛马制去做西式餐饮，也是一个可以探索的方向。不完全鼓励中国餐饮出海的原因是如果品牌的水平太低，资本实力方面不够，认知水平不够，就尽量不要出海，如果在国内没做好也不要出海，因为出海对餐饮品牌的考验是超乎想象的，有不少餐饮企业出海的发展欠佳。

Q 您的品牌在出海上主要考虑哪些政策和市场因素？目前出海进展如何？

掌柜的店创始人王晓东

目前，“掌柜的店”已经在印度尼西亚和新加坡开设了海外门店。在海外门店落地之前，我们和新加坡、印度尼西亚本地的合伙人洽谈了一年多的时间，这些本地化的资源也是我们在出海上的一大优势。在我看来，中餐出海必须考虑有没有本地化的资源以及这些资源能不能覆盖当地的消费人群。因为海外市场虽看似有很大的机会，但当地的餐饮格局其实已经基本定型，如果没有极强的本地化资源，是很难撬动当地市场的。

掌柜的店创始人王晓东

杨记誉诚董事长杨勇

罗妈砂锅目前已进入东南亚的马来西亚以及泰国，马上会进入西班牙、意大利、德国还有美国等欧美市场。选择出海目的地时，我们会首先考虑在当地是否有资源，其次会考虑当地的消费人群。罗妈砂锅之所以选择马来西亚作为出海首站，就是因为当地华人比较多，降低了文化差异带来的风险，并可快速建立品牌认知。但以华人为主只能是短期的手段，未来一定要突破本地市场，吸引更多非华人消费者，才能真正实现国际化，过度依赖华人市场则会限制品牌的增长潜力。

2. 海外竞争：文化差异、政策差异是难关

Q 出海过程中遇到的主要挑战有哪些？在解决这些挑战上，有哪些经验可以分享？

掌柜的店创始人王晓东

在海外市场，掌柜的店最大的挑战是供应链。举个例子，我们在印度尼西亚做河南菜，要鹅没鹅，要鱼没鱼，做起来就很难。我们的解决方案是食材用国际化的食材，但是烹饪技法用传统河南菜的烹饪技法，菜品会和河南文化进行关联。例如，在新加坡将鲤鱼焙面改为石斑鱼焙面，适应本地的海鲜供应链。此外，人才和管理也是难题。比如，我们想将海外门店落地到大众点评，但推动起来就很难。在人才方面则需要因地制宜地解决，在印度尼西亚，我们会去培养当地的人才；在新加坡，则是从中国派精兵强将过去。

杨记誉诚董事长杨勇

政策、味型、资源是中餐出海的三大核心挑战。

一是政策挑战。不同国家和地区的法律法规、用工制度、食品安全标准等政策差异较大，若不了解当地政策，可能导致投资失败。

二是味型挑战。不同国家和地区的消费者口味偏好差异较大，直接照搬国内产品可能难以被接受，所以需要针对不同市场进行口味本地化调整。例如，降低辣度、增加酸味或甜味，以适应本地消费者的偏好；研发适合当地的酱料和产品配方，确保既能保留品牌特色，又能满足本地需求。

三是资源挑战。在海外市场缺乏本地资源（如供应链、合作伙伴、市场资源等），可能导致运营效率低下。可以与当地餐饮团队合作，借助他们的资源和经验，快速融入市场。

杨记誉诚董事长杨勇

需要注意的是，海外市场的投资成本和开店周期通常高于国内。例如，罗妈砂锅在东南亚的单店投资成本和开店周期接近国内的3倍。但海外市场的毛利率相对较高，因此需要保持耐心，注重长期回报。

广东阿生鱼捞董事长张景

出海的挑战主要集中在文化差异、政策法规差异、语言差异和消费环境差异四个方面，这会直接导致成本结构的变化，尤其是消费环境差异会导致品牌的人力资源成本、产品结构、选址、组织模型都与国内有很大不同。我们的解决方案是学会用当地的人。在新加坡，我们的团队全部由当地员工组成，而非国内派遣人员，这是品牌本地化运营的第一步。

3. 中餐“走进去”：从用外国人到服务外国人

Q 从“走出去”到“走进去”，您的品牌在海外市场的长期战略是什么？如何在海外实现持续扩张？

杨记誉诚董事长杨勇

目前，我们在海外市场主要采用“直营＋联营”的模式，以确保品牌的落地质量，加速扩张。在具体打法上，我们会在每个区域选择一个核心城市打造直营样板。比如，在东南亚，我们会以马来西亚吉隆坡为中心；在美国，我们会以洛杉矶为中心，然后联合联营团队，在海外市场进行持续扩张。

广东阿生鱼捞董事长张景

很多中餐品牌出海，实际上只是服务华人市场，而真正意义上的国际化，应该是让当地消费者接受中餐或做所在国文化基因、味觉基因里原生的产品，而不仅仅是做给华人吃。这才是符合逻辑的商业模式，因为最大的用户群体还是本地人口。所以，我们不能为了出海而出海，而是要学会用外国人，学会为外国人服务，只有这样才能成为国际化中餐品牌。

第二部分

中国餐饮年度观察和大数据 2025

年度餐饮大数据 2025

01

行业概览篇

一、经济运行稳中有进，餐饮总量跃上新台阶

1. 全国餐饮市场收入突破 5.5 万亿元

2024 年面对外部压力加大、内部困难增多的复杂形势，各地区、各部门深入贯彻落实党中央、国务院决策部署，坚持稳中求进工作总基调，完整准确全面贯彻新发展理念，加快构建新发展格局，扎实推动高质量发展，国民经济运行总体平稳、稳中有进，全年经济增长预期目标顺利实现。

2025 年 1 月发布的国家统计局数据显示，2024 年我国 GDP 首次突破 130 万亿元，达到 1349084 亿元，比上年增长 5.0%。分产业看，第三产业增加值为 765583 亿元，增长 5.0%，对经济增长的贡献率为 56.2%，三次产业增加值占 GDP 的比重分别为 6.8%、36.5% 和 56.7%。从环比看，四季度 GDP 增长 1.6%。环比增速连续正增长，经济保持平稳向好态势。

2024 年，社会消费品零售总额为 487895 亿元，比上年增长 3.5%；餐饮收入为 55718 亿元，增长 5.3%，餐饮市场的总量跃上新台阶（见图 1-1）[①]。

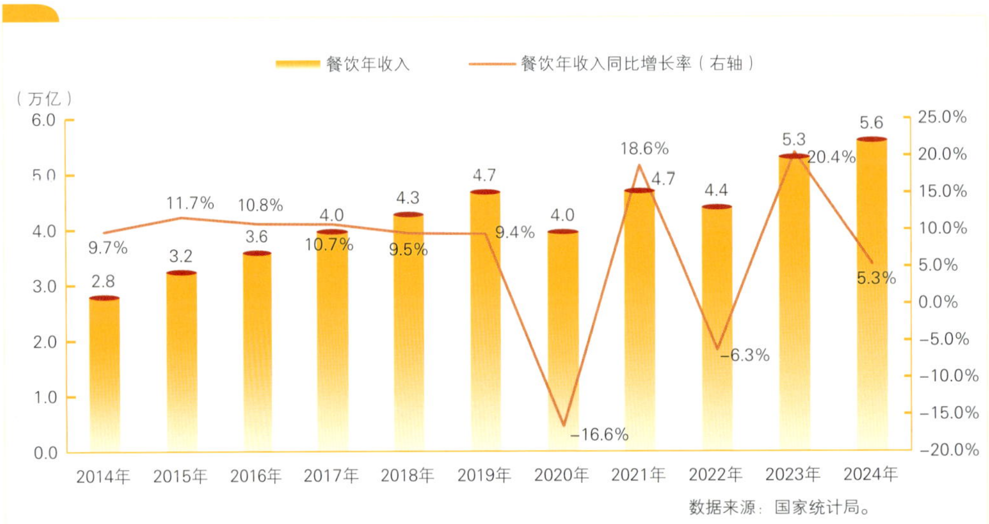

图 1-1　近 10 年全国餐饮年收入及年同比增长

①赵同录．我国经济运行稳中有进　经济总量跃上新台阶 [EB/OL]. 中国经济网，2025-01-17.

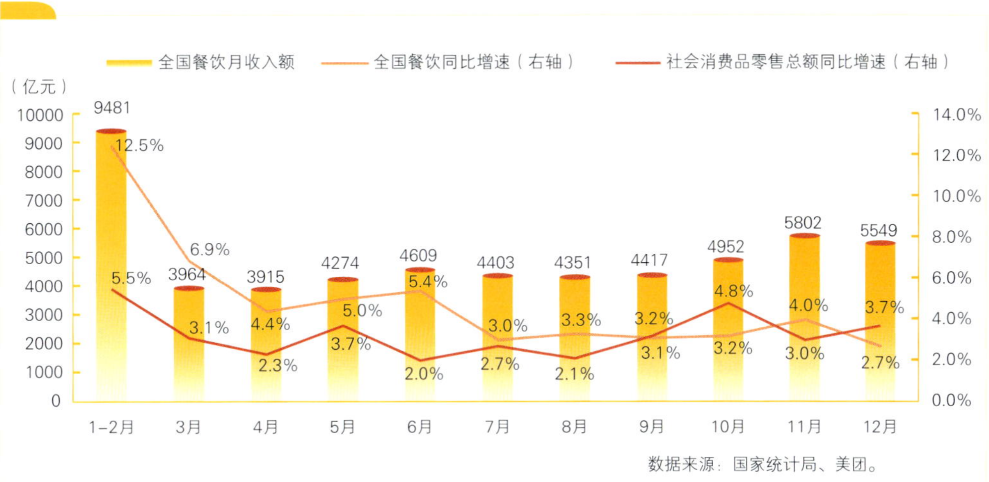

图 1-2　2024 年全国餐饮月收入走势及同比增长

2. 线上消费增速显著，餐饮打造高质量发展引擎

国家统计局数据显示，2024 年全国网上零售额 155225 亿元，比上年增长 7.2%，网上零售较为活跃。其中，实物商品网上零售额 130816 亿元，增长 6.5%，占社会消费品零售总额的比重为 26.8%。

美团数据显示，从 2024 年按月份全国餐饮同比增速情况看，在线餐饮同比增速远高于全国餐饮。以 2024 年 1—2 月为例，全国餐饮同比增速为 12.5%，在线餐饮同比增速为 37.4%（见图 1-3）。餐饮企业积极拥抱新质生产力，打造高质量发展“强引擎”。

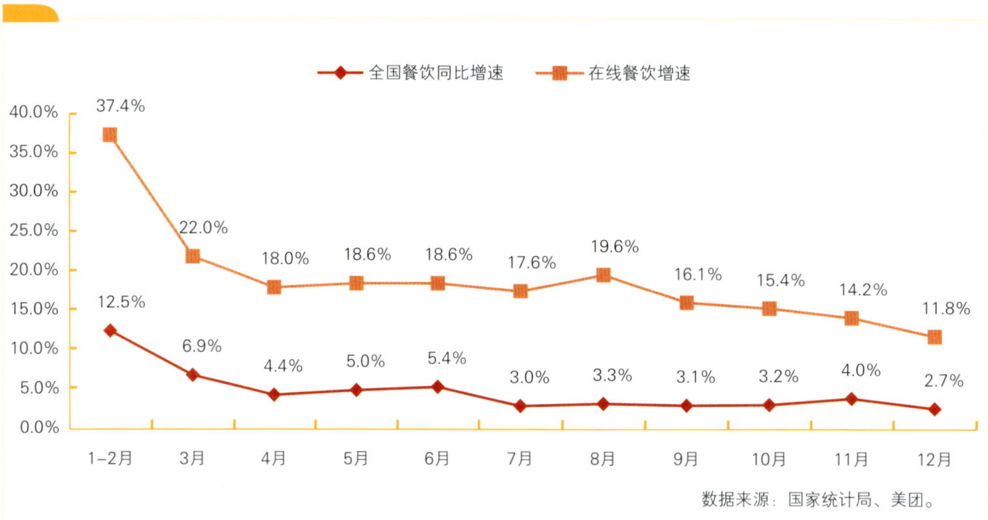

图1-3　2024年按月份全国餐饮同比增速

3. 消费热情不减，价格下行致行业规模增速放缓

2024年以来，我国居民外出就餐频次持续提升，消费热情不减。美团数据显示，2024年用户的人均堂食订单量同比增长了15.4%，但由于消费预期、消费需求和就餐场景发生变化等，同期堂食平均单价同比下降了10.2%。对比餐饮堂食平均订单价格和国家统计局餐饮收入的季度同比变化情况，可以发现餐饮价格变化趋势与餐饮行业收入增速高度相关（见图1-4）。

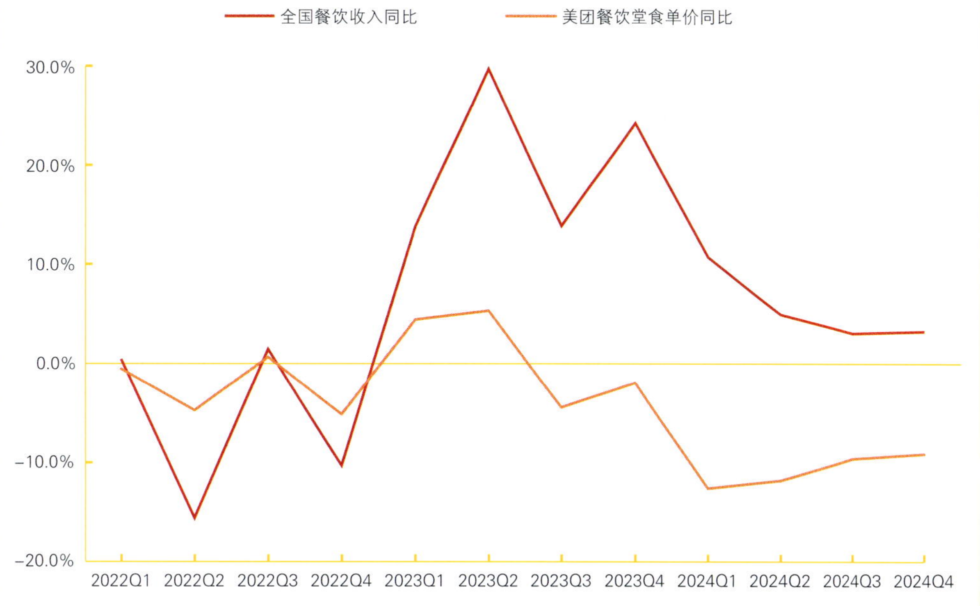

图 1-4 美团餐饮堂食单价与全国餐饮收入季度走势

二、潜能释放，观念升级，消费者越来越关注品质和价值

1. 农村居民收入增速快于城镇，乡村消费潜能持续释放

国家统计局数据显示，2024 年全国居民人均可支配收入 41314 元，比上年实际增长 5.1%。按常住地分，城镇居民人均可支配收入 54188 元，比上年实际增长 4.4%；农村居民人均可支配收入 23119 元，比上年实际增长 6.3%（见图 1-5）。按全国居民五等份收入分组，低收入组人均可支配收入 9542 元，中间偏下收入组 21608 元，中间收入组 33925 元，中间偏上收入组 53359 元，高收入组 98809 元。全年全国居民人均消费支出 28227 元，比上年实际增长 5.1%。

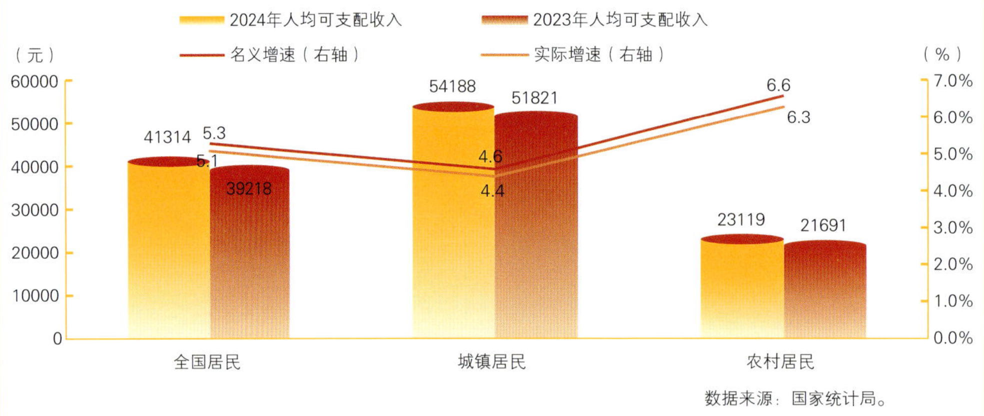

图1-5　2024年全国及分城乡居民人均可支配收入与增速

国家统计局数据显示，2024年全国居民人均食品烟酒消费支出8411元，年同比增长5.4%，占人均消费支出的比重为29.8%；人均生活用品及服务消费支出1547元，年同比增长1.4%，占人均消费支出的比重为5.5%；人均教育文化娱乐消费支出3189元，年同比增长9.8%，占人均消费支出的比重为11.3%（见图1-6、图1-7）。

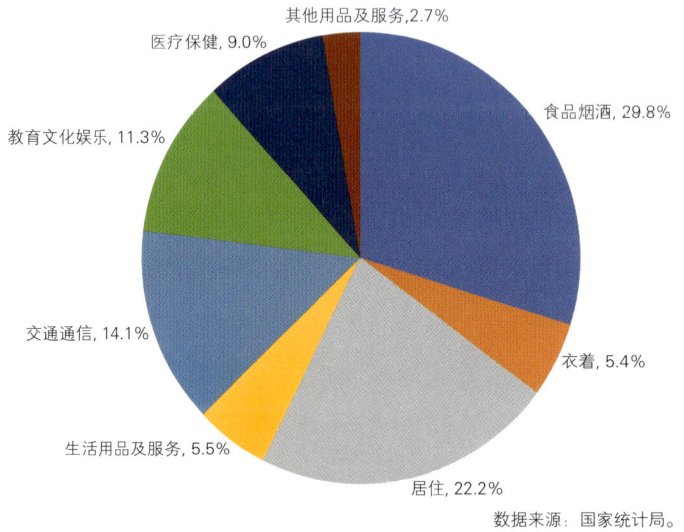

图1-6　2024年全国居民人均消费支出及构成

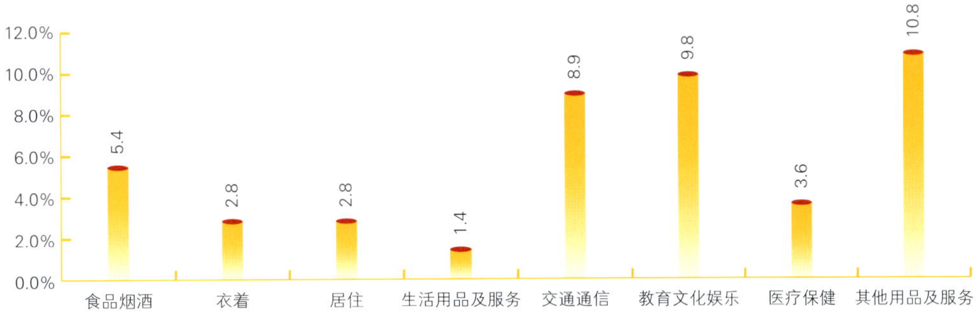

数据来源：国家统计局。

图 1-7　2024 年全国居民人均消费支出年同比增长（按消费类别分）

国家统计局数据显示，2024 年城镇消费品零售额 421166 亿元，年同比增长 3.4%；乡村消费品零售额 66729 亿元，年同比增长 4.3%。对比城镇与乡村居民人均消费支出同比增长情况来看，乡村居民在衣、食、住、行、教育、医疗等各个领域的人均消费支出年同比增长皆高于城镇居民，乡村消费潜能持续释放（见图 1-8）。

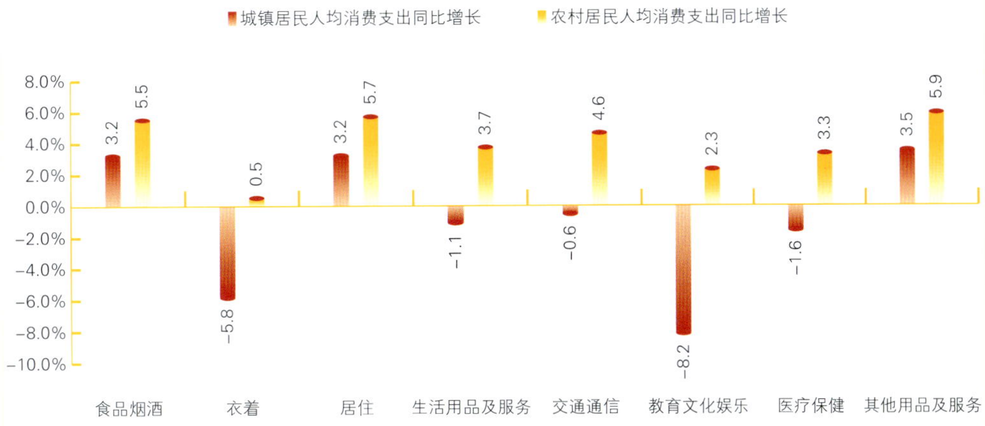

数据来源：国家统计局。

图 1-8　2024 年全国城乡居民消费支出年同比增长（按消费类别分）

2. 县域餐饮更加活跃，但消费动能仍有较大释放空间

据国家统计局数据，2024 年全年限额以上餐饮企业收入增速为 3%，比全行业增速低约 2.3 个百分点，体现出小微餐饮商户固定成本较低、经营灵活的相对优势。从区域差异角度来看，2024 年下半年以来，京、沪等前期餐饮价格较高的地区，餐饮商家价格和收入下降幅度较大，而同期江西、重庆、四川、云南、黑龙江等省份均实现了 10% 以上的餐饮增速。

美团数据显示，县域餐饮较城市更加活跃。2024 年全年县域新增餐饮商户数占全国新商户的 32.9%，同比增加 3.7 个百分点。县域餐饮消费额和订单量同比分别增长了 19.6% 和 24.1%，分别高于同期城市餐饮消费额和订单量增速 6.1 个百分点和 3.9 个百分点。从商户总量变化情况来看，对比 2024 年和 2023 年两年商户数净增情况，所有等级的城市商户增速都在下降，相对来说 2024 年二线城市商户新增趋势减缓更为明显，年底商户数比年初小幅下降 0.2%，而一线、新一线和三线及以下城市商户新增依然明显（见图 1-9）。一方面，说明一线、新一线等发达城市消费持续活跃，仍是全国连锁品牌拓店和创新模式的首选地域；另一方面，说明下沉市场居民餐饮消费仍有较大潜力挖掘，三线及以下城市的商户供给还有较大提升空间。

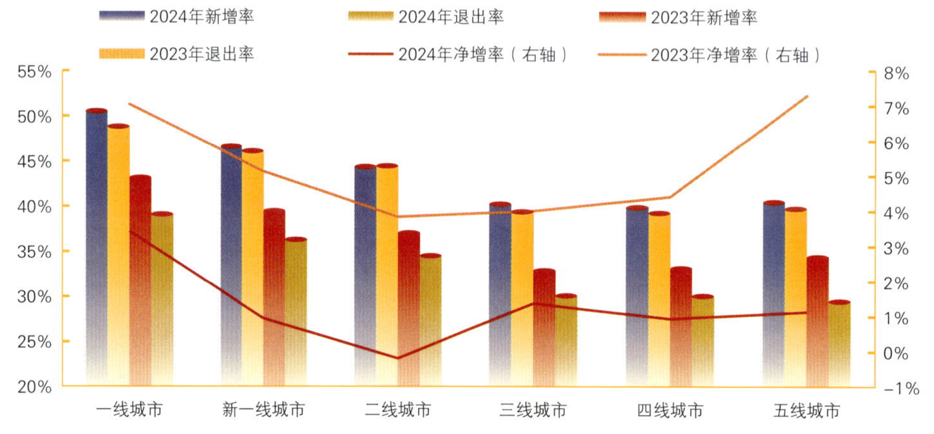

数据来源：美团。

图 1-9 不同等级城市餐饮商户数量变化

3. 消费者注重性价比，对服务品质的需求持续增强

美团数据显示，从 2024 年各月正餐、快餐类堂食客单价的同比变动情况看，全年正餐类、快餐类堂食消费客单价的月均同比降幅分别为 13.9% 和 3.4%（见图 1-10），正餐、快餐类餐饮外卖客单价的月均同比降幅分别为 2.9% 和 2.6%。分时间段看，2024 年上半年的降幅相对较大，而下半年则有明显收窄的趋势。这反映出了消费者注重性价比，寻求平价替代品或调整生活方式的趋势。值得注意的是，2024 年约有六成的消费者选择了评分更高的餐饮商户。其中，评分在 4 分以上的高品质商户的堂食消费吸纳率相比 2023 年提高了 13.7 个百分点。这说明，价格下降并不意味着消费降级，消费者对服务品质的追求仍在不断提升。

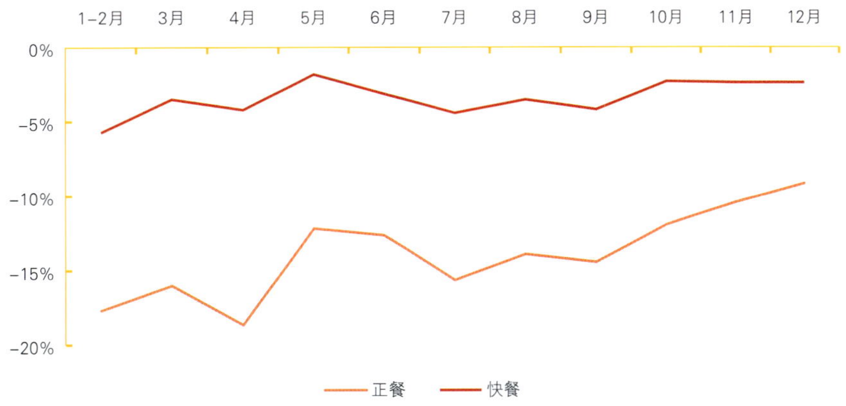

图 1-10　2024 年各月正餐、快餐类堂食客单价的同比变动

三、供给结构优化调整，餐饮业坚持品质经营

1. 市场考验餐饮新人的专业度

美团数据显示，2024 年年底全国餐饮商户数较上年同期增长 1.8%，全年新收录餐饮商户数占年底存量商户数的 43%，同期也有 42% 的餐饮商户退出线上经营，新收录商户和退出商户数均同比 2023 年大幅提升。

据美团商户问卷调查统计，约有 60% 的餐饮新人之前没有接触过餐饮行业。由于缺乏运营经验，其餐品同质化较为严重，且多倾向于以低价方式快速积累客源，生存能力较弱。美团数据显示，2024 年退出线上经营的商户中，2023 年以后新开业商户占比高达 64.3%，2020 年以前开业商户占比约 17.2%（见图 1-11）。在经营规模上，2024 年退出经营的商户中，年线上营业额小于 200 万元的商户占比达到了 99%。

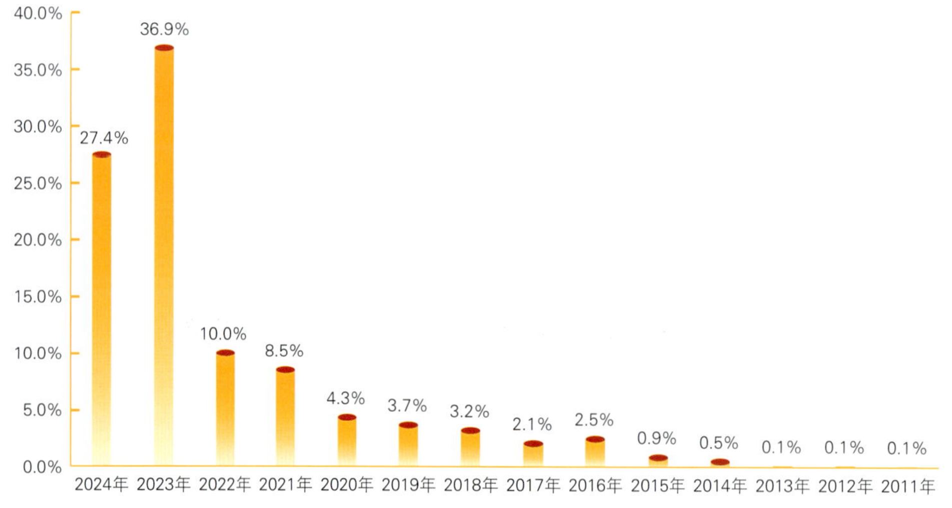

图 1-11　开店年限不同商户 2024 年退出线上经营的比例

2. 商户结构调整，价位“高出低进”，品质“优胜劣汰”

美团数据显示，2024 年年底市场上餐饮商户的人均价位为 37.7 元，较 2023 年年底降低 5.3 元，降幅为 12.2%。餐饮商户的价位结构延续了 2023 年下半年以来的“平价化”趋势（见图 1-12）。价位结构的变动可拆解为两个方面：一方面，商户价位表现为“高出低进”，即新开业商户的价位整体低于关店商户，价差约 20%；另一方面，持续经营商户主动调低价位，以适应市场变化。美团数据显示，2024 年 47.8% 的餐饮商户降低了人均价位。其中，101~200 元人均价位区间中，81.1% 的餐饮商户降低了人均价位（见表 1-1）。

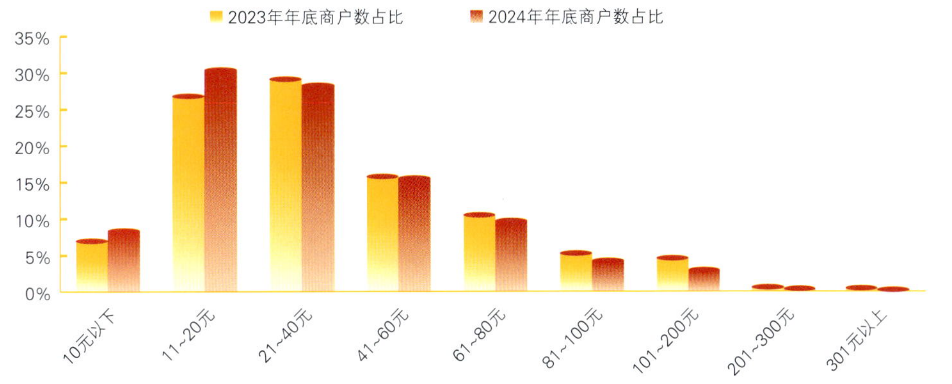

图 1-12　2023 年年底、2024 年年底餐饮商户的价位分布对比

表 1-1　持续经营商户 2024 年的价位变动

人均价位（2023 年年底）	商户数占比		
	价位提高	价位下降	价位不变
20 元以下	41.8%	31.9%	26.3%
21~50 元	36.3%	48.0%	15.7%
51~100 元	28.8%	61.1%	10.1%
101~200 元	11.9%	81.1%	7.0%
201~300 元	11.9%	80.5%	7.6%
301 元以上	11.9%	80.2%	7.8%
总体	34.9%	47.8%	17.4%

在餐饮各细分品类中，除了鱼鲜品类客单价同比增长 6%，其他餐饮品类客单价均同比下降，其中饮品、火锅等品类客单价降幅超过 6%，八大菜系、烧烤等品类降幅在 3%~4%。在不同等级城市市场中，高线城市表现为全面降价，低线城市则体现为连锁品牌和优质餐饮企业的下沉，通过提高品质而实现性价比的提升。

美团数据显示，2024 年年底餐饮商户中评分在 4 分以上的高品质商户数占比为 14.5%，较 2023 年年底提高了 2.7 个百分点。商户结构向高品质转变体现在两个维度。一是商户进出表现为“优胜劣汰”，在新开业的商户中，高品质商户约占 14.3%，而在关闭的商户中，高品质商户仅占 8.7%。从 2023 年年底、2024 年年底不同评分的餐饮商户数占比分布看，2024 年 3.6 分以上各评分段的餐饮商户占比均较 2023 年有显著提升，3.5 分及以下评分段的餐饮商户占比较 2023 年则有显著下降（见图 1-13）。二是存量商户通过提升服务品质来增强竞争力。美团数据显示，2024 年 44.8% 的持续经营餐饮商户的评分较 2023 年有所提升。

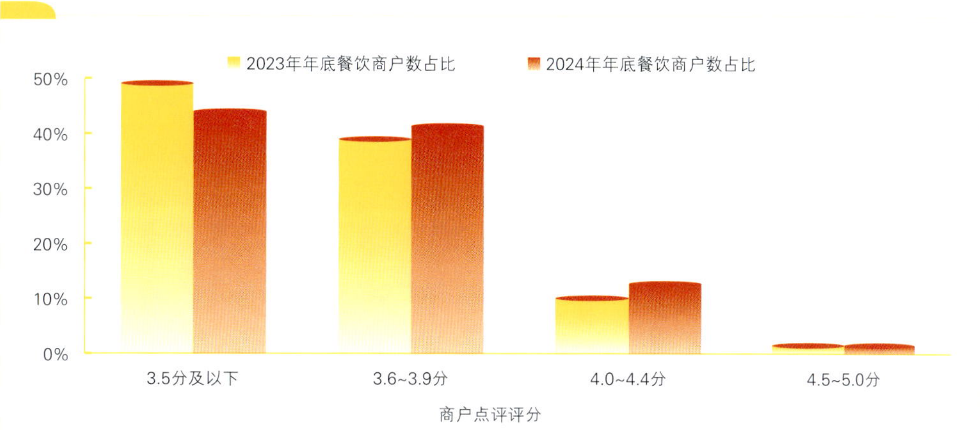

图 1-13　2023 年年底、2024 年年底不同评分的餐饮商户数占比分布

表 1-2　持续经营商户 2024 年的评分变动

类别	商户数占比		
	评分提升	评分下降	评分不变
餐饮	44.8%	29.5%	25.7%
文化娱乐	53.6%	34.9%	11.5%
生活休闲	54.4%	35.2%	10.4%

3. 大众餐饮品类商户占比提升

美团数据显示，从不同餐饮品类商户的新增与退出情况看，以自助餐和小吃快餐为代表的新兴餐饮品类更替更加活跃，面包甜点等品类发展相对平稳；高性价比品类如自助餐、饮品等商户数净增明显，烧烤、国际美食、鱼鲜等中高端正餐品类商户数量呈减少趋势。其中，自助餐品类从 2023 年年底的 4.9 万家增加到 2024 年年底的 5.8 万家，增速为 18.8%，新增率超过 55%，烧烤、国际美食、鱼鲜、八大菜系等中高端正餐品类商户退出率高于新增率（见图 1-14）。

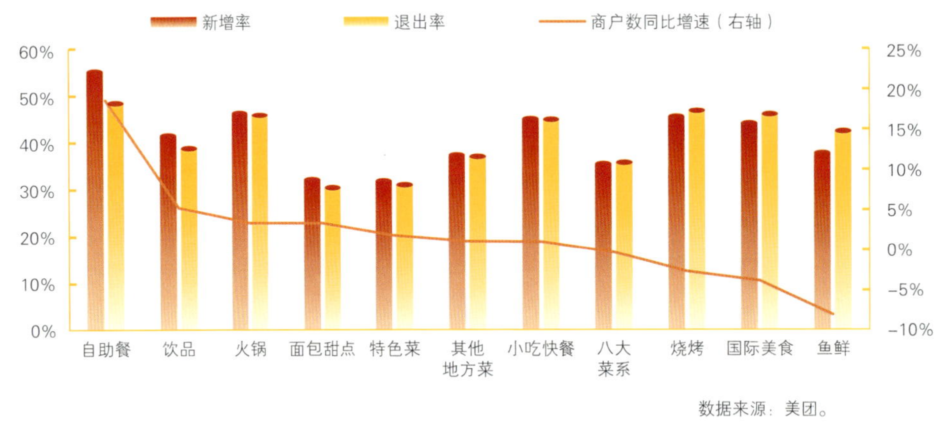

数据来源：美团。

图 1-14　2024 年不同餐饮品类商户的新增与退出

4. 餐饮商户评分提升带动堂食增长

美团数据显示，餐饮商户降低或提高人均价位并不会显著影响其交易量，2024 年商户评分每提高 0.1 分，其餐饮堂食消费平均增长 7.4%，相比 2023 年提升了 3 个百分点，这一增长效应同样适用于餐饮各细分品类（见图 1-15）。这表明，调整价格仅是短期内保持客流量和稳定营业额的权宜之计，提升服务品质才是长期之道。与低价竞争相比，市场更需要建立一个以服务品质为核心的良性竞争环境。

美团数据显示，在"必吃榜"发布后各类商户的店均堂食消费增速中，2024 年"必吃榜"发布后的 7 月和 8 月，上榜商户门店及其同品牌连锁门店的店均消费额较 6 月环比增长分别约 13.0% 和 19.2%，该增速比同期其他商户高出约 7 个百分点（见图 1-16）。同时，商圈内每增加 1 家上榜商户，其范围内所有商户的餐饮堂食消费总额平均提升了 10.1%。"必吃榜"不仅能为口碑较好的商户带来更多客流和营收，还能树立品牌标杆，促进整个商圈消费活力和行业服务品质的提升。这表明，发布具有权威性的行业高品质榜单是激励商户之间"竞优"、行业高质量发展的重要手段。

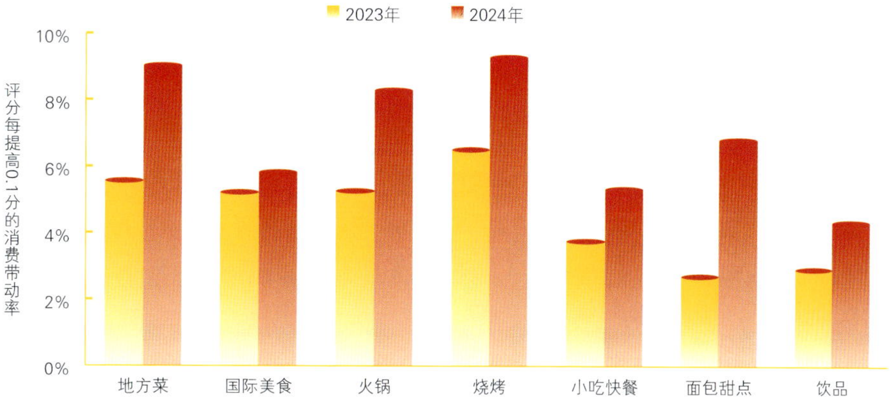

图1-15 餐饮细分类别评分与堂食消费的关系

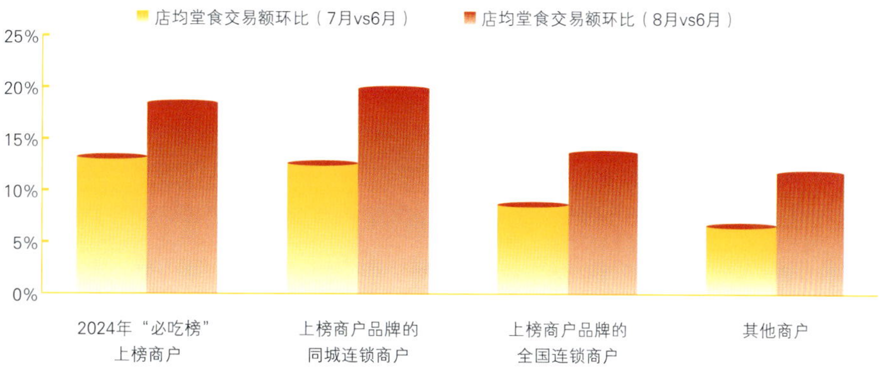

图1-16 “必吃榜”发布后各类商户的店均堂食消费增速

5. 经营质量持续优化，餐饮业增速预计稳中有升

2024 年以来，国家出台的一系列稳发展、促消费政策卓有成效，美团等互联网线上平台也采取了减少营销活动与流量排名挂钩、削减无效营销、统一规则提高商户运营能力等举措推动行业健康发展。

美团数据显示，2024 年第四季度以来，单季度新增商户数同比 2023 年下降 5.6%，行业供大于需的趋势得到部分缓解。线上用户消费需求也在持续增长，2024 年第四季度线上餐饮用户堂食平均订单量同比增长 16.6%，比第三季度增速提高了 4.7 个百分点；第四季度线上餐饮用户堂食平均订单价格同比下降 8.9%，降幅较第三季度收窄了 0.7 个百分点。

供需因素的改善带来了线上商户收入的增长。美团数据显示，2024 年 9 月以来，餐饮门店线上增收指数不断提升，这也与全国餐饮收入月度增速趋势保持一致。此外，国家统计局数据显示，2024 年 11 月餐饮收入同比增速已经回升至 4%，较 7 月 2.9% 的全年低值有较大幅度回调（见图 1-17）。商户主体数量、餐饮价格和商户收入等行业指标反映出 2023 年以来的行业结构调整已经进入末期，预计 2025 年上半年行业增速将保持稳定或有所回升。

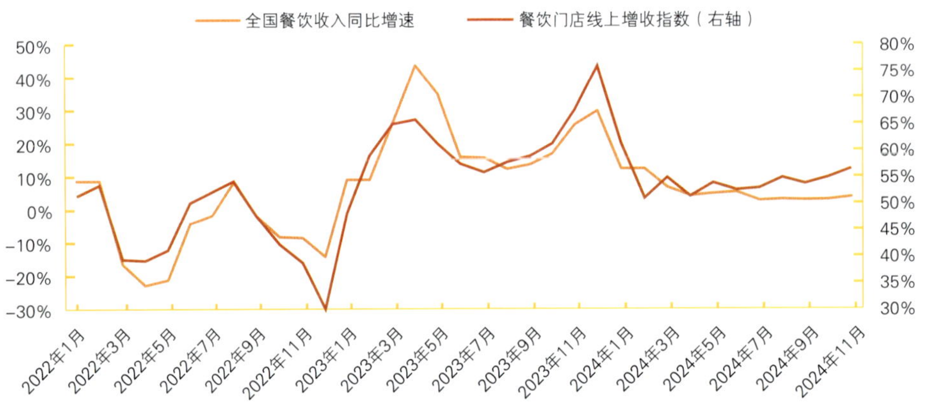

数据来源：国家统计局、美团数据。餐饮门店线上增收指数分别统计连续经营超过12个月的美团线上商户中收入同比增加、不变和下降的比例，制作成扩散性指数，当指数高于50%的时候说明有更多商户月度收入同比提升。

图 1-17　商户线上收入与行业收入的增速

02

品类篇

一、品类数据总览

1. 餐饮品类门店分布

餐饮品类分化，大众餐饮商户在线门店数量上升明显

美团数据显示，从 2023—2024 年中国餐饮品类门店数分布情况看，2024 年除了“其他餐饮”，小吃快餐、八大菜系（包含川菜、粤菜、徽菜、鲁菜、湘菜、苏菜、浙菜、闽菜）、饮品、火锅、烧烤位居前列，但在线门店数占比较 2023 年均有所减少；与之相比，自助餐的门店数占比则有所提升，反映了餐饮品类分化的趋势。其中，小吃快餐在线门店数占比仍居首位，但由 41.7% 降为 41.3%；八大菜系在线门店数占比由 8.1% 降为 7.3%，饮品在线门店数占比由 6.7% 降为 6.4%，火锅在线门店数占比由 5.8% 降为 5.4%，烧烤在线门店数占比由 5.2% 降为 5.0%；自助餐在线门店数占比由 0.5% 提升至 0.6%。从同比增长看，大众餐饮品类商户在线门店数量上升明显。其中，自助餐在线门店数量同比增长 34.4%，特色菜和小吃快餐的在线门店数量同比分别增长 10.6% 和 10.5%；鱼鲜和国际美食的在线门店数量同比分别减少 7.2% 和 2.4%（见图 2-1）。

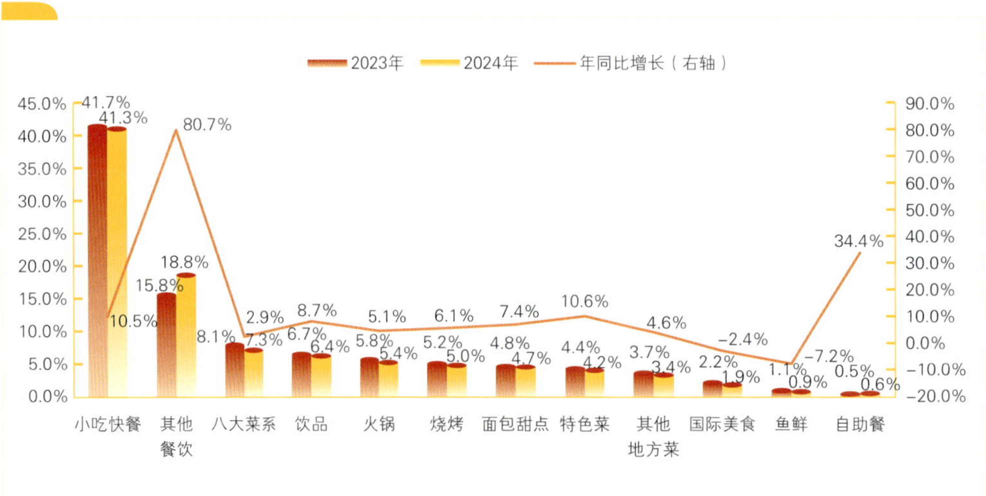

图 2-1 2023—2024 年中国餐饮品类门店数分布及同比增长

地摊美食渐热，摊位类型门店增速超过 200%

从 2024 年“其他餐饮”品类中的不同类型门店的年同比增速看，摊位、食堂、传统饭店、水煮鱼位居前列，同比增速分别为 202.8%、162.4%、69.1% 和 37.2%（见图 2-2）。地摊美食和食堂在线门店数量的高增速反映了消费者对烟火气和极致性价比的追求，同时也说明越来越多的可固定和取得合法经营执照的摊位、食堂开启了线上经营之路。

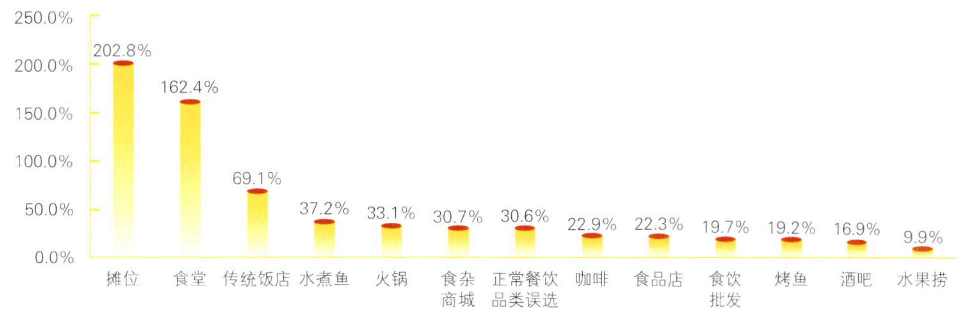

图 2-2　2024 年“其他餐饮”品类中的不同类型门店的年同比增速

2. 餐饮品类消费分布

小吃快餐撑起半边天，茶饮、面包甜点、自助餐市场空间逐步扩大

美团数据显示，在 2023—2024 年餐饮主要品类的订单占比情况中，小吃快餐、饮品、八大菜系（包含川菜、粤菜、徽菜、鲁菜、湘菜、苏菜、浙菜、闽菜）位居前三，小吃快餐是当下最主流的消费品类，占比超过 50%，2024 年达 50.9%。从订单占比变化来看，饮品、其他餐饮、面包甜点、自助餐在消费订单的占比较 2023 年有所增长，市场空间逐步扩大（见图 2-3）。

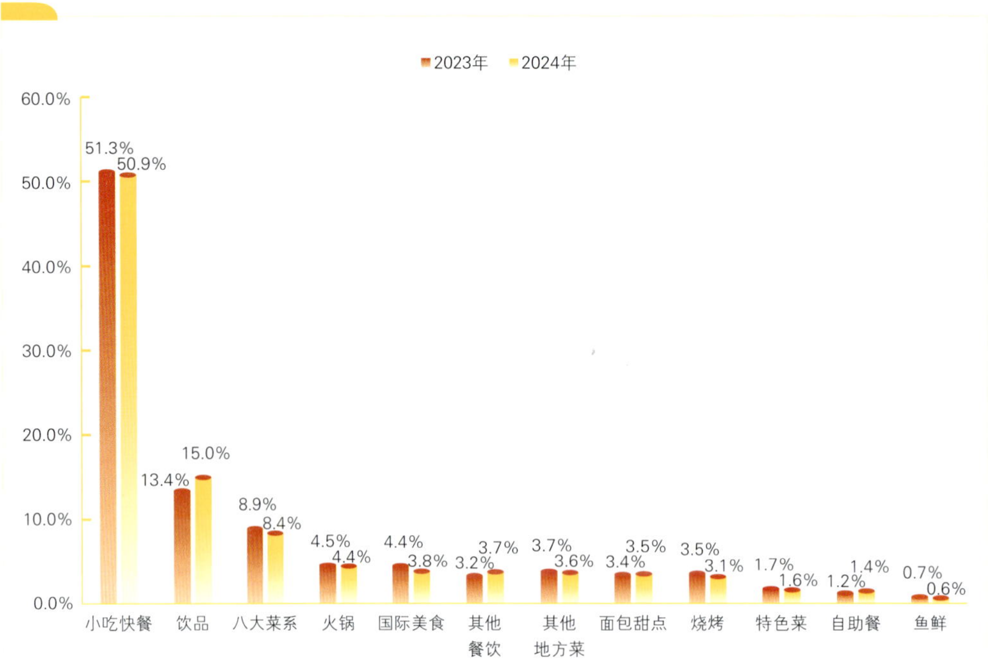

图 2-3　2023—2024 年餐饮主要品类的订单占比

3. 不同消费场景下餐饮品类订单分布

小吃快餐稳步增长，饮品订单占比提升最快

美团数据显示，从 2023—2024 年餐饮主要品类消费订单分布情况看，无论是外卖还是到店，小吃快餐都稳居首位。2024 年，小吃快餐外卖消费订单占比达 59.8%，到店消费订单占比达 32.4%，均较 2023 年有所增长。而从各品类消费分布占比变化情况来看，2024 年消费分布占比提升最快的是饮品，外卖场景下增长了 1.5 个百分点，到店场景下增长了 2.1 个百分点。值得注意的是，2024 年国际美食的外卖消费订单虽然相较 2023 年下降了 0.1 个百分点，但到店消费订单上升了 0.3 个百分点。这反映出在不同的消费场景下，品类的发展策略也各有不同（见图 2-4、图 2-5）。

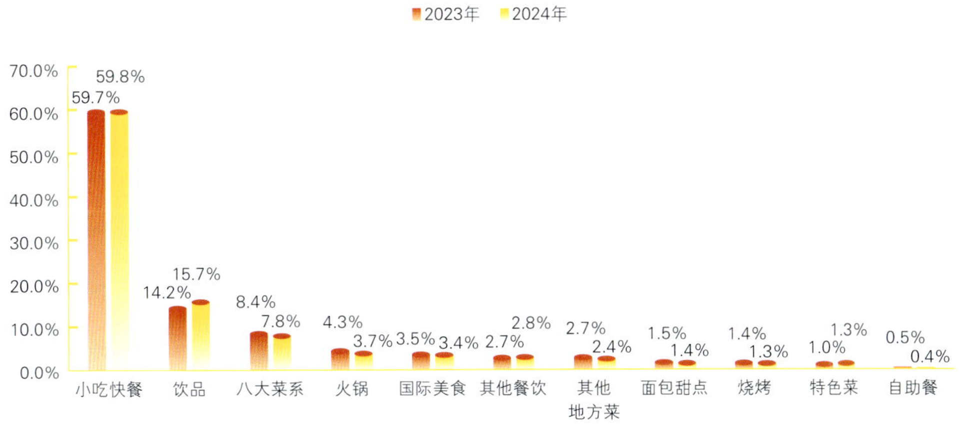

图 2-4 2023—2024 年餐饮主要品类外卖消费订单分布

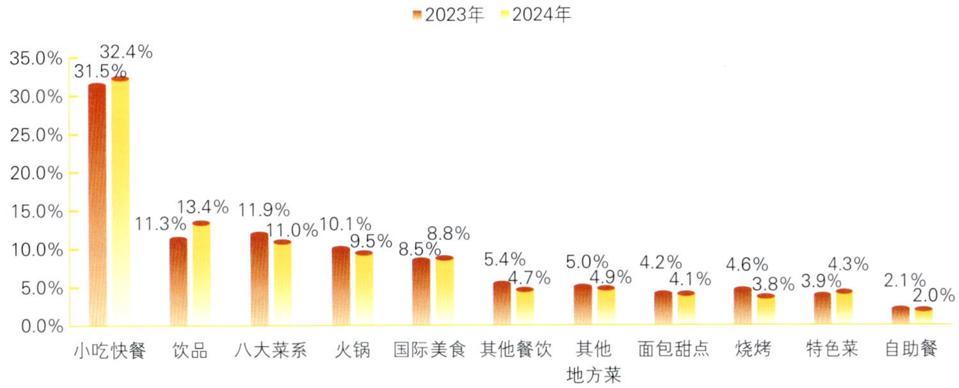

图 2-5 2023—2024 年餐饮主要品类到店消费订单分布

4. 餐饮品类人均消费变化

国际美食到店人均消费最高，外卖人均消费与到店差距明显

美团数据显示，从 2024 年不同品类下不同场景的人均消费情况看，在到店消费场景中，人均消费排名前三的为国际美食、鱼鲜和自助餐，其中国际美食到店人均消费最高，为 107 元；在外卖消费场景中，人均消费排名前三的为鱼鲜、自助餐和火锅，其中鱼鲜外卖人均消费最高，为 79 元。对比各品类的到店人均消费和外卖人均消费看，除了面包甜点、美食城，其他各品类的到店人均消费均高于或持平外卖人均消费。以国际美食为例，外卖人均消费仅为 46 元，与到店人均消费差距明显。不难看出，消费者在到店消费场景中更加追求品质感（见图 2-6）。

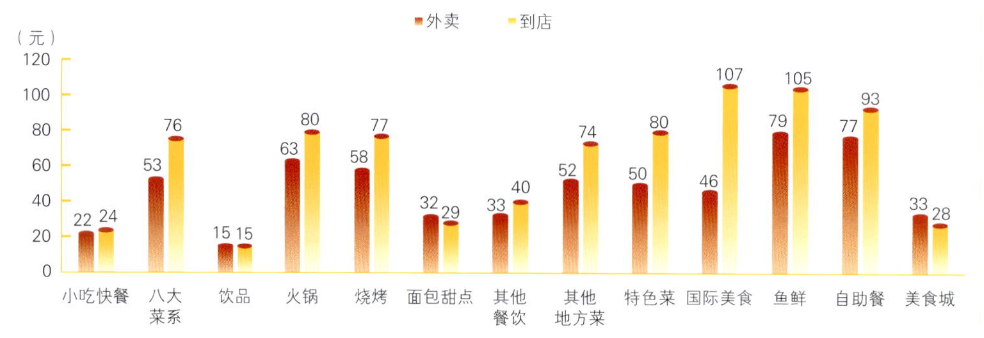

图 2-6　2024 年不同品类下不同场景的人均消费

30 元以下为主流人均消费区间，质价比成为品质餐饮消费的主流选择

美团数据显示，2024 年无论是外卖场景还是到店场景，30 元以下都是主流消费区间。在外卖人均消费区间分布上，30 元以下区间占比超过八成，为 84%；其次是 31~60 元区间，占比达到 11%（见图 2-7）。在到店人均消费区间分布上，30 元以下区间占比超过五成，为 52%；其次是 61~90 元区间，占比达到 20%（见图 2-8）。

从人均消费变化看，30 元以下订单年同比增长最快，外卖场景下是 13%，到店场景下是 39%。此外，121~150 元、151~300 元和 301 元以上 3 个区间的订单年同比均有较大降幅。其中，301 元以上订单外卖场景下降幅 57%，到店场景下降幅 25%（见图 2-7、图 2-8）。这些反映了消费者对价格的敏感性，也预示着质价比正成为品质餐饮消费的主流选择。

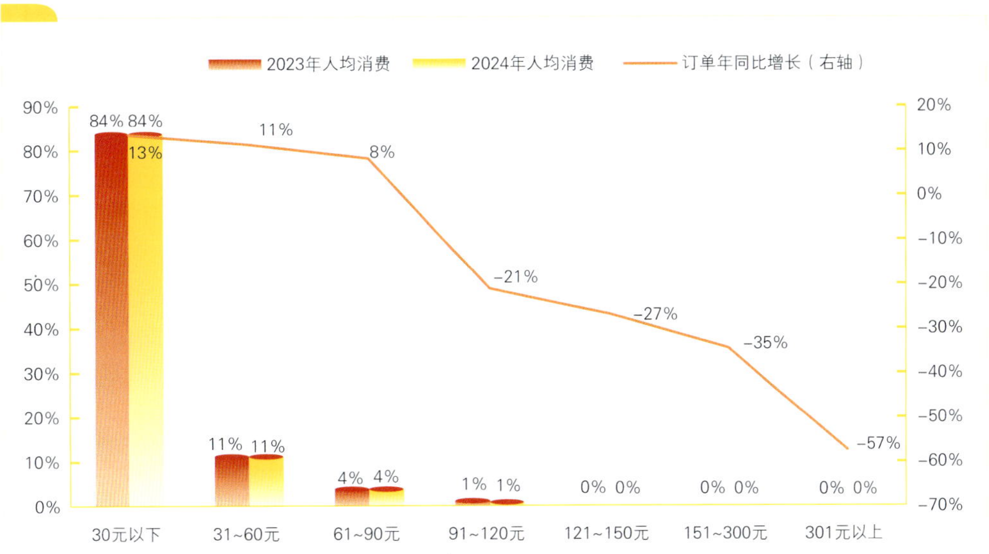

图 2-7 2023—2024 年外卖场景人均消费区间分布及订单变化

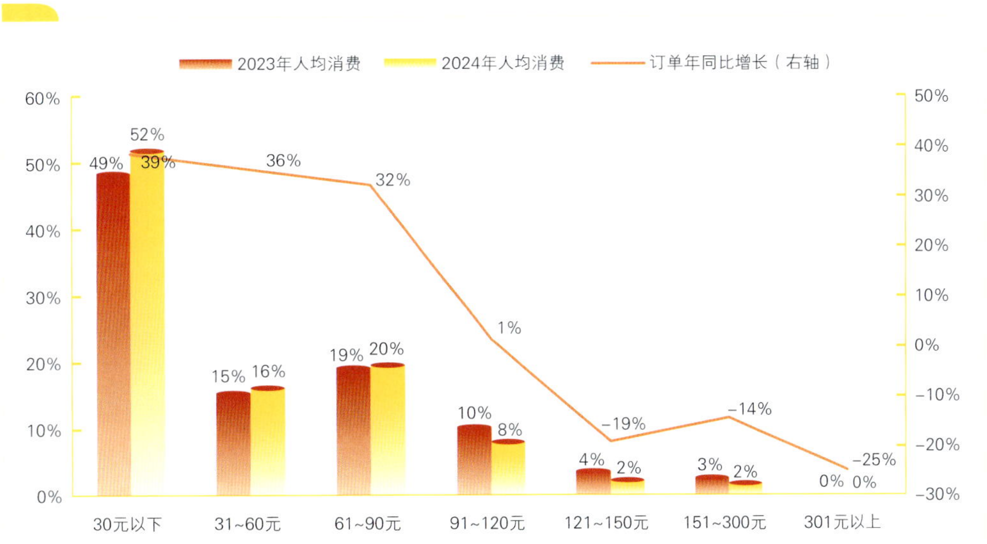

图 2-8 2023—2024 年到店场景人均消费区间分布及订单变化

二、火锅数据概览

1. 火锅品类订单持续增长，同比涨幅达 16.5%

美团数据显示，2024 年火锅品类在线订单在 2023 年高速增长的基础上持续增长，整体在线订单年同比涨幅达到 16.5%。其中，到店订单同比涨幅为 19.6%（见图 2-9）。火锅市场持续向好。

图 2-9　2023—2024 年火锅品类在线订单年同比涨幅

2. 火锅在线订单分布平稳，淡旺季界限变模糊

美团数据显示，2024 年火锅在线订单整体走势虽然呈波动上升趋势，但整体较为平稳。从到店订单看，月订单分布高点是 8 月、10 月和 12 月，占比均达到或超过了 9.5%；从外卖订单看，月订单分布高点是 1 月、8 月和 12 月，占比均达到或超过了 9.1%。此外，无论是外卖场景还是到店场景，6 月以后月订单分布占比均达到或超过了 8%（见图 2-10）。

从火锅订单月同比走势来看，到店订单月同比在 1—3 月大幅增加，其中 1 月同比涨幅达 60.1%；外卖订单 1 月同比涨幅达 50.2%，3—9 月增速较为平稳（见图 2-11）。这显示出火锅消费的淡旺季界限已经变得模糊。

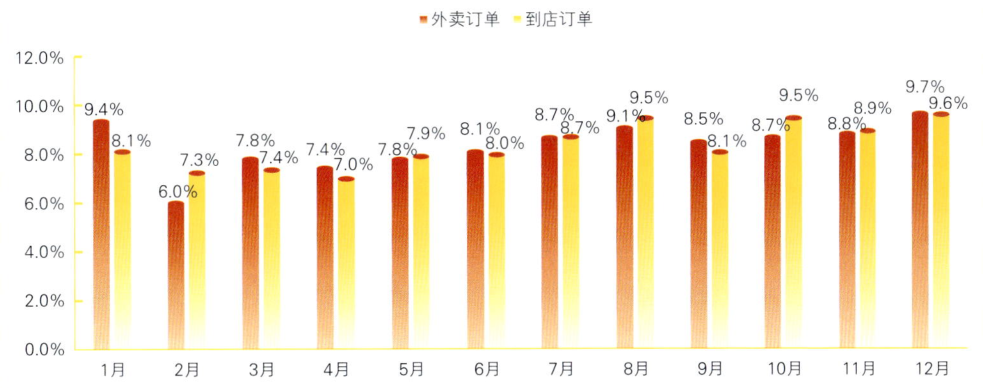

图 2-10　2024 年不同场景下火锅订单月度分布

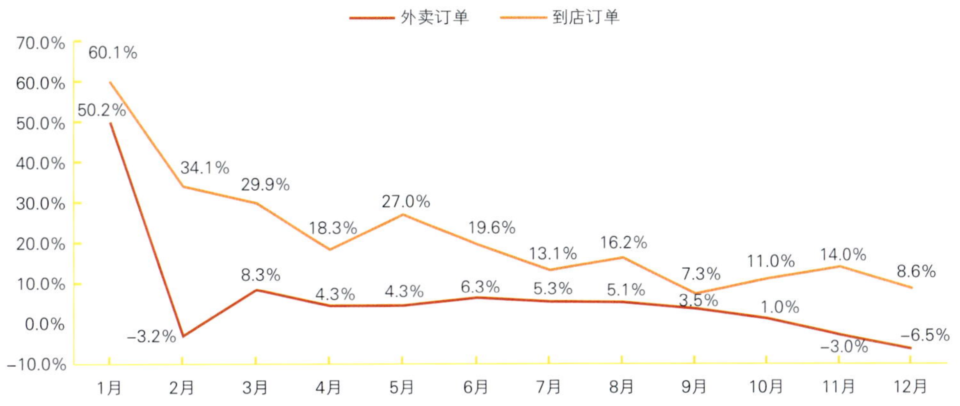

图 2-11　2024 年不同场景下火锅订单月同比走势

3. 火锅门店数量持续增长，2024 年全国在线门店数达 48.7 万家

美团数据显示，2023—2024 年全国火锅在线门店数走势呈上升趋势，在 2024 年达到了 48.7 万家，较 2023 年增加了 2.4 万家。

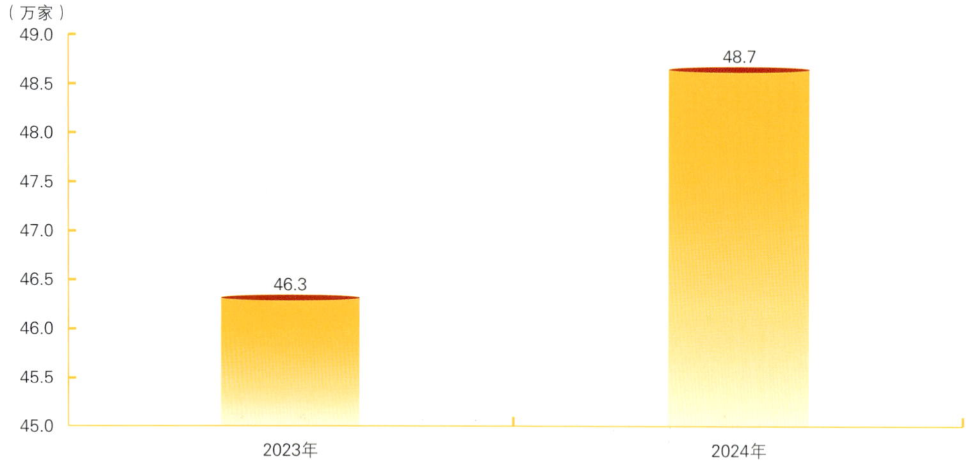

数据说明：此处火锅门店数较《中国餐饮年度观察和大数据.2024》中所示火锅门店数不一致，原因是编辑团队在2025年通过技术手段进行了一些数据优化，影响到往期门店数量的统计。

图 2-12　2023—2024 年全国火锅在线门店数走势

4. 不同场景消费主流区间各有不同，平价火锅成为火锅消费市场的新选择

美团数据显示，2024 年不同场景中火锅品类的人均消费主流区间也有不同。外卖场景中，人均消费主流区间在 30 元以下，占比为 48.1%；到店场景中，人均消费主流区间在 61~90 元，占比为 46.5%。从占比变化来看，外卖场景中，30 元以下消费区间增长最快，同比增长 5.8 个百分点；而到店场景中，31~60 元消费区间增长更多，达 2.2 个百分点（见图 2-13、图 2-14）。可以看出，平价火锅正成为火锅消费市场的新选择。

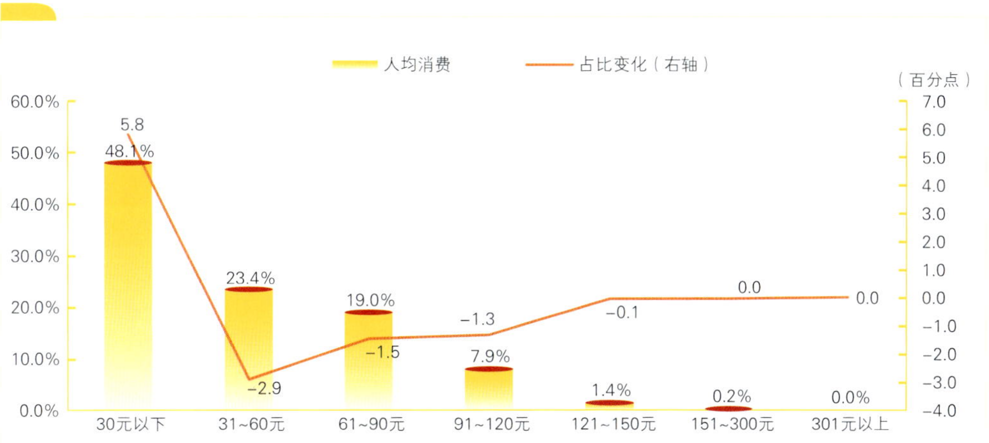

图 2-13 2024 年火锅外卖人均消费区间分布及占比变化

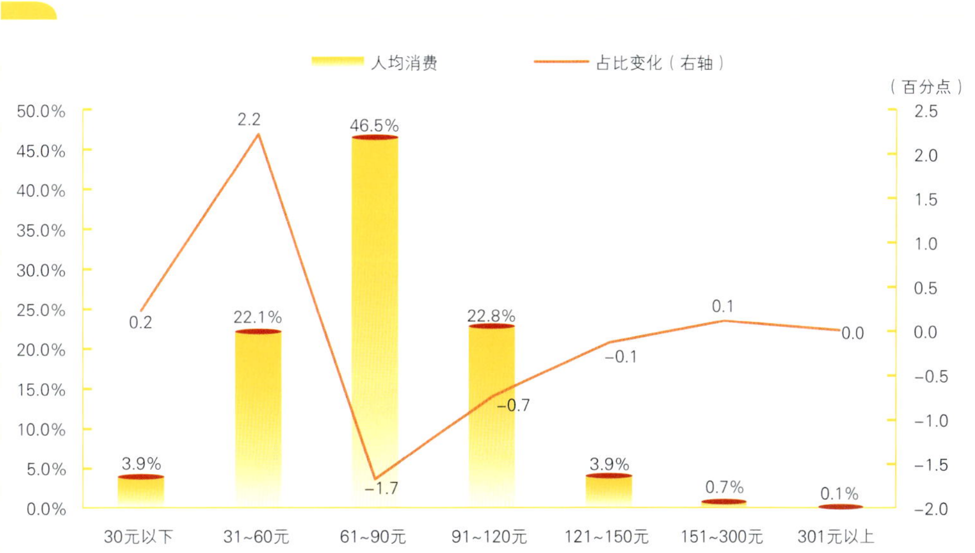

图 2-14 2024 年火锅到店人均消费区间分布及占比变化

5. 成渝稳居火锅赛道头部，昆明在线门店数位居第三

美团数据显示，2024 年火锅在线交易量排名前十的城市中，成都、重庆、北京位列前三。在火锅在线门店数排名前十的城市中，重庆、成都依然位居头部，在线门店数分别是 2.59 万家和 1.95 万家，昆明则位列第三位（见表 2-1）。

表 2-1　2024 年火锅在线交易量及门店数城市分布

在线交易量 top10 城市	在线门店数 top10 城市	门店数（千店）
成都市	重庆市	25.9
重庆市	成都市	19.5
北京市	昆明市	8.1
上海市	北京市	8.1
深圳市	深圳市	7.8
广州市	广州市	7.2
杭州市	西安市	7.0
西安市	贵阳市	7.0
武汉市	上海市	6.6
昆明市	郑州市	6.3

6. 砂锅火锅增长最快，区域火锅持续崛起

美团数据显示，2024 年火锅不同细分品类门店占比位居前三的分别为重庆火锅、牛羊肉火锅和鱼火锅；2024 年火锅不同细分品类门店占比同比增长最快的则是砂锅火锅，较上年增长了 1.5 个百分点，涨幅领先其他细分品类。此外，重庆火锅、牛羊肉火锅、四川火锅、小火锅、老北京火锅、云南火锅等门店占比也有一定增长，反映出区域火锅的持续崛起（见图 2-15）。

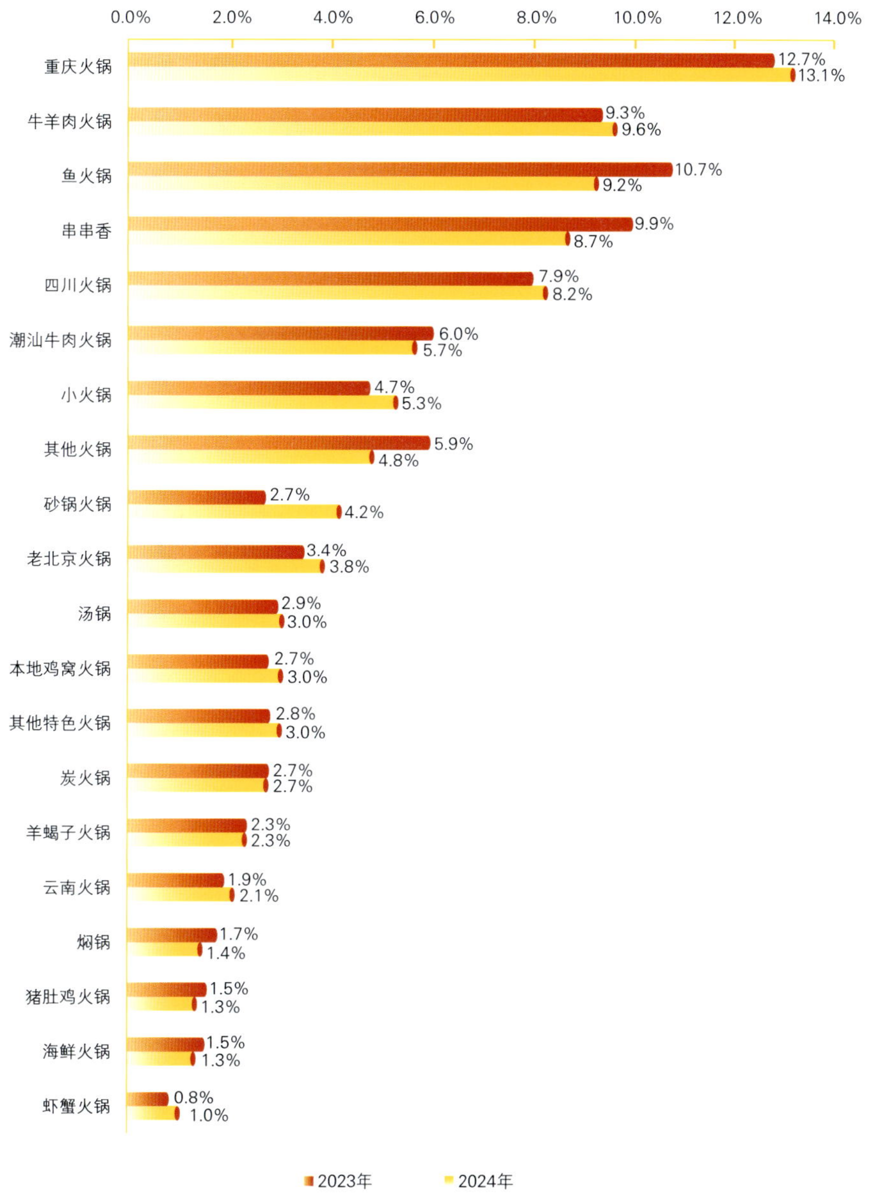

图 2-15 2023—2024 年火锅不同细分品类门店数分布变化（top20）

三、烧烤数据概览

1. 烧烤市场规模持续增长，但增速放缓

美团数据显示，2024 年烧烤品类总在线订单年同比增长 6.2%。其中，到店在线订单年同比涨幅达 12.8%，外卖订单也呈正增长（见图 2-16）。烧烤市场呈现出规模持续增长但增速放缓的特征。

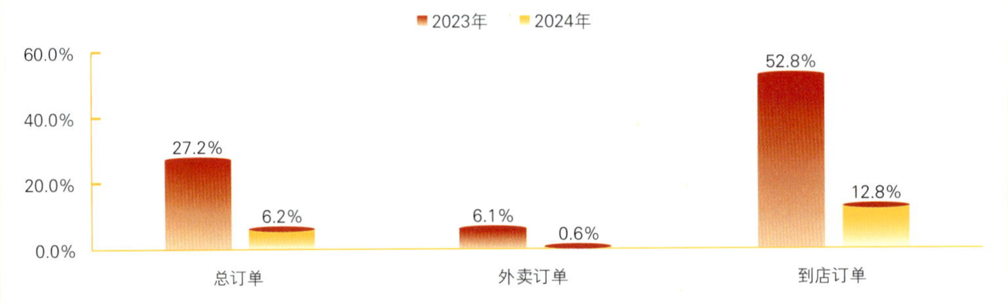

图 2-16　2023—2024 年烧烤品类在线订单年同比涨幅

2. 夏季为烧烤旺季，冬季消费热情被持续激发

美团数据显示，从 2024 年烧烤在线订单月度分布情况看，无论是外卖订单还是到店订单，都在夏季的 7—8 月达到峰值，反映出烧烤品类较明显的季节消费属性。值得注意的是，相对于到店场景，外卖场景的在线订单月度分布相对平缓，如 1 月的月度订单占比达到了 8.9%，仅次于 7 月和 8 月，显示出外卖能有效降低季节对烧烤品类的影响（见图 2-17）。在单月订单变化上，到店订单月同比涨幅高于外卖，其中到店订单在 1 月同比涨幅最大，达到 51.2%（见图 2-18）。可以看出，烧烤品类正在持续激发消费者的冬季消费热情。

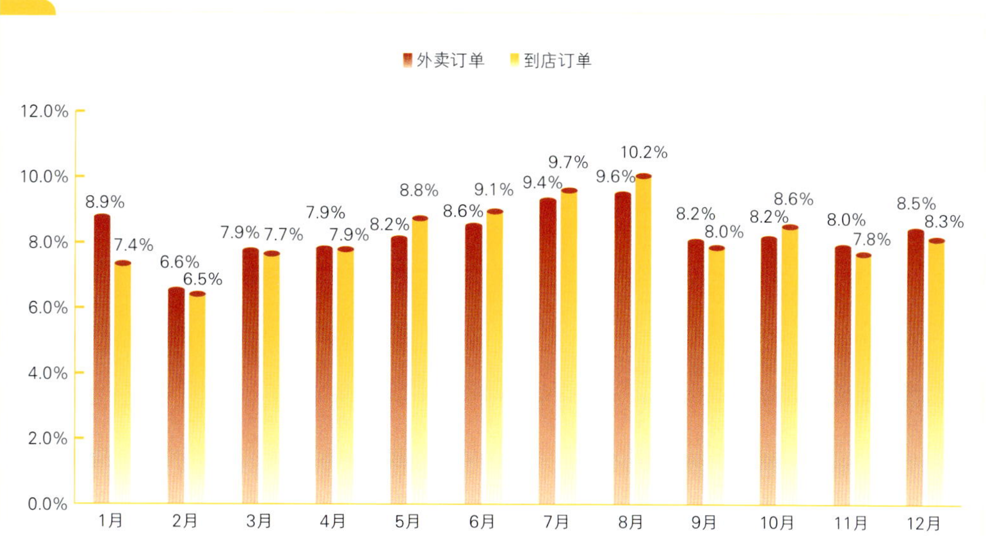

图 2-17　2024 年不同场景下烧烤订单月度分布

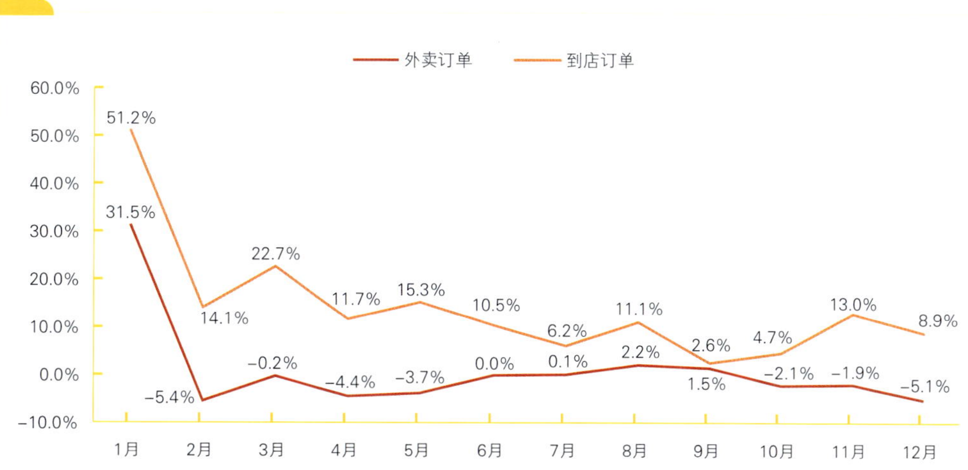

图 2-18　2024 年不同场景下烧烤订单月同比走势

3. 烧烤在线门店数达到 44.2 万家，增幅较为显著

美团数据显示，在 2023—2024 年全国烧烤在线门店数走势中，2023 年全国烧烤在线门店数为 41.6 万家，2024 年全国烧烤在线门店数增加至 44.2 万家，增幅较为显著（见图 2-19）。

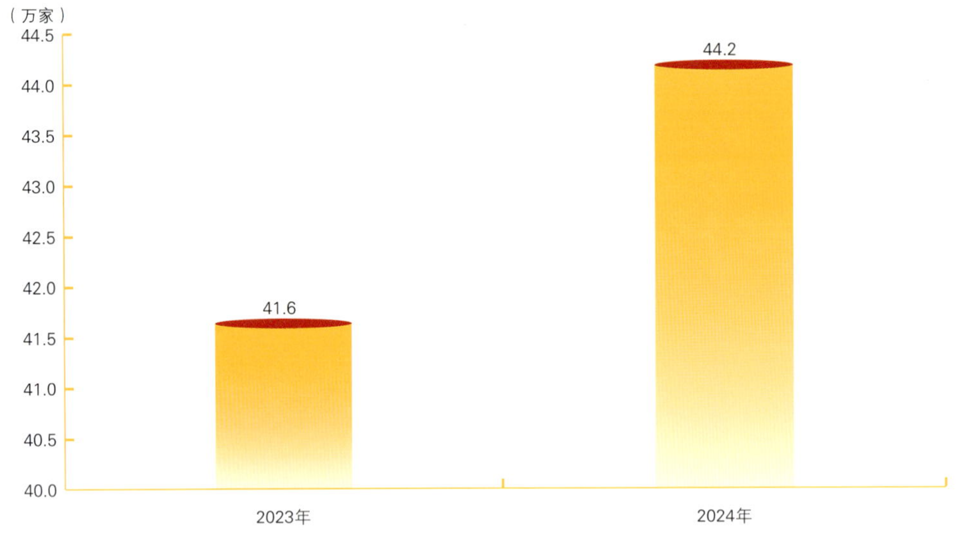

数据说明：此处烧烤门店数较《中国餐饮年度观察和大数据.2024》中所示烧烤门店数不一致，原因是编辑团队在2025年通过技术手段进行了一些数据优化，影响到往期门店数量的统计。

图 2-19　2023—2024 年全国烧烤在线门店数走势

4. 到店消费趋于品质化，烧烤消费不仅仅是追求低价

美团数据显示，2024 年烧烤外卖人均消费区间分布主要集中在 30 元以下和 31~60 元两个区间，占比分别是 43.4% 和 33.7%（见图 2-20）；2024 年烧烤到店人均消费区间分布主要集中在 61~90 元区间，占比为 53.8%，凸显了到店消费品质化的趋势（见图 2-21）。在人均消费区间占比变化中，无论是外卖消费还是到店消费，同比有所增长的都是 31~60 元和 61~90 元两个区间，其他区间均有所下降（见图 2-20、图 2-21）。这一方面反映出消费者对价格的敏感性，另一方面也说明了消费者在烧烤消费中，并不仅仅是追求低价，而是更看重质价比。

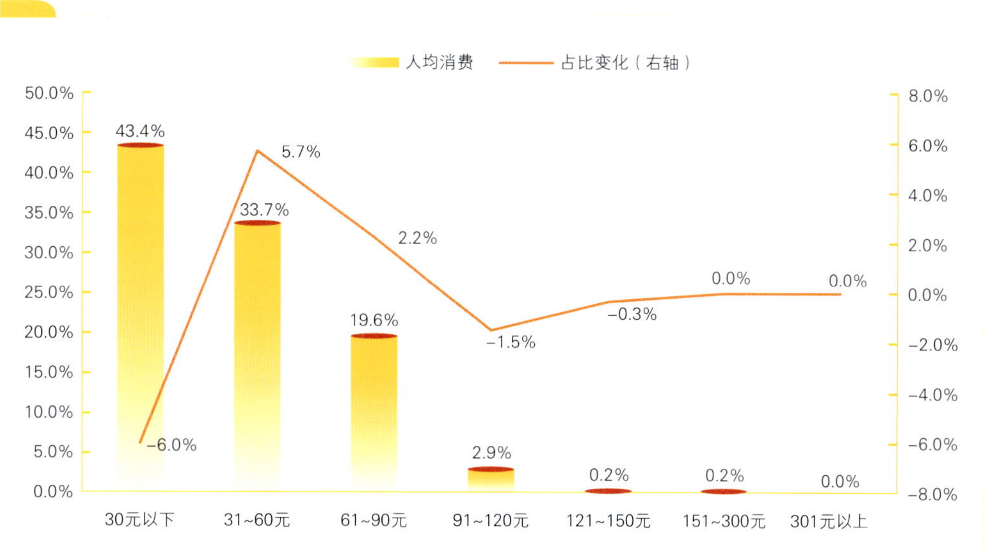

图 2-20　2024 年烧烤外卖人均消费区间分布及占比变化

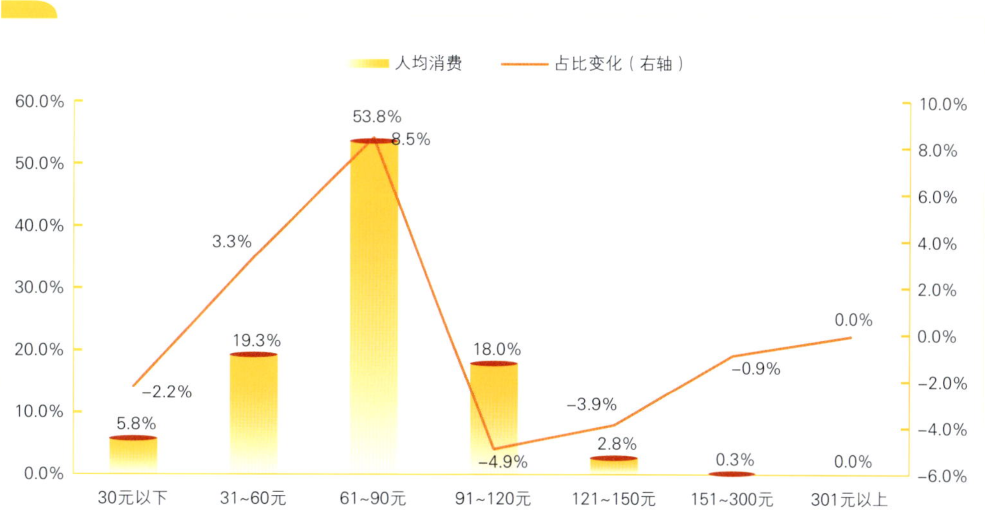

图 2-21　2024 年烧烤到店人均消费区间分布及占比变化

5. 北京、上海、深圳在线交易量领先，重庆、成都在线门店数取胜

美团数据显示，2024 年烧烤在线交易量排名前三的城市分别为北京、上海、深圳，而在线门店数排名前十城市中，重庆、成都、深圳则位居前三。此外，榜上有名的还有沈阳、长春、哈尔滨等东北城市，苏州、杭州、广州等南方城市以及武汉等中部城市，映射出了烧烤在全国各地的受欢迎程度（见表 2-2）。

表 2-2　2024 年烧烤在线交易量及门店数城市分布

在线交易量 top10 城市	在线门店数 top10 城市	门店数（千店）
北京市	重庆市	13.0
上海市	成都市	9.6
深圳市	深圳市	7.9
成都市	北京市	7.5
重庆市	沈阳市	6.8
广州市	广州市	6.4
杭州市	哈尔滨市	6.4
武汉市	上海市	6.4
沈阳市	长春市	6.2
苏州市	武汉市	5.8

6. 烤串店占比持续提升，至 2024 年达 64.2%

美团数据显示，从 2023—2024 年烧烤品类细分门店占比情况看，烤串是烧烤品类门店的主力，门店占比从 2023 年的 57.4% 上升至 2024 年的 64.2%，融合烤肉、韩式烤肉、其他烧烤门店占比出现不同程度的降低（见图 2-22）。

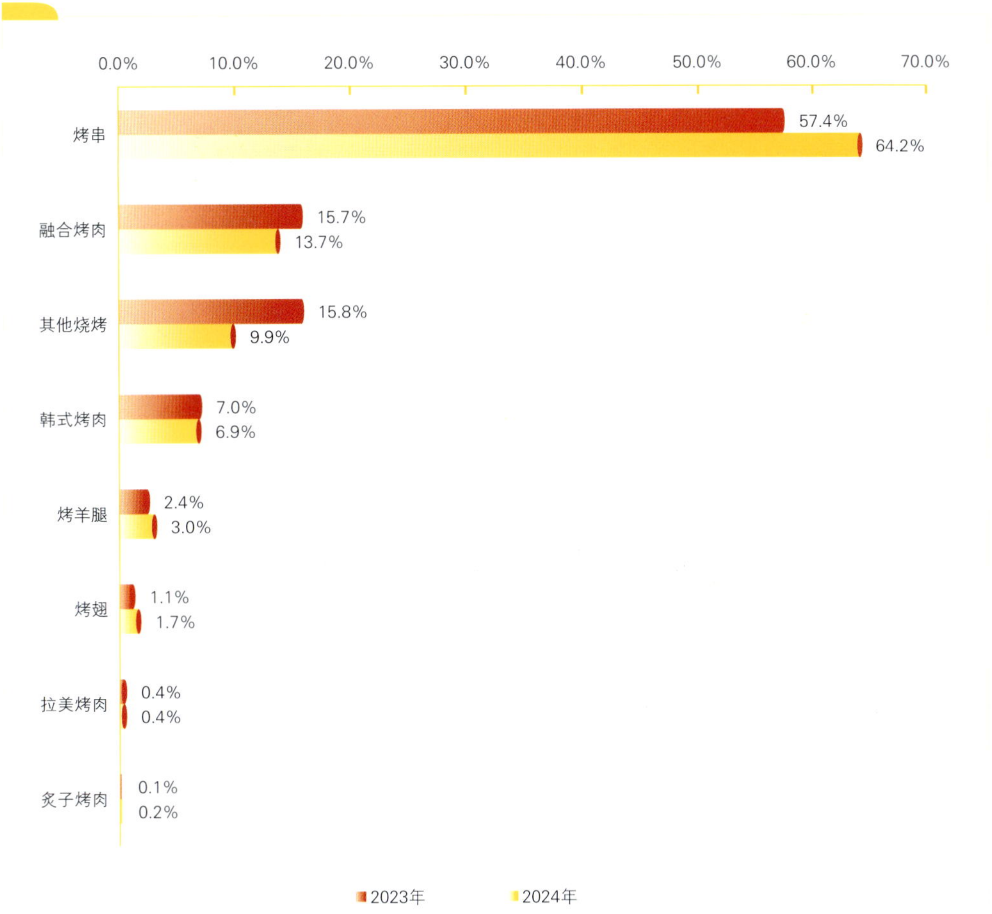

图 2-22　2023—2024 年烧烤品类细分门店占比

四、地方菜数据概览

1. 地方菜在线总订单保持两位数增长，到店订单同比涨幅 23.9%

美团数据显示，在 2023—2024 年地方菜在线订单年同比涨幅中，2024 年总在线消费订单年同比涨幅为 13.7%，其中到店消费订单年同比涨幅达 23.9%，涨幅显著（见图 2-23）。

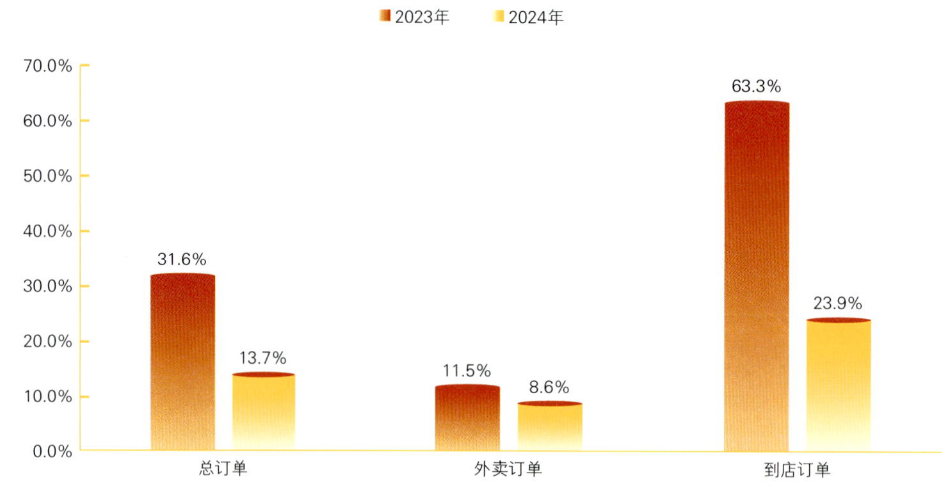

图 2-23　2023—2024 年地方菜在线订单年同比涨幅

2. 假日效应打造地方菜峰值时刻，1 月订单月同比涨幅全年最高

美团数据显示，2024 年地方菜在线订单整体稳中有升。其中，到店订单的峰值是 8 月，全年占比为 10.0%，紧随其后的是 10 月和 7 月，全年占比分别为 9.3% 和 9.2%（见图 2-24）。外卖订单的峰值也是 8 月，全年占比为 9.4%（见图 2-24），这显然与暑期和十一的假日效应密切相关。从月同比走势来看，地方菜到店订单月同比涨幅比外卖订单更高，1 月的到店订单和外卖订单同比涨幅都十分亮眼，分别达到 73.4% 和 71.8%（见图 2-25）。

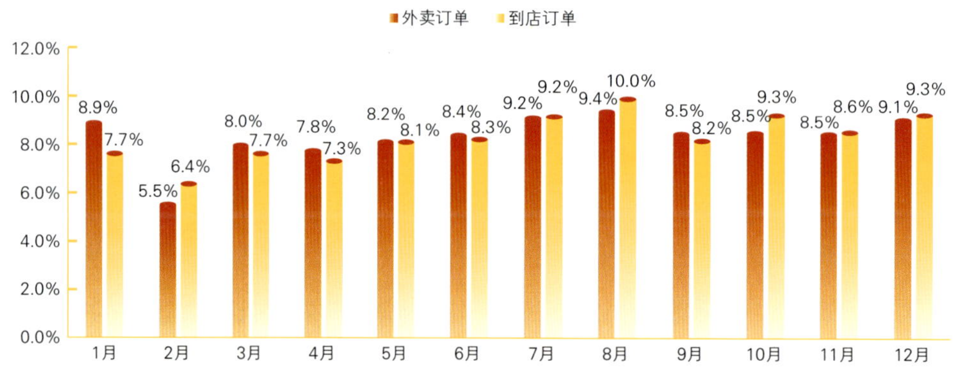

图 2-24　2024 年不同场景下地方菜订单月度分布

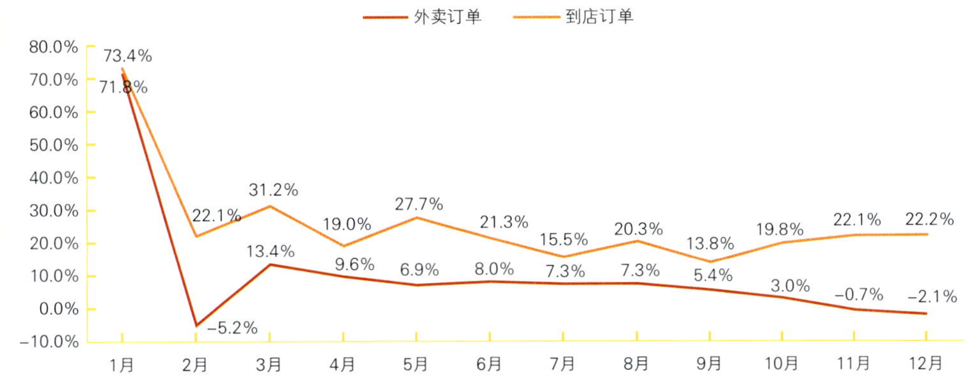

图 2-25 2024 年不同场景下地方菜订单月同比走势

3. 川菜在线门店数稳居榜首

美团数据显示，在 2024 年地方菜各菜系在线门店排名中，川菜以 26.7 万家在线门店的绝对优势位居首位，有 13.3 万家在线门店的粤菜和有 8.7 万家在线门店的湘菜紧随其后，分列第二和第三，第四和第五分别是东北菜和北京菜，其中东北菜有 7.4 万家在线门店，北京菜有 5.1 万家在线门店（见图 2-26）。

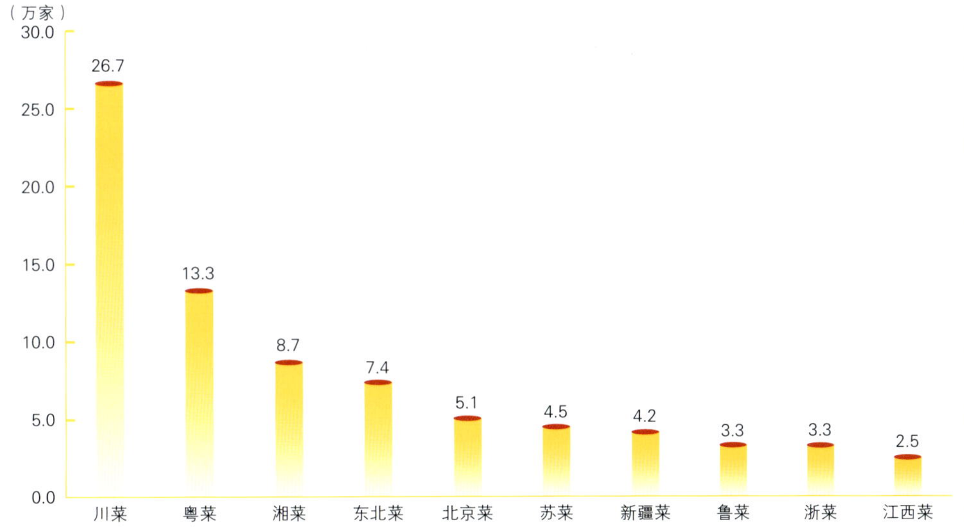

数据说明：此处品类门店数较《中国餐饮年度观察和大数据.2024》中所示品类门店数不一致，原因是编辑团队在2025年通过技术手段进行了一些数据优化，影响到往期门店数量的统计。

图 2-26 2024 年地方菜在线门店数排名前十品类

4. 川菜订单量占比最高，江西菜订单量增速最快

美团数据显示，在 2024 年地方菜订单量排名前十品类中，川菜订单量以 28.1% 的占比位居第一，粤菜占比 18.9%，湘菜占比 12.8%，北京菜占比 6.8%（见图 2-27）。综观 2024 年地方菜订单增速，江西菜年同比增长 42.0%，位列第一，贵州菜、徽菜、上海本帮菜和闽菜依次位列其后，越来越多的地方菜系开始走向全国（见图 2-28）。

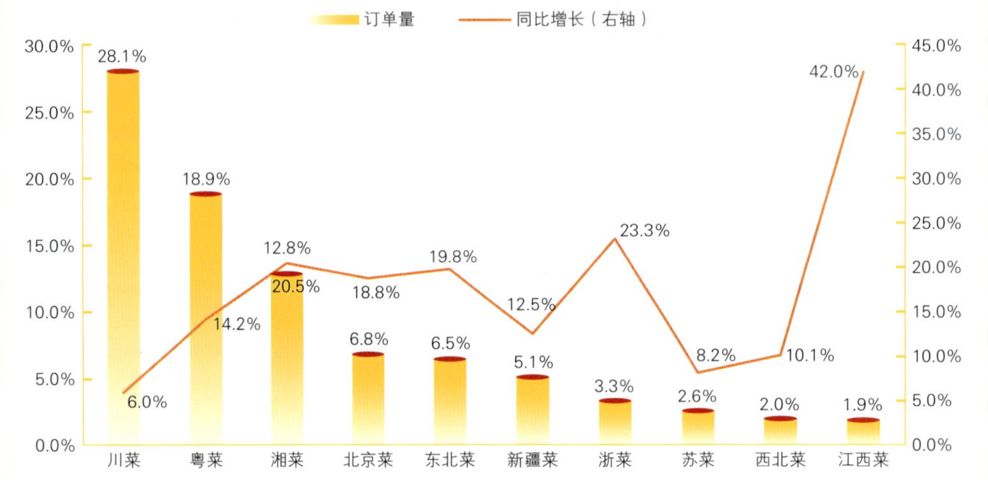

图 2-27　2024 年地方菜订单量排名前十品类及年同比增速

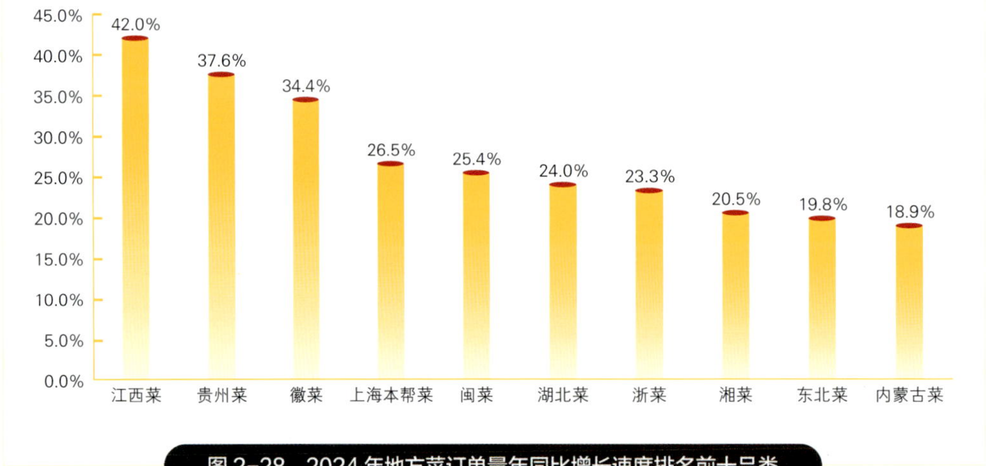

图 2-28　2024 年地方菜订单量年同比增长速度排名前十品类

5. 外卖场景下湘菜、江西菜、浙菜、西北菜、北京菜增长潜力足

美团数据显示，在2024年地方菜外卖订单量排名前十品类中，川菜以外卖订单量占比29.6%位居首位，粤菜、湘菜位居第二、第三；而在地方菜外卖订单量排名前十品类中，增速最快的是江西菜，其次是浙菜（见图2-29）。从外卖订单量年同比增长速度看，西藏菜以64.0%的增速拔得头筹，其后依次是徽菜、江西菜、贵州菜和浙菜（见图2-30）。结合外卖订单量排名数据来看，湘菜、江西菜、浙菜、西北菜、北京菜增长潜力强劲。

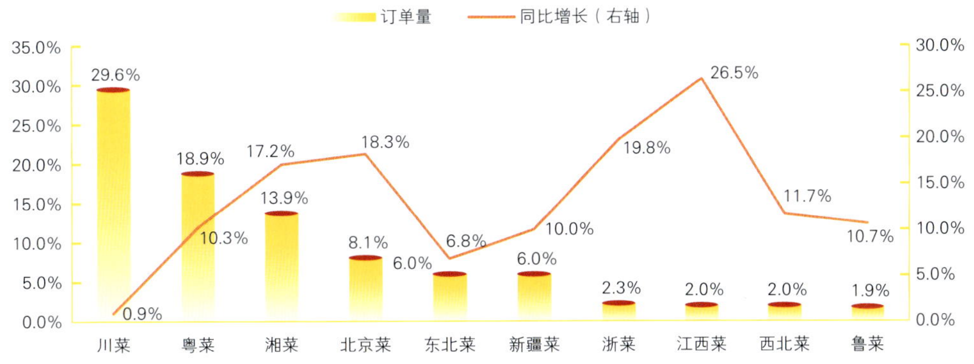

图2-29 2024年地方菜外卖订单量排名前十品类及年同比增速

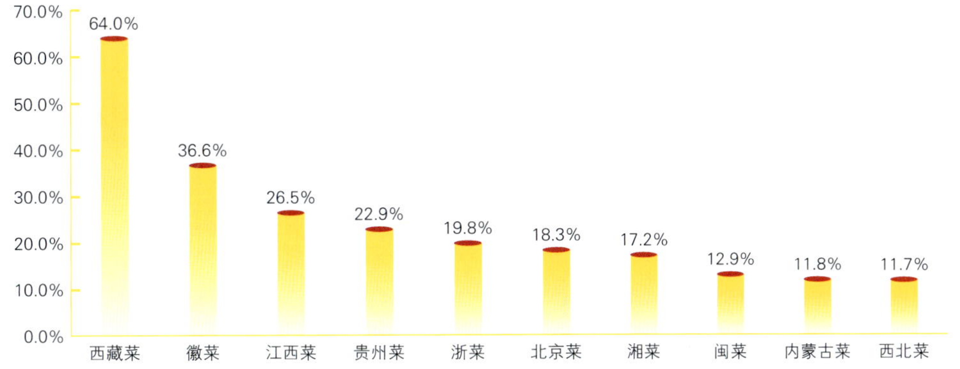

图2-30 2024年地方菜外卖订单量年同比增长速度排名前十品类

6. 到店场景下湘菜增长潜力足

美团数据显示，在到店消费场景中，2024 年粤菜和内蒙古菜订单量明显领先其他细分品类，其中粤菜订单量占比达 25.5%，内蒙古菜达 18.9%，山西菜、湘菜、西藏菜依次紧随其后。而在到店订单量排名前十品类排名中，湘菜的年同比增速达到了 45.3%，位居第一（见图 2–31）。仅从订单量增长的数据来看，徽菜同比增长达到 97.0%，东北菜同比增长达到 60.5%（见图 2–32），结合订单量排名前十品类来看，湘菜增长潜力足。

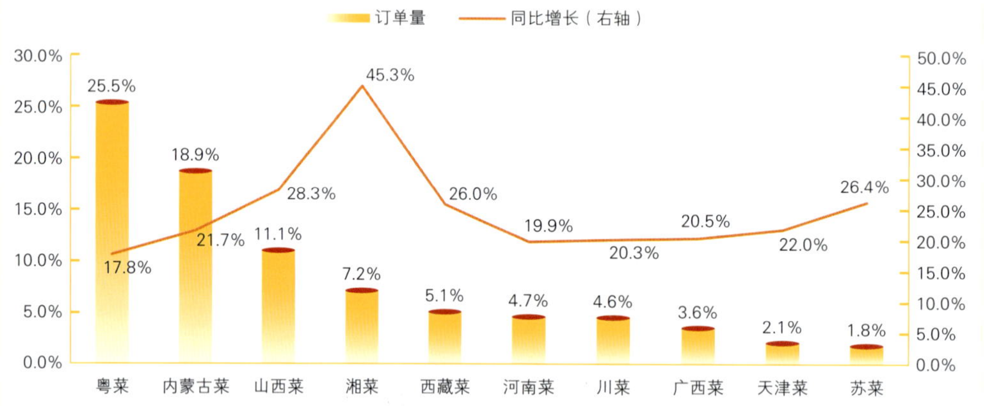

图 2–31　2024 年地方菜到店订单量排名前十品类及年同比增速

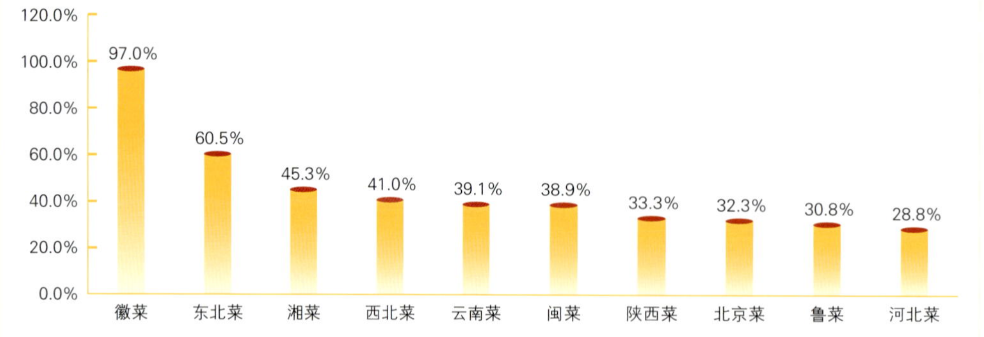

图 2–32　2024 年地方菜到店订单量年同比增长速度排名前十品类

7. 上海本帮菜居人均消费榜首，近九成地方菜到店人均消费未过百

美团数据显示，从 2024 年地方菜不同场景下的人均消费情况看，在到店人均消费水平中，上海本帮菜以 118 元位列第一，苏菜以 113 元位列第二，闽菜以 101 元位列第三，其他近九成地方菜系到店人均消费均未过百元。在外卖人均消费水平中，主流消费区间在 50 元左右，无一地方菜系人均消费过百元（见图 2-33）。

8. 粤菜、苏菜、江西菜门店占比提升显著

美团数据显示，2023—2024 年不同地方菜品门店占比中，川菜仍然领先于其他细分品类，达到 28.3%，但占比较 2023 年下降了 0.5 个百分点，粤菜、湘菜、东北菜、北京菜依次紧随其后，其中粤菜占比较 2023 年上升了 0.8 个百分点。门店占比较 2023 年有所提升的还有苏菜、新疆菜、鲁菜、江西菜、徽菜、贵州菜等，再次反映了更多地方菜系的崛起（见图 2-34）。

9. 部分地方菜数据概览

川菜、粤菜、湘菜、北京菜、东北菜这 5 个地方菜是 2024 年在线交易量排名前五的地方菜系，同时在我国餐饮业内也具有一定的代表性。

（1）川菜

90 元以下是主流消费区间，消费者向低消费区间迁移

美团数据显示，2024 年川菜的外卖人均消费主流区间在 30 元以下，占比达到 54.8%，31~60 元区间的占比达到 29.9%；到店场景下，31~90 元人均消费区间的占比达到了 81.0%。从人均消费占比变化来看，外卖场景下，30 元以下区间占比较 2023 年提升了 3.1 个百分点，其他区间为负增长或零增长；到店场景下，正增长的有 30 元以下、31~60 元和 151~300 元 3 个区间，其他区间为负增长或零增长（见图 2-35、图 2-36）。不难看出，川菜消费者正在向更低的人均消费区间迁移。

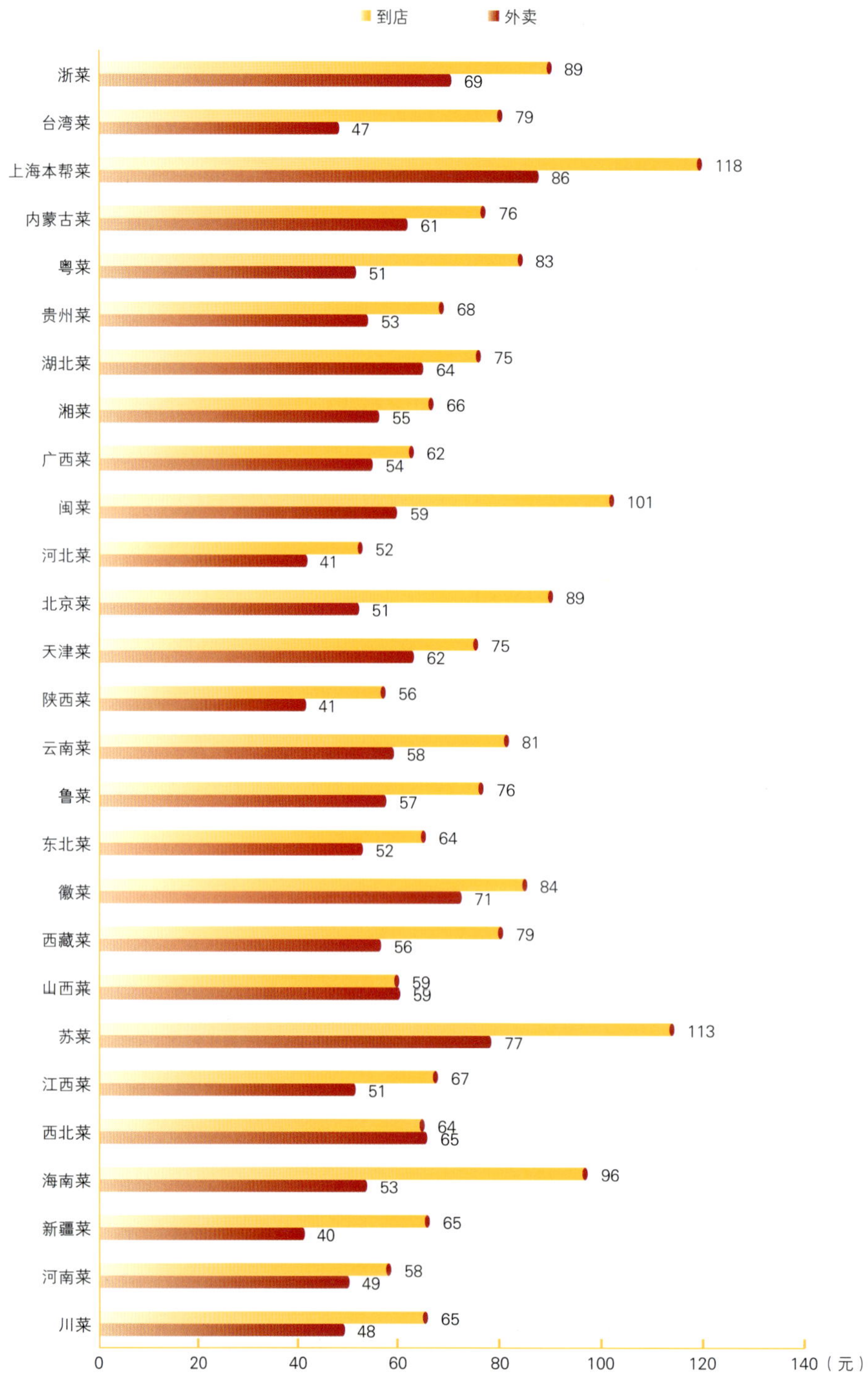

图 2-33　2024 年地方菜不同场景下的人均消费

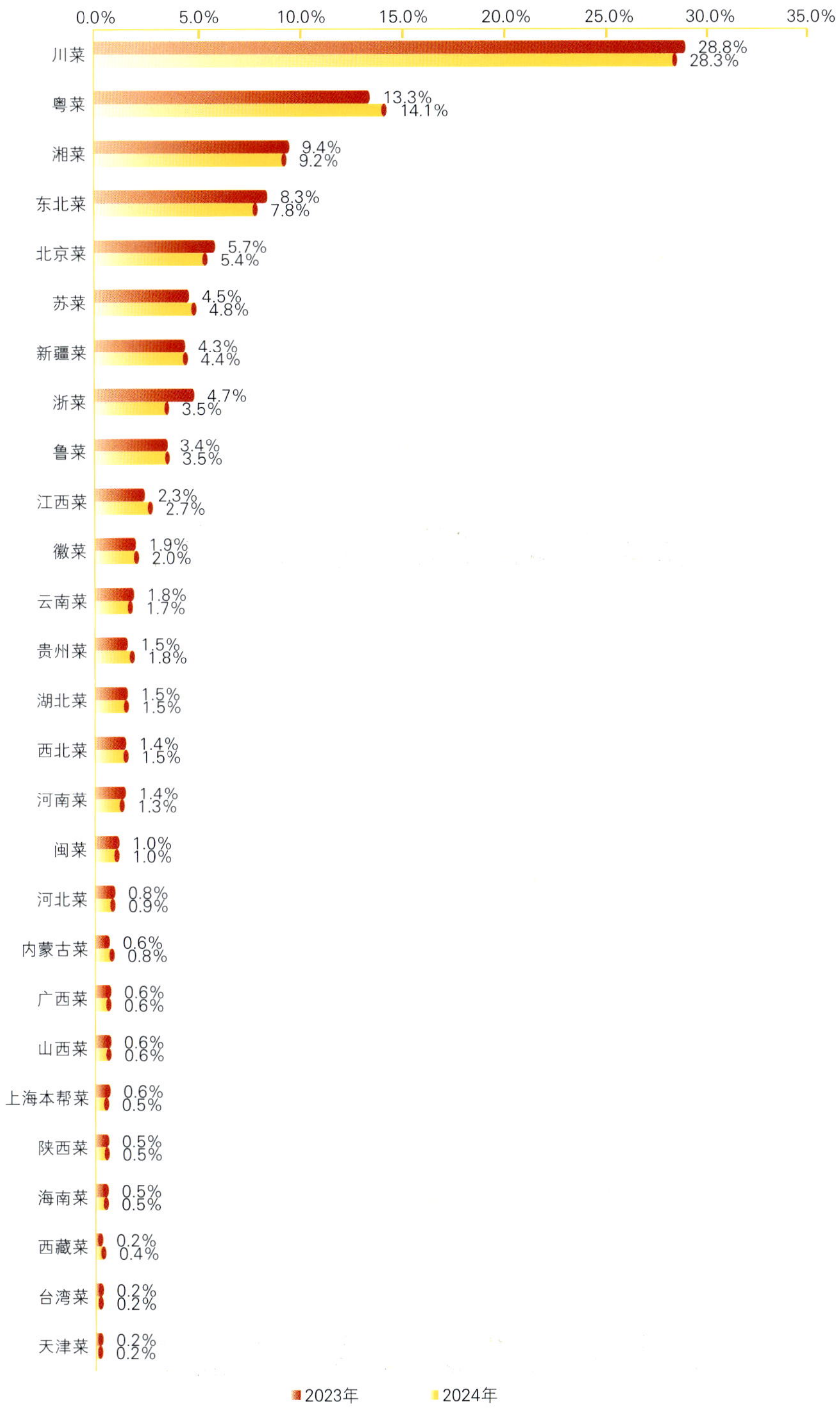

图 2-34 2023—2024 年不同地方菜品门店占比

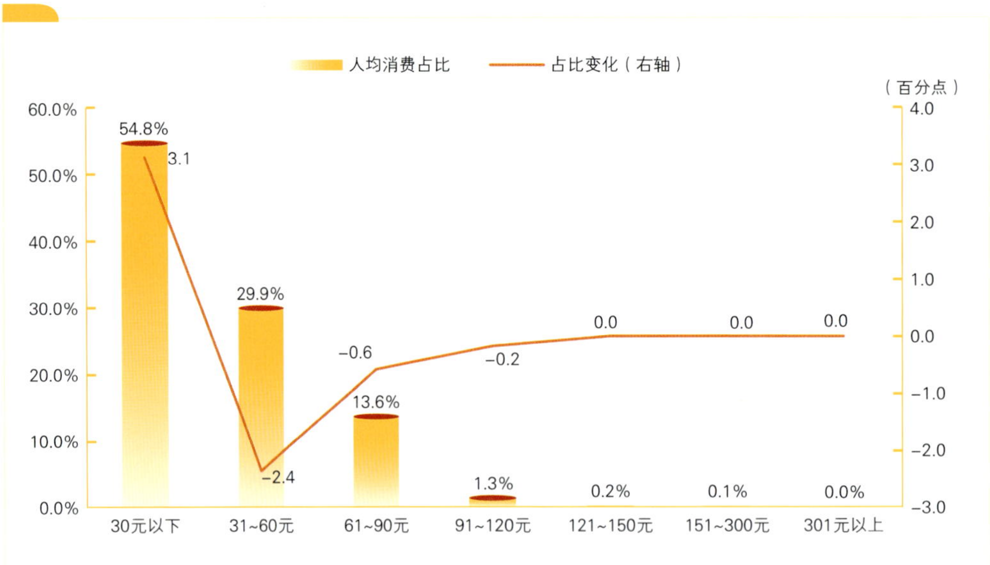

图 2-35　2024 年川菜外卖人均消费占比及年度变化

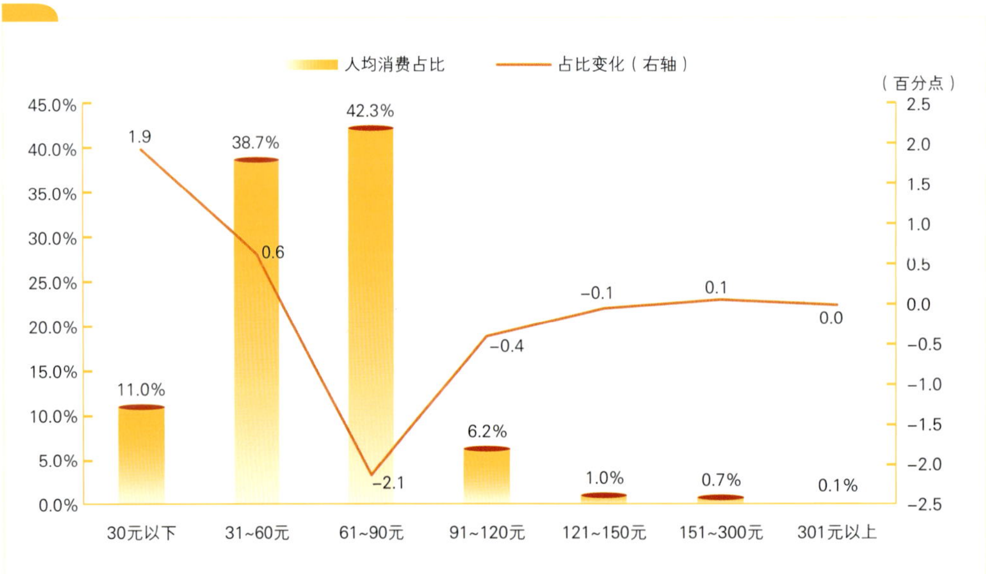

图 2-36　2024 年川菜到店人均消费占比及年度变化

川渝地区仍为川菜赛道主力军

美团数据显示，从 2024 年川菜在线交易量及门店数城市分布情况看，区域分布核心城市为重庆、成都，门店数分别为 1.67 万家和 1.49 万家，上海、北京、西安、深圳依次排在其后。而在线交易量前十城市显示，成都位列第一，北京、重庆分列第二、第三，可以看出川渝地区仍是川菜赛道的主力军（见表 2–3）。

表 2–3　2024 年川菜在线交易量及门店数城市分布

在线交易量 top10 城市	在线门店数 top10 城市	门店数（千店）
成都市	重庆市	16.7
北京市	成都市	14.9
重庆市	上海市	5.5
上海市	北京市	4.9
广州市	西安市	4.9
深圳市	深圳市	4.4
杭州市	苏州市	4.3
苏州市	广州市	4.3
武汉市	东莞市	4.1
南京市	宁波市	3.6

（2）粤菜

外卖下探、到店上行，粤菜外卖消费和到店消费两极分化

美团数据显示，2024 年粤菜的外卖人均消费主流区间在 30 元以下，占比达到 58.6%，31~60 元区间的占比达到 24.2%；到店场景下，61~120 元人均消费区间的占比达到了 54.5%。从人均消费占比变化来看，外卖场景下，30 元以下区间占比较 2023 年提升了 6.6 个百分点，其他区间为负增长或零增长；到店场景下，负增长的为 30 元以下、31~60 元和 151~300 元 3 个区间，其他区间为正增长或零增长（见图 2–37、图 2–38）。不难看出，粤菜消费整体呈现出了外卖下探、到店上行的趋势。

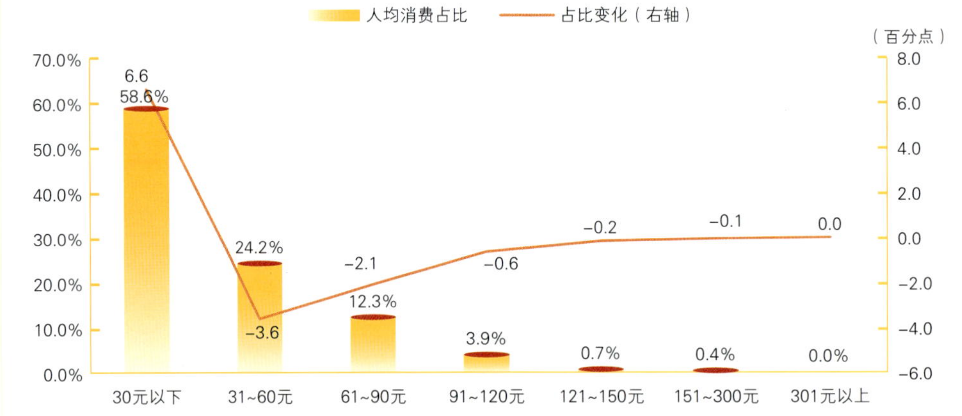

图 2-37　2024 年粤菜外卖人均消费占比及年度变化

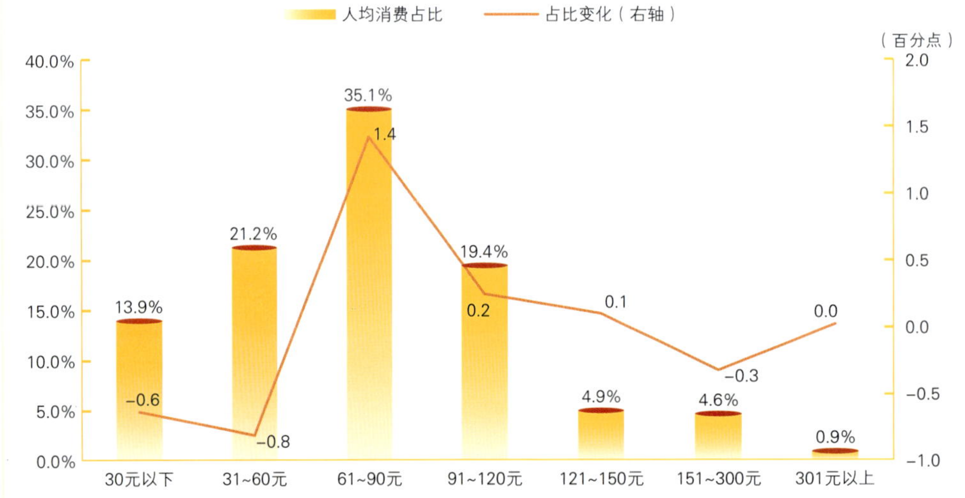

图 3-38　2024 年粤菜到店人均消费占比及年度变化

广东地区仍为粤菜大本营，但粤菜已经渐渐出省

美团数据显示，在2024年粤菜在线门店数城市排名前十中，上海成为唯一入选的非广东地区城市，广州、深圳、佛山、东莞、惠州位列前五，其中广州门店数量达到1.74万家。在线交易量前十的城市中，上海、北京、成都等3座非广东地区城市入榜。可以看出，尽管广东地区仍为粤菜大本营，但粤菜已经渐渐出省（见表2-4）。

表2-4　2024年粤菜在线交易量及门店数城市分布

在线交易量top10城市	在线门店数top10城市	门店数（千店）
广州市	广州市	17.4
深圳市	深圳市	12.1
上海市	佛山市	8.8
佛山市	东莞市	8.1
东莞市	惠州市	5.1
北京市	中山市	3.8
惠州市	江门市	3.5
中山市	上海市	3.0
珠海市	肇庆市	2.3
成都市	湛江市	2.3

（3）湘菜

湘菜向刚需餐饮和品质餐饮两头走

美团数据显示，2024年湘菜的外卖人均消费主流区间在60元以下，其中30元以下占比达到39.8%，31~60元区间的占比达到38.0%；到店场景下，31~90元人均消费区间的占比达到了83.4%。从人均消费占比变化来看，外卖场景下，30元以下区间占比较2023年提升了3.6个百分点，其他区间为负增长或零增长；到店场景下，61~90元区间占比较2023年同比下降了4.9个百分点，31~60元区间的占比则较2023年提升了4.4个百分点。此外，30元以下、121~150元和151~300元3个区间也取得正增长，显示出湘菜向刚需餐饮和品质餐饮两头走的趋势（见图2-39、图2-40）。

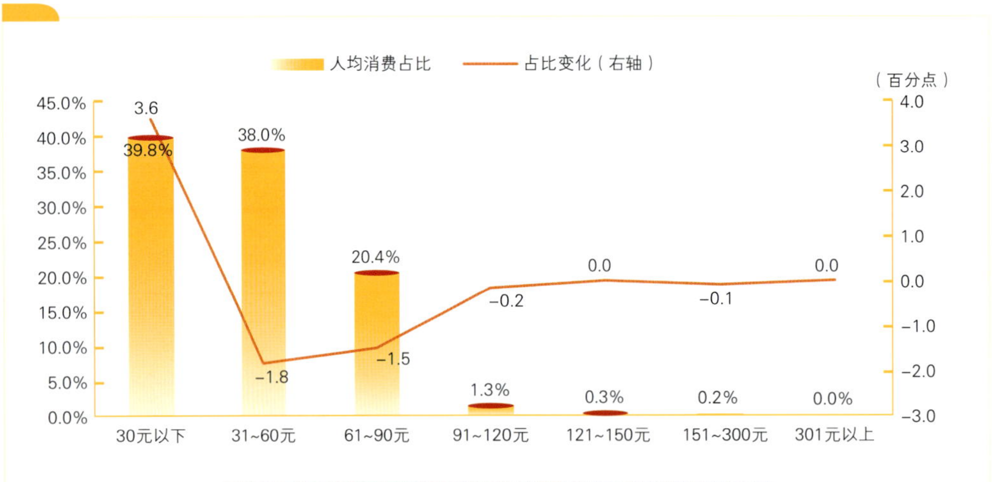

图 2-39　2024 年湘菜外卖人均消费占比及年度变化

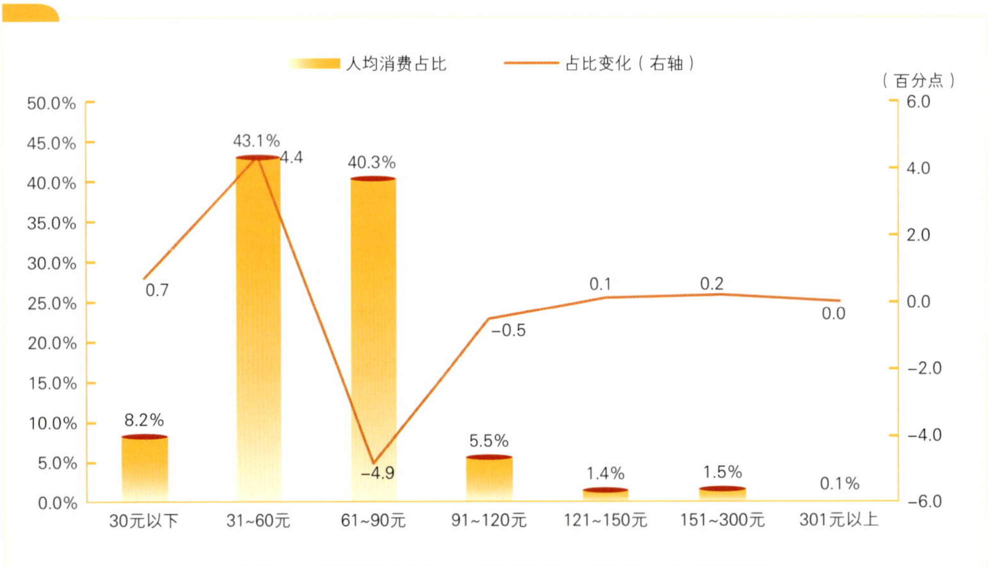

图 2-40　2024 年湘菜到店人均消费占比及年度变化

南方是湘菜大本营，北京成在线门店数排名前十的唯一北方城市

美团数据显示，2023 年湘菜在线门店数排名前十的多为南方城市，其中长沙、深圳、广州位列前三，北京成为唯一入榜的北方城市。在线交易量排名前十的城市中，入榜的北方城市分别是北京和西安（见表 2-5）。

表 2-5 2024 年湘菜在线交易量及门店数城市分布

在线交易量 top10 城市	在线门店数 top10 城市	门店数（千店）
深圳市	长沙市	7.9
长沙市	深圳市	5.1
广州市	广州市	4.5
北京市	东莞市	4.3
上海市	上海市	2.1
东莞市	北京市	2.1
杭州市	佛山市	1.9
佛山市	岳阳市	1.9
武汉市	衡阳市	1.7
西安市	株洲市	1.6

（4）北京菜

北京菜外卖消费超过六成在 30 元以下，到店消费向中高端市场发展

美团数据显示，2024 年北京菜的外卖人均消费主流区间在 30 元以下，占比超过六成，且同比增长了 7.2 个百分点。与之相比，其他区间的占比都有所下降，由此可以看出，在外卖场景，北京菜消费更趋刚需。在到店消费方面，2024 年北京菜到店消费中，有超过七成的订单分布在人均消费 30~120 元区间。从到店占比变化来看，90 元以下人均消费占比下降，90 元以上各个区间人均消费占比则实现正增长，说明到店消费正向着中高端消费市场发展（见图 2-41、图 2-42）。

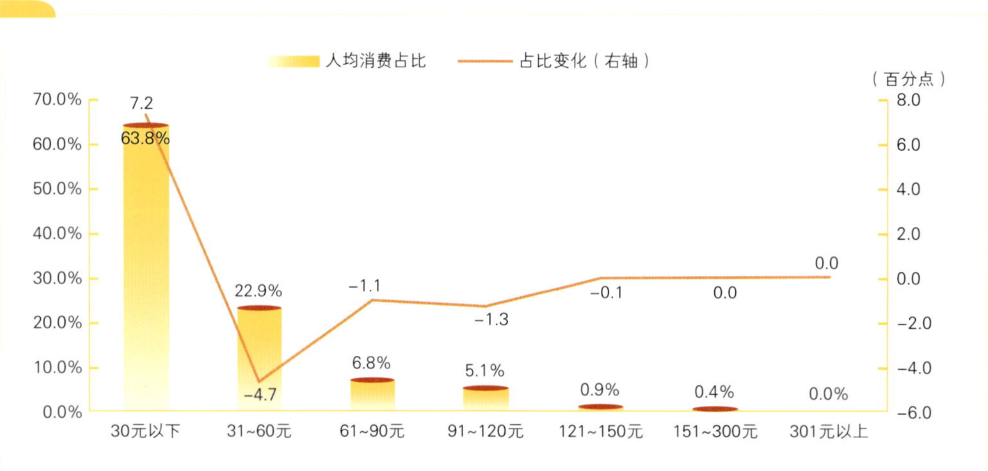

图2-41 2024年北京菜外卖人均消费占比及年度变化

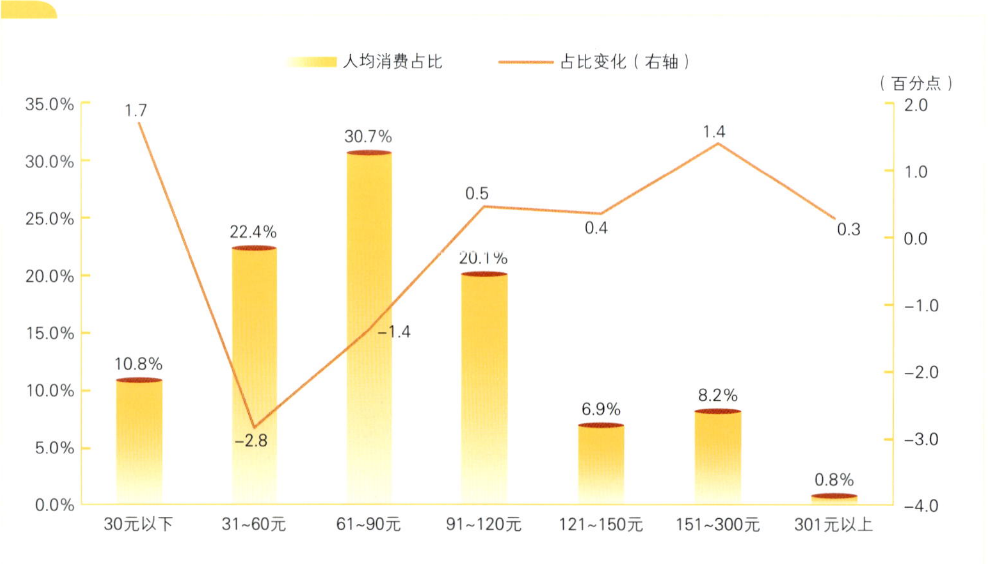

图2-42 2024年北京菜到店人均消费占比及年度变化

遍地开花，北京菜受到全国消费者的青睐

美团数据显示，在 2024 年北京菜在线门店数排名前十城市中，区域分布核心城市依次为北京、上海、重庆、成都、南京等。在线交易量排名前十的城市中，除北京、成都、上海之外，还有杭州、长沙、武汉、郑州等城市，可以看出北京菜正在受到全国消费者的青睐（见表 2-6）。

表 2-6　2024 年北京菜在线交易量及门店数城市分布

在线交易量 top10 城市	在线门店数 top10 城市	门店数（千店）
北京市	北京市	3.1
成都市	上海市	1.5
上海市	重庆市	1.2
深圳市	成都市	1.1
重庆市	南京市	0.9
广州市	苏州市	0.9
杭州市	武汉市	0.7
长沙市	合肥市	0.7
武汉市	天津市	0.7
郑州市	深圳市	0.7

（5）东北菜

东北菜消费趋向实惠和理性

美团数据显示，2024 年东北菜外卖人均消费主流区间集中在 30 元以下和 31~60 元两个区间，合计占比近八成；从人均消费区间占比变化来看，31~60 元区间占比下降了 5.8 个百分点，而 30 元以下区间上升了 7.6 个百分点（见图 2-43）。到店场景下，人均消费主流区间集中在 31~60 元和 61~90 元两个区间，合计占比近九成；从人均消费区间占比变化来看，61~90 元区间占比下降了 3.2 个百分点，而 31~60 元区间上升了 2.8 个百分点（见图 2-44）。不难看出，无论是外卖场景，还是到店场景，东北菜消费都在趋向实惠和理性。

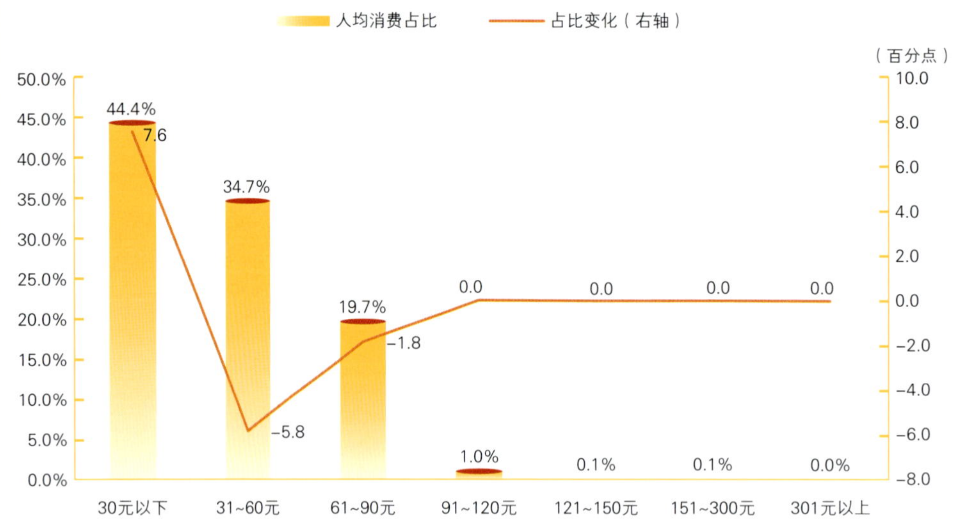

图 2-43 2024 年东北菜外卖人均消费占比及年度变化

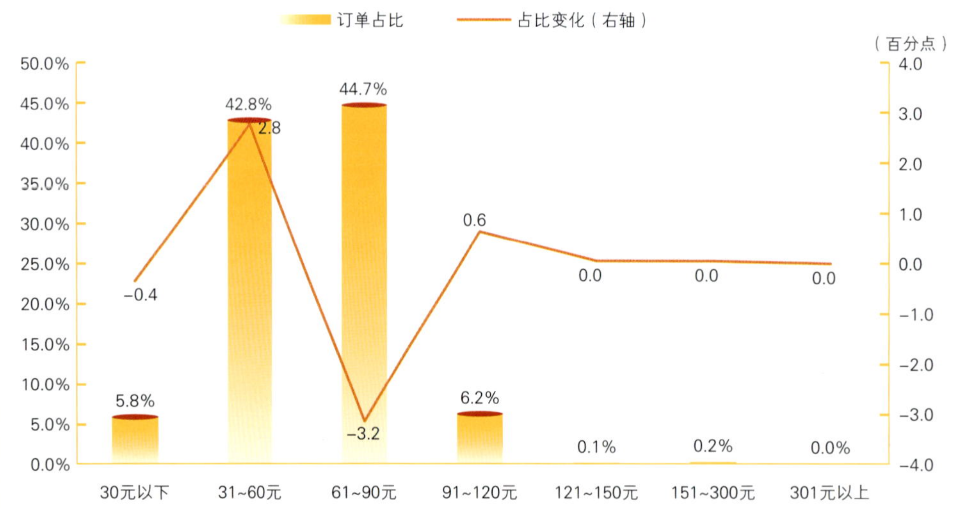

图 2-44 2024 年东北菜到店人均消费占比及年度变化

东北菜在南方市场站稳脚跟

美团数据显示，在 2024 年东北菜在线门店数排名前十城市中，区域分布核心城市依次为哈尔滨、北京、沈阳、长春、大连等城市。从在线交易量排名前十城市来看，南方城市占据 4 席，分别是上海、深圳、杭州和广州（见表 2-7）。不难看出，东北菜已经在南方市场站稳脚跟。

表 2-7　2024 年东北菜在线交易量及门店数城市分布

在线交易量 top10 城市	在线门店数 top10 城市	门店数（千店）
北京市	哈尔滨市	3.3
哈尔滨市	北京市	2.6
沈阳市	沈阳市	2.2
上海市	长春市	1.8
深圳市	大连市	1.8
长春市	天津市	1.5
杭州市	上海市	1.3
广州市	青岛市	1.2
大连市	西安市	1.1
西安市	郑州市	0.9

五、小吃快餐数据概览

1. 小吃快餐在线订单持续高增长，到店订单涨幅 33.1%

美团数据显示，2024 年小吃快餐品类总在线消费订单年同比涨幅 18.7%，其中外卖消费同比涨幅达 15.5%，到店消费同比涨幅达 33.1%（见图 2-45）。小吃快餐品类持续高速增长。

图 2-45　2023—2024 年小吃快餐在线订单年同比涨幅

2. 小吃快餐月订单波动增长，1 月涨幅显著

美团数据显示，2024 年小吃快餐品类外卖与到店订单月度分布均呈波动增长趋势，其中 7 月、8 月以及 12 月订单分布占比最高（见图 2-46）。从订单月同比走势来看，无论是外卖消费还是到店消费，1 月订单月同比涨幅显著，其中到店订单同比涨幅达 87.8%，外卖订单同比涨幅 70.9%（见图 2-47）。

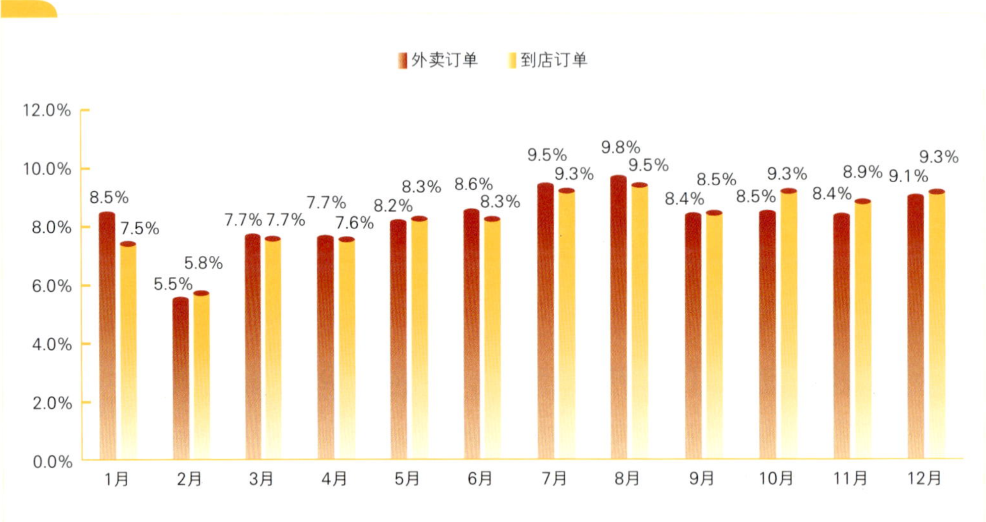

图 2-46　2024 年不同场景下小吃快餐订单月度分布

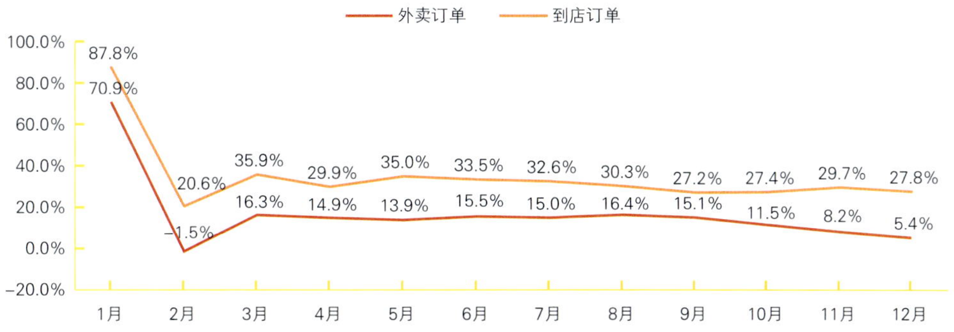

图 2-47　2024 年不同场景下小吃快餐订单月同比走势

3. 小吃快餐开卷 9.9 元，10 元以下区间增幅显著

美团数据显示，在 2024 年小吃快餐外卖与到店人均消费占比中，11~20 元是主流消费区间。外卖场景中，该消费区间占比为 36.5%；到店场景中，该消费区间占比为 43.5%。但从人均消费分布变化来看，无论是外卖消费还是到店消费，10 元以下区间都有显著增幅。不难看出，9.9 元的风已经卷到了小吃快餐业（见图 2-48、图 2-49）。

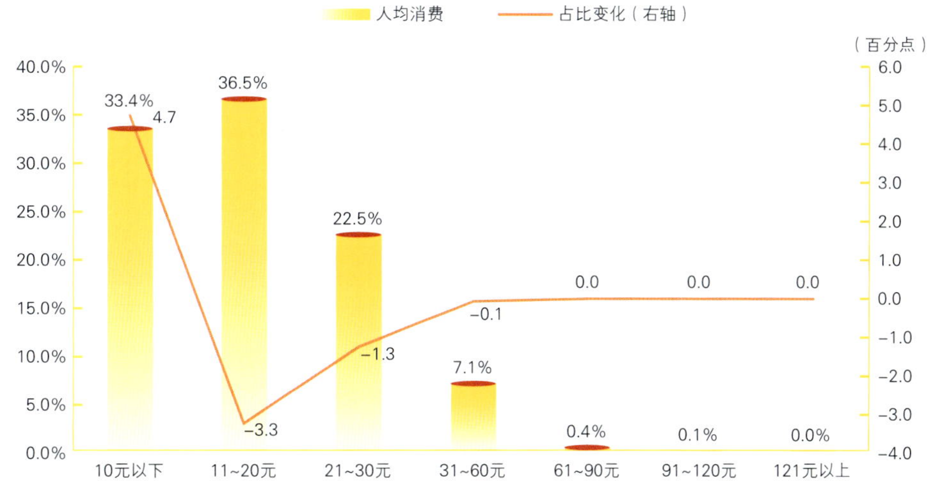

图 2-48　2024 年小吃快餐外卖人均消费占比及年度变化

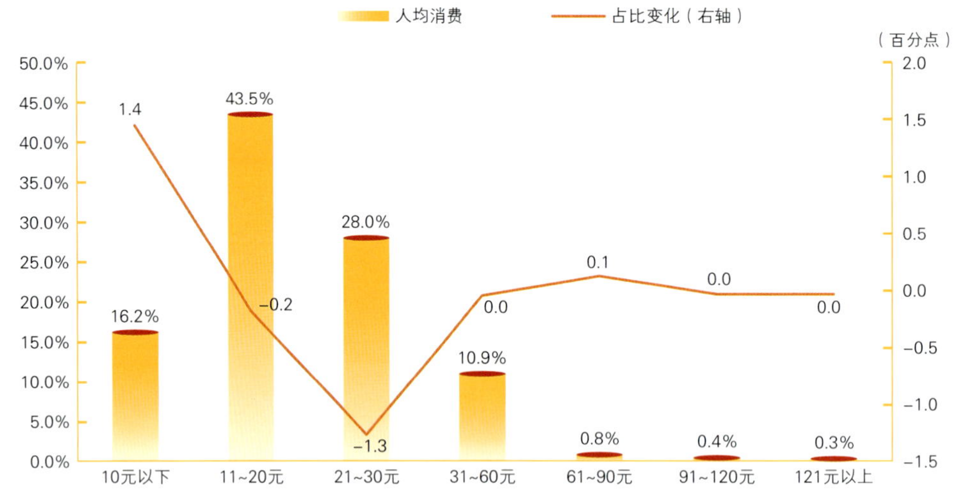

图 2-49　2024 年小吃快餐到店人均消费占比及年度变化

4. 小吃快餐赛道创业热潮涌动，各细分品类门店全线增长

美团数据显示，在 2023—2024 年小吃快餐在线门店数排名中，位居前三的是快餐简餐、地方小吃与面条。从细分品类在线门店数变化情况来看，除了其他小吃快餐，其他品类门店在 2024 年全部实现增长（见图 2-50）。小吃快餐赛道涌动的创业热潮由此可见一斑。

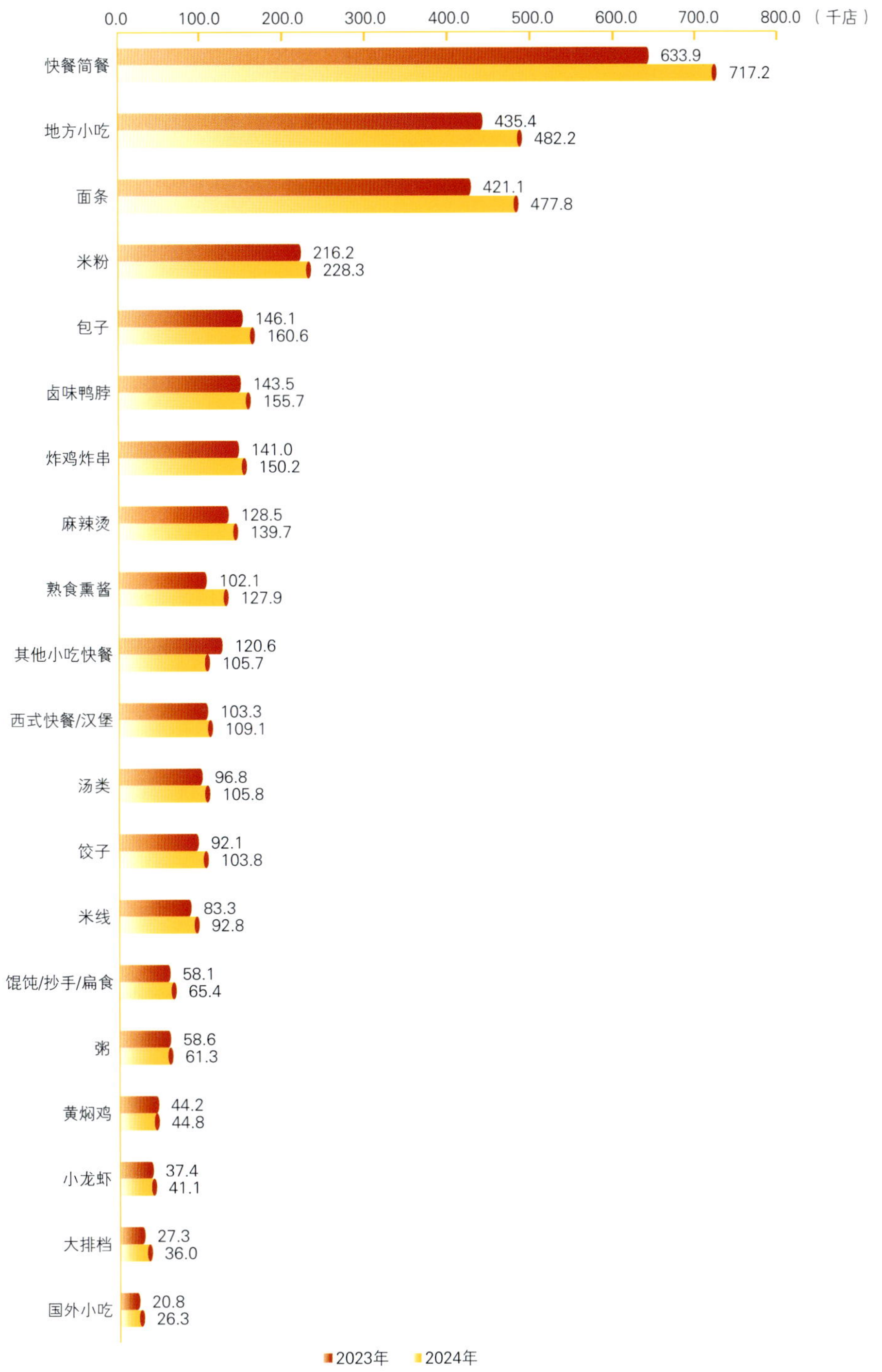

图 2-50　2023—2024 年小吃快餐在线门店数排名前二十细分品类

5. 快餐简餐领跑订单量，麻辣烫成为到店消费中增长最快的细分品类

美团数据显示，在 2024 年小吃快餐消费订单量排名中，无论是外卖消费还是到店消费，位居前列的都是快餐简餐、西式快餐 / 汉堡与地方小吃。从订单增长率看，外卖场景中，增速位居前列的分别是熟食熏酱、米线和卤味鸭脖；到店场景中，增速位居前列的分别是麻辣烫、日式快餐和熟食熏酱，其中麻辣烫的增速达到了 121.1%，这显然与天水麻辣烫的火爆出圈有着密切的关系（见图 2-51、图 2-52）。

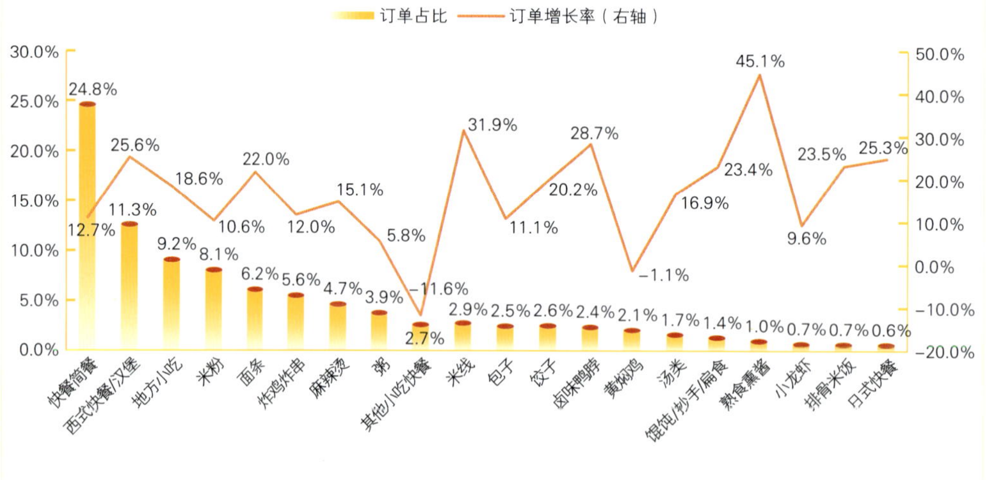

图 2-51　2024 年小吃快餐外卖订单排名前二十品类及订单增长

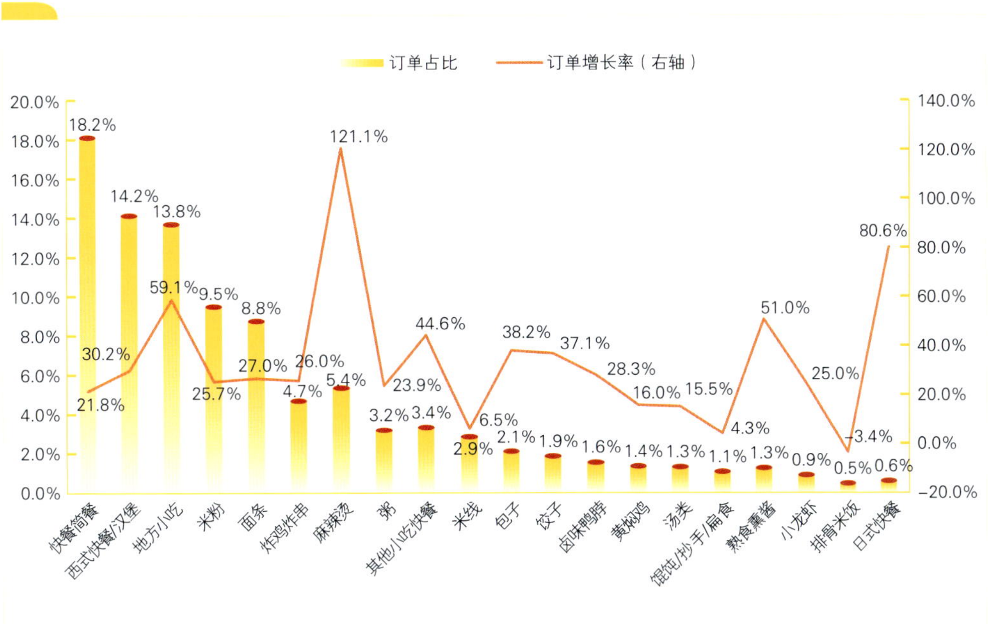

图 2-52　2024 年小吃快餐到店订单排名前二十品类及订单增长

6. 小龙虾领跑人均消费，到店人均消费普遍高于外卖人均消费

美团数据显示，2024 年无论是外卖消费还是到店消费，人均消费金额最高的品类都是小龙虾。对比外卖人均消费和到店人均消费看，除了豆花、炖品、花甲、饺子、排骨米饭、生煎、西式快餐 / 汉堡、炸鸡炸串、卤味鸭脖等少数细分品类，其他细分品类的到店人均消费都高于外卖人均消费（见表 2-8）。

表 2-8　2024 年小吃快餐不同品类在不同场景下的人均消费

单位：元

品类	外卖人均消费	到店人均消费	品类	外卖人均消费	到店人均消费
包子	16.4	16.8	米粉	17.3	19.0
大排档	43.7	61.3	米线	20.0	21.8
地方小吃	20.4	24.6	面条	21.5	23.0
豆花	17.8	17.8	牛杂	25.9	27.6
豆皮	20.3	15.6	排骨米饭	24.4	23.7
炖品	27.8	27.0	其他小吃快餐	19.8	21.7
饵丝饵块	14.5	16.6	日式快餐	28.7	31.1
锅贴	19.4	20.5	烧鸡	41.5	42.6
国外小吃	23.5	24.2	生煎	22.0	21.5
花甲	20.0	19.8	食阁	39.8	53.2
黄焖鸡	19.7	21.2	熟食熏酱	29.2	29.8
馄饨 / 抄手 / 扁食	17.6	18.8	汤类	19.7	24.1
鸡架	21.0	24.2	西式快餐 / 汉堡	22.0	21.9
饺子	24.5	24.3	西式快餐 / 三明治	28.1	30.1
快餐简餐	22.7	23.7	小龙虾	80.2	103.5
卤味鸭脖	27.4	26.3	鱼丸	21.1	22.8
麻辣烫	24.3	26.7	炸鸡炸串	21.4	19.6
粥	22.8	27.5			

六、饮品数据概览

1. 饮品总在线订单同比涨幅 33.8%

美团数据显示，在 2024 年饮品品类在线订单年同比涨幅中，总在线订单涨幅为 33.8%，其中到店订单涨幅为 53.9%，外卖订单涨幅为 27.0%（见图 2-53）。可以看出，消费者对饮品的需求呈现出迅猛增长的态势。

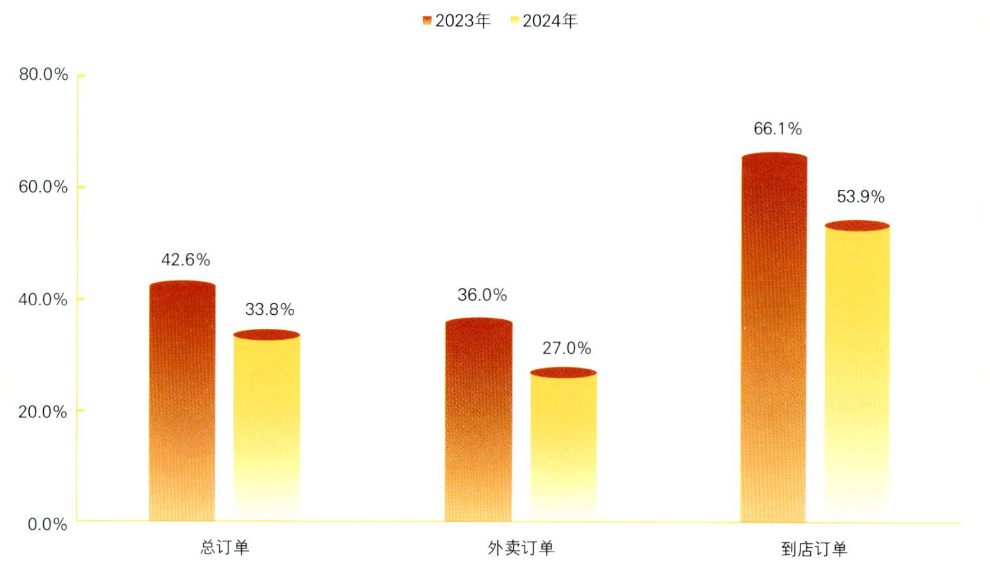

图 2-53　2023—2024 年饮品品类在线订单年同比涨幅

2. 饮品在线门店数增长 4.7 万家，达到 58 万家

美团数据显示，全国饮品在线门店数在 2024 年突破了 58.0 万家，较 2023 年增长了 4.7 万家，凸显了饮品品类强劲的增长势能（见图 2-54）。

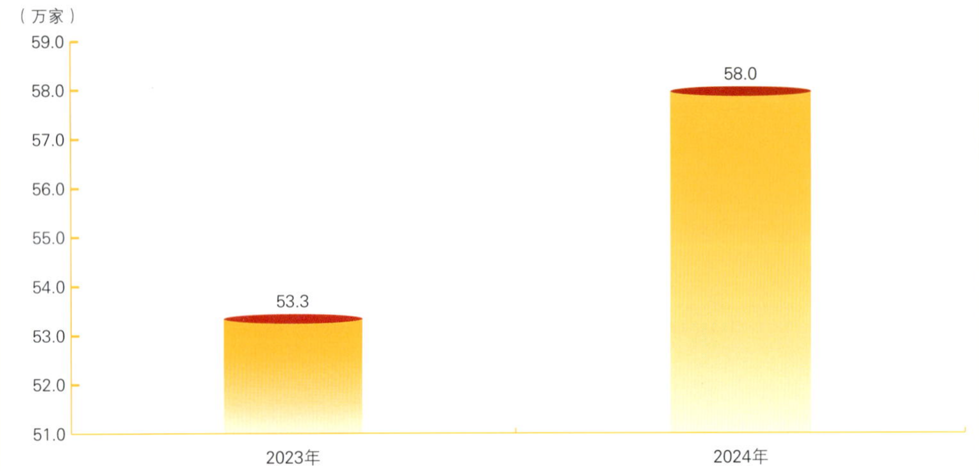

图 2-54　2023—2024 年全国饮品在线门店数

3. 8 月为饮品消费旺季，冬季消费热度不减

美团数据显示，2024 年饮品在线订单月度分布中，外卖与到店订单月度分布呈相同趋势，均在 2—8 月逐月稳步上升，并在 8 月达到峰值后开始波动下降（见图 2-55）。值得注意的是，虽然 2 月订单占比最低，但从订单月同比走势来看，当月到店订单同比涨幅却达到了 70.5%，在全年中位居第三，仅次于 1 月的 80.9% 和 3 月的 74.5%（见图 2-56）。1—2 月到店订单的高速增长反映出饮品正在打破季节的限制，在冬季延续消费热度。

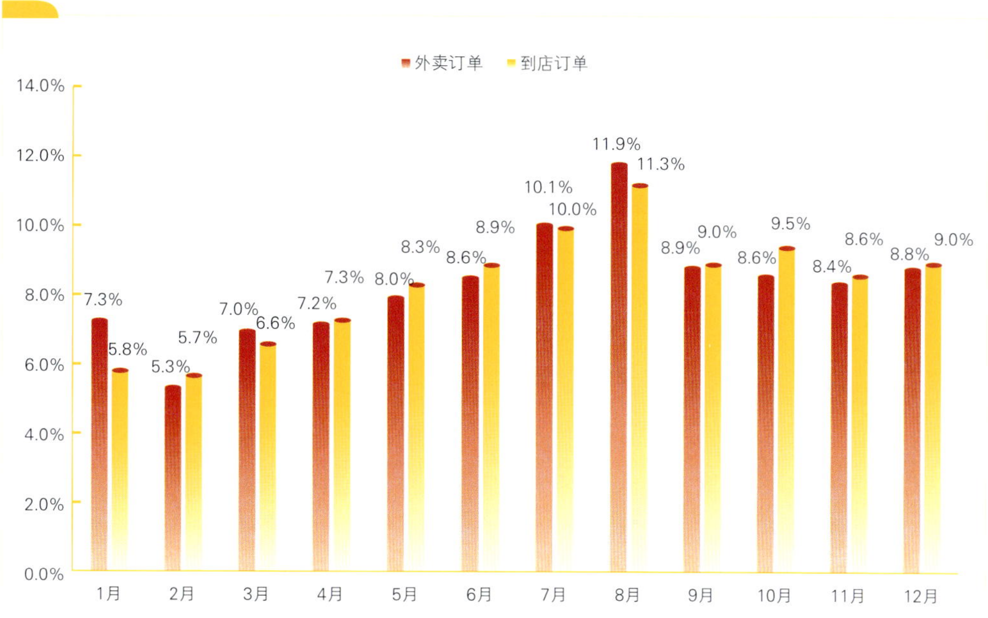

图 2-55　2024 年不同场景下饮品品类订单月度分布

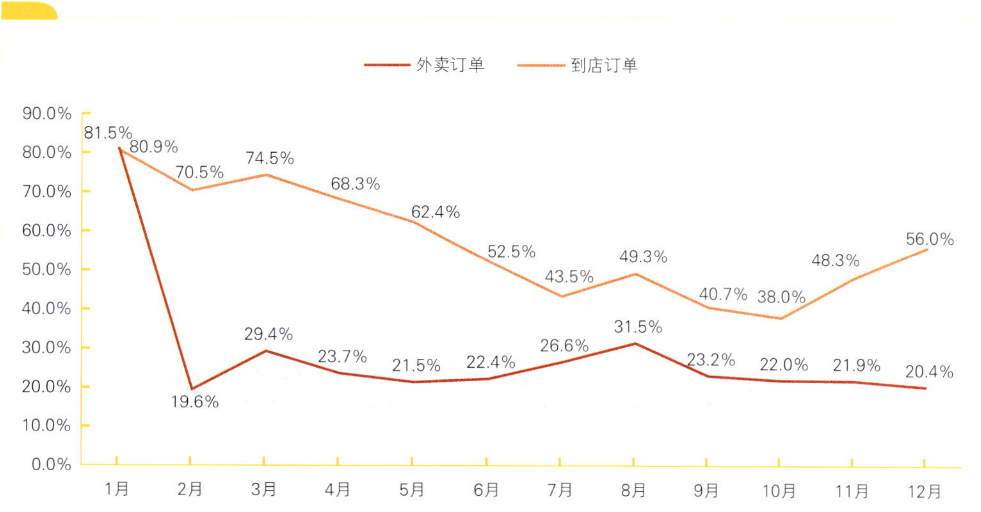

图 2-56　2024 年不同场景下饮品订单月同比走势

4. 饮品在线人均消费以 11~20 元为主，10 元以下订单增长显著

美团数据显示，无论是外卖场景还是到店场景，饮品主流人均消费区间都集中在 11~20 元。从分布变化来看，该区间在外卖场景中下滑了 0.6 个百分点，但在到店场景中增长了 1.4 个百分点。与之相比，10 元以下的订单在到店场景和外卖场景中都实现了不同程度的增长，外卖场景中增长了 1.4 个百分点，到店场景中增长了 2.8 个百分点（见图 2-57、图 2-58）。由此可见，饮品赛道产品逐渐向 10 元以下区间靠拢。

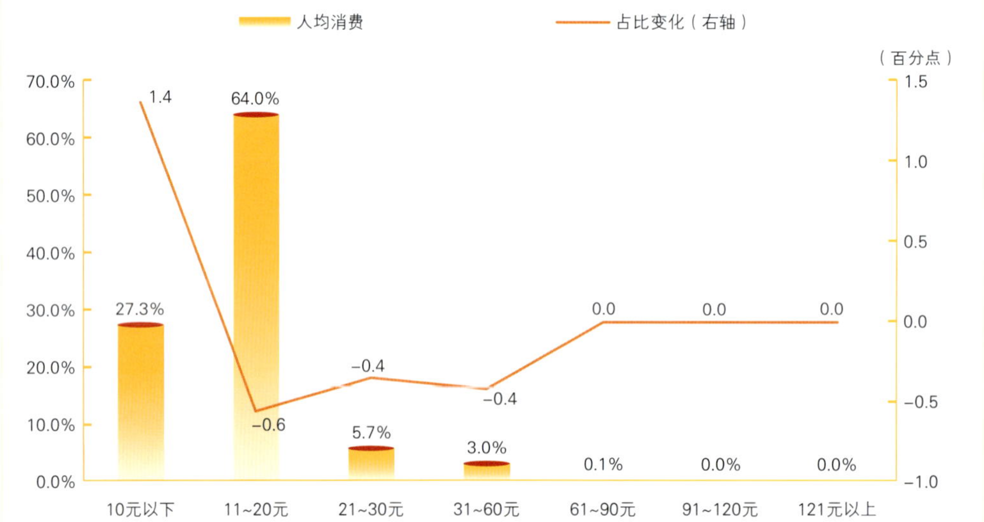

图 2-57　2024 年饮品外卖人均消费占比及年度变化

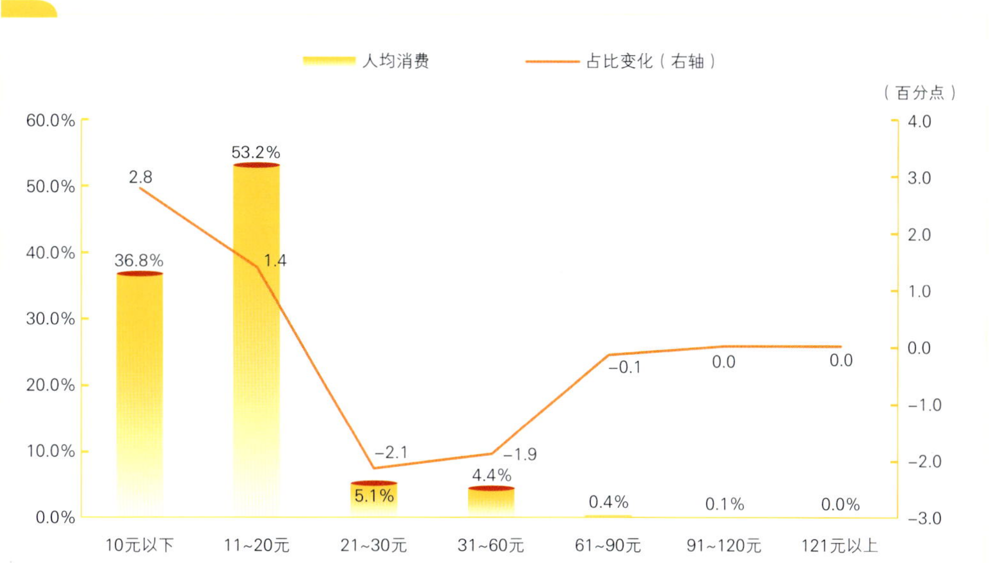

图 2-58 2024 年饮品到店人均消费占比及年度变化

5. 广州饮品门店数和在线交易量领跑全国

美团数据显示，在 2024 年饮品店在线门店数排名前十城市和在线交易量排名前十城市中，广州均位居第一。除了广州，广东还有深圳、佛山、东莞等城市同时上榜两个榜单（见表 2-9）。不难看出，广东是当之无愧的饮品高地。

表 2-9　2024 年饮品在线交易量及门店数城市分布

在线交易量 top10 城市	在线门店数 top10 城市	门店数（千家）
广州市	广州市	20.4
深圳市	上海市	16.7
上海市	深圳市	14.1
北京市	成都市	12.8
成都市	佛山市	12.1
杭州市	东莞市	11.8
重庆市	北京市	11.3
苏州市	重庆市	10.1
东莞市	杭州市	9.9
佛山市	苏州市	9.5

6. 饮品各细分品类在线门店数普遍增长，咖啡增长最多

美团数据显示，在 2023—2024 年饮品细分品类在线门店数分布中，奶茶 / 果汁门店仍处于领先位置，以 30.67 万家居细分品类之首。除了凉茶，各细分品类在线门店数均有显著增长，其中增长最多的是咖啡厅，较 2023 年增加 2.93 万家（见图 2-59）。

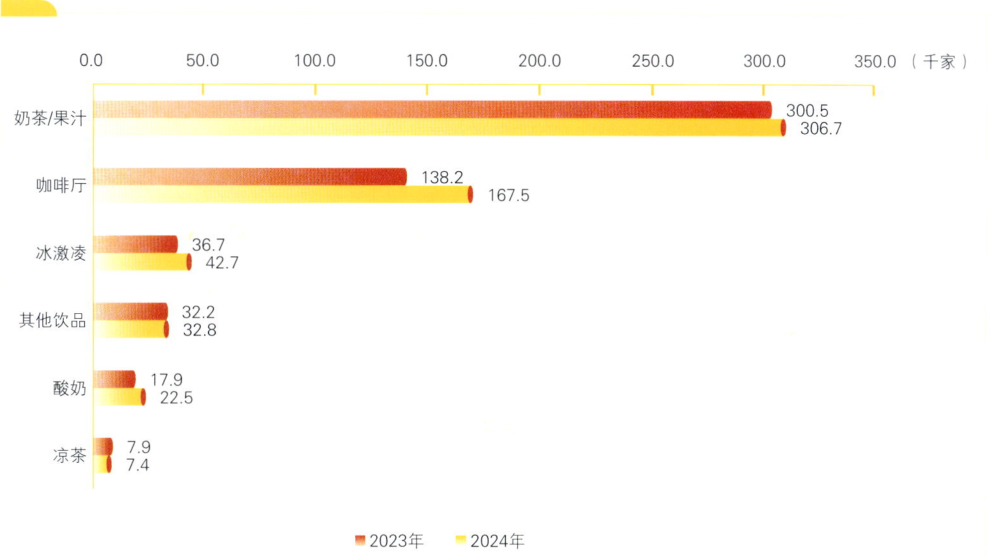

图 2-59 2023—2024 年饮品细分品类在线门店数

七、烘焙数据概览

1. 面包烘焙到店订单加速增长

美团数据显示，2024 年面包烘焙在线总订单加速增长，同比增长达到了 22.5%，远高于 2023 年 12.8% 的增速。其中，外卖订单同比增长 20.1%，到店订单同比增长 25.5%（见图 2-60）。可以看出，随着人均消费水平的提升，面包烘焙市场呈现持续增长态势。

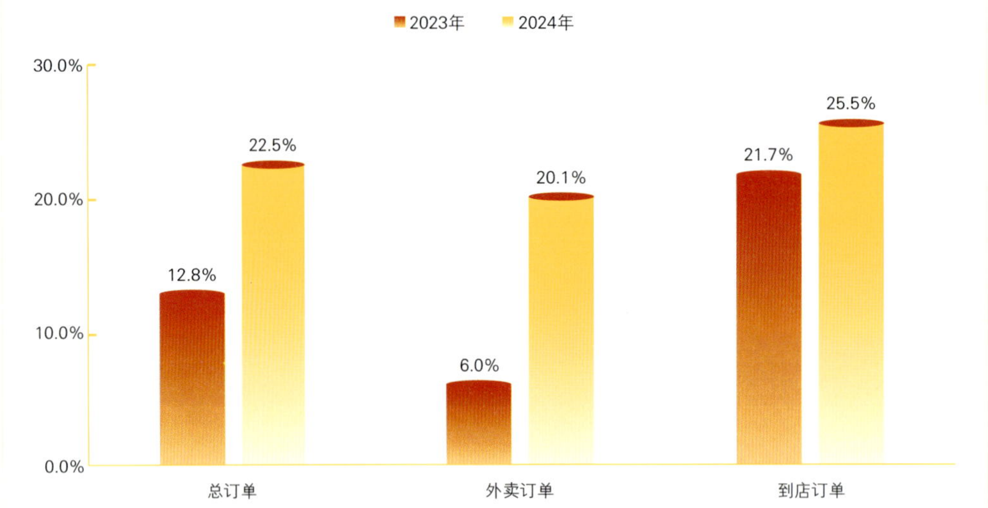

图 2-60　2023—2024 年面包烘焙在线订单年同比涨幅

2. 面包烘焙在线门店数增长 2.8 万家，达到 40.4 万家

美团数据显示，2024 年全国面包烘焙在线门店数达到 40.4 万家，较 2023 年增长了 2.8 万家，面包烘焙赛道持续扩容（见图 2-61）。

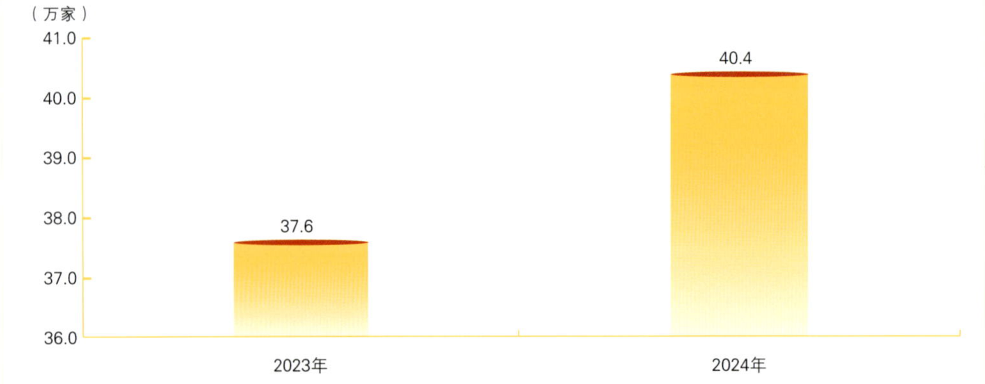

图 2-61　2023—2024 年全国面包烘焙在线门店数

3. 面包烘焙品类涨幅阶段性波动，1 月增长显著

美团数据显示，在外卖和到店场景下，2024 年面包烘焙品类在线订单月度分布都呈波动上升趋势，下半年订单相较上半年更高，12 月订单占比达到最高（见图 2-62）。在单月增长方面，1 月增长显著，外卖订单同比增长 66.0%，到店订单同比增长 63.9%（见图 2-63）。

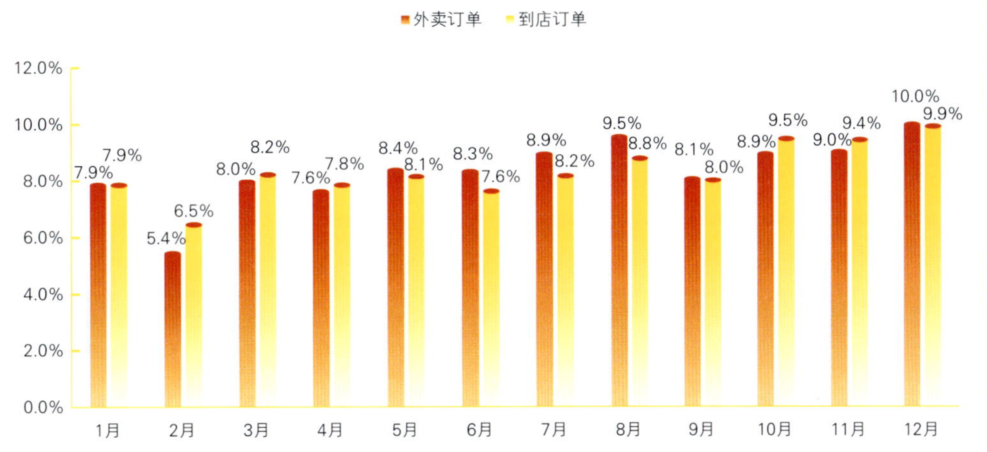

图 2-62 2024 年不同场景下面包烘焙订单月度分布

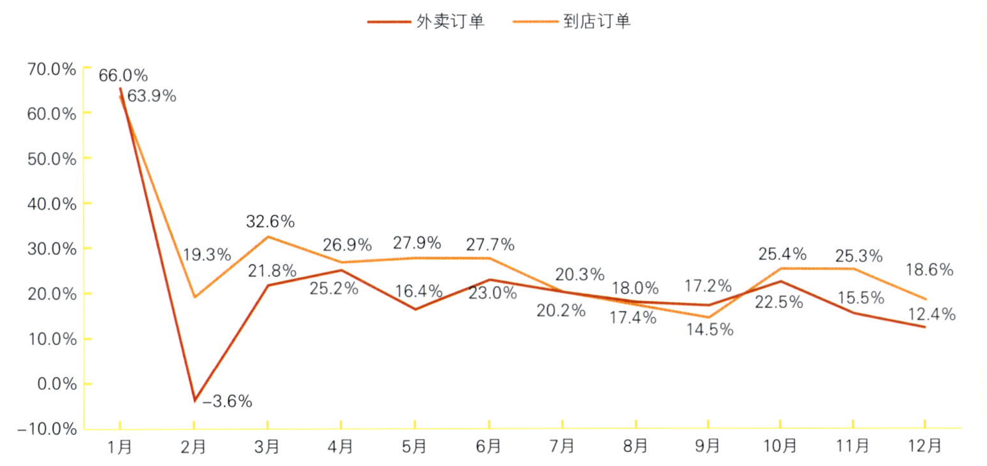

图 2-63 2024 年不同场景下面包烘焙订单月同比走势

4. 11~60 元为面包烘焙主流人均消费区间，10 元以下订单增幅最大

美团数据显示，从 2024 年面包烘焙人均消费占比及年度变化来看，主流人均消费在 11~60 元区间。外卖场景中，21~30 元区间占比位居首位，达 27.1%；10 元以下区间占比则同比增长显著，上涨 4.7 个百分点。到店场景中，占比居首位的仍然是 21~30 元区间；10 元下区间和 11~20 元区间占比有一定程度的上涨（见图 2-64、图 2-65）。

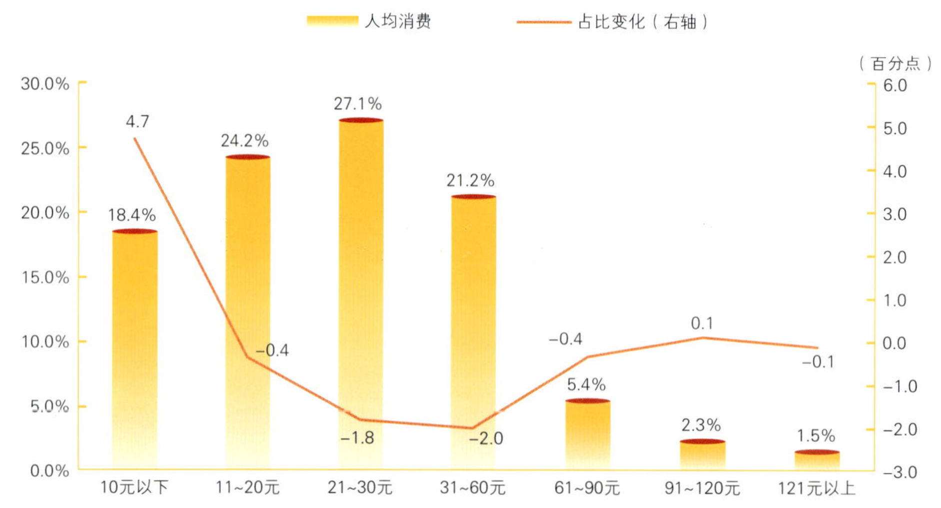

图 2-64　2024 年面包烘焙外卖人均消费占比及年度变化

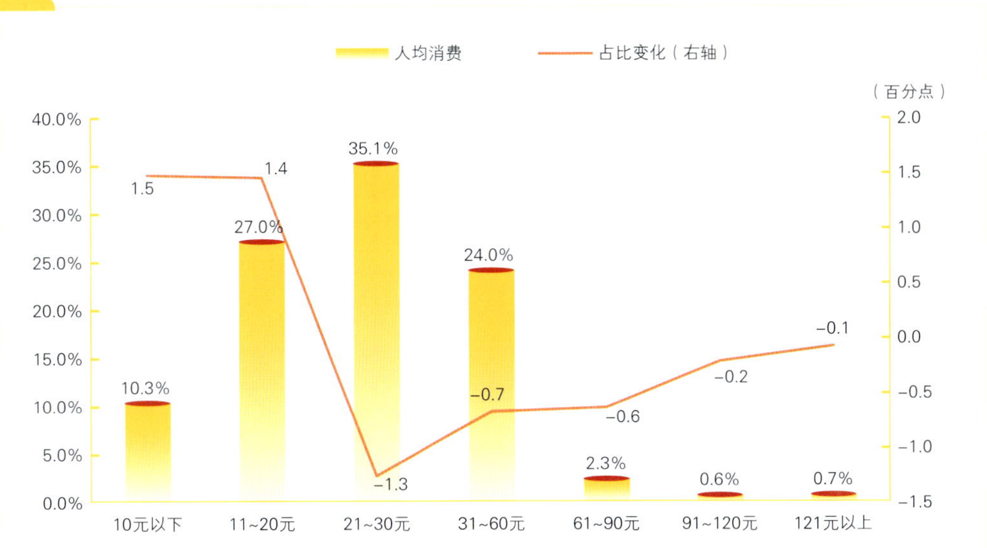

图 2-65 2024 年面包烘焙到店人均消费占比及年度变化

5. 广州在线门店数最多，北京在线交易量最高

美团数据显示，在 2024 年面包烘焙在线门店数排名前十城市中，门店数排名前五的城市依次是广州、重庆、成都、深圳、上海。而在线交易量方面，北京、深圳、广州、上海四座一线城市位居前四，成都、重庆、杭州等紧随其后（见表 2-10）。不难看出，面包烘焙目前在一线、新一线等高线城市发展更快。

表 2-10　2024 年面包烘焙在线交易量及门店数城市分布

在线交易量 top10 城市	在线门店数 top10 城市	门店数（千家）
北京市	广州市	10.1
深圳市	重庆市	8.8
广州市	成都市	8.1
上海市	深圳市	7.0
成都市	上海市	6.8
重庆市	佛山市	6.0
杭州市	东莞市	5.6
佛山市	北京市	5.5
东莞市	青岛市	5.0
武汉市	郑州市	4.8

6. 面包蛋糕在线门店数保持领先

美团数据显示，在 2024 年面包烘焙细分品类在线门店数中，面包蛋糕分类遥遥领先于中式糕饼、西式甜品、传统甜品等，门店数达到 23.53 万家，相比 2023 年在线门店数量增加了 2.45 万家。在线门店数增长较为显著的还有西式甜品和新式甜品，中式糕饼和港台甜品在线门店数则有所下降（见图 2-66）。

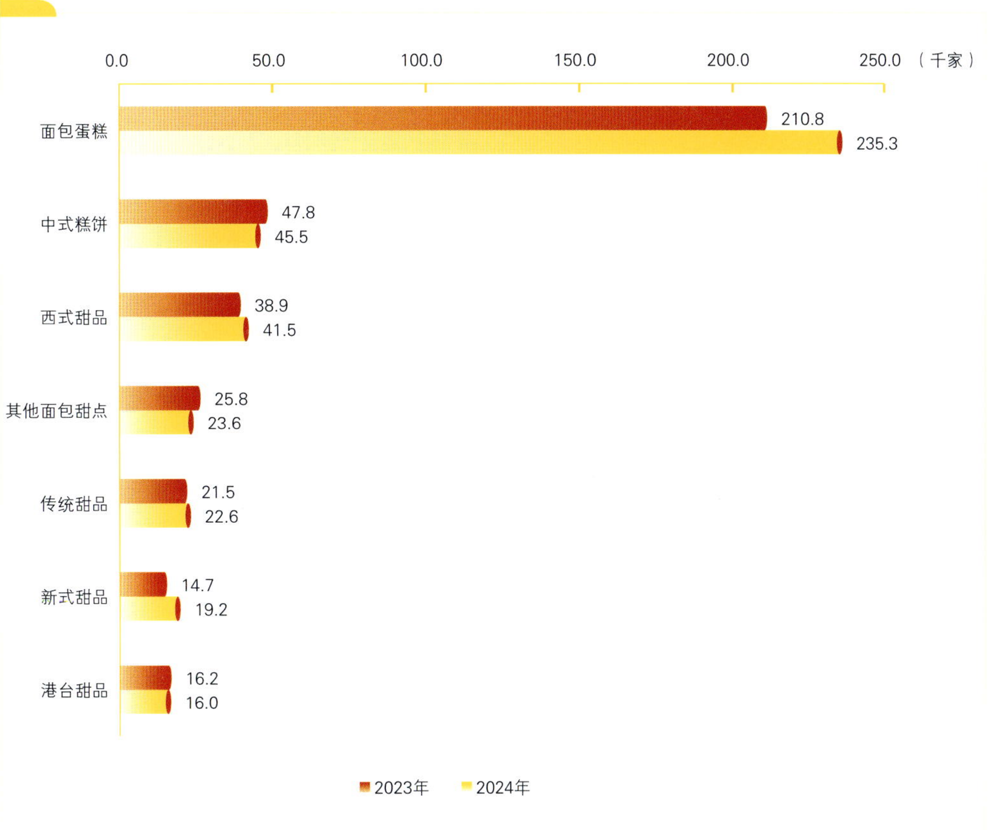

图 2-66　2023—2024 年面包烘焙细分品类在线门店数

八、国际美食数据概览

1. 国际美食在线订单数增长趋于停滞，外卖订单出现负增长

美团数据显示，在 2024 年国际美食在线订单年同比涨幅中，总在线订单同比上涨 1.2%，增长趋于停滞。其中，外卖订单更是出现了负增长，同比降幅 0.6%（见图 2-67）。与之相应，国际美食在线门店数也由 2023 年的 17.7 万家下降到 2024 年的 17.3 万家（见图 2-68）。

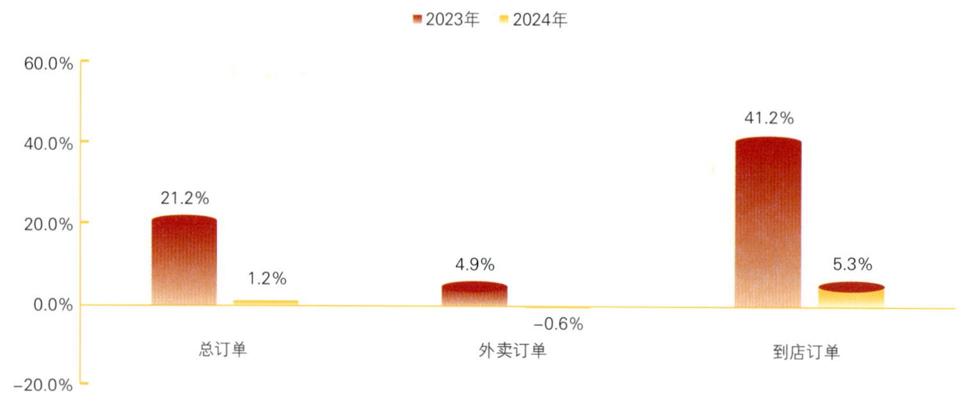

图 2-67　2023—2024 年国际美食在线订单年同比涨幅

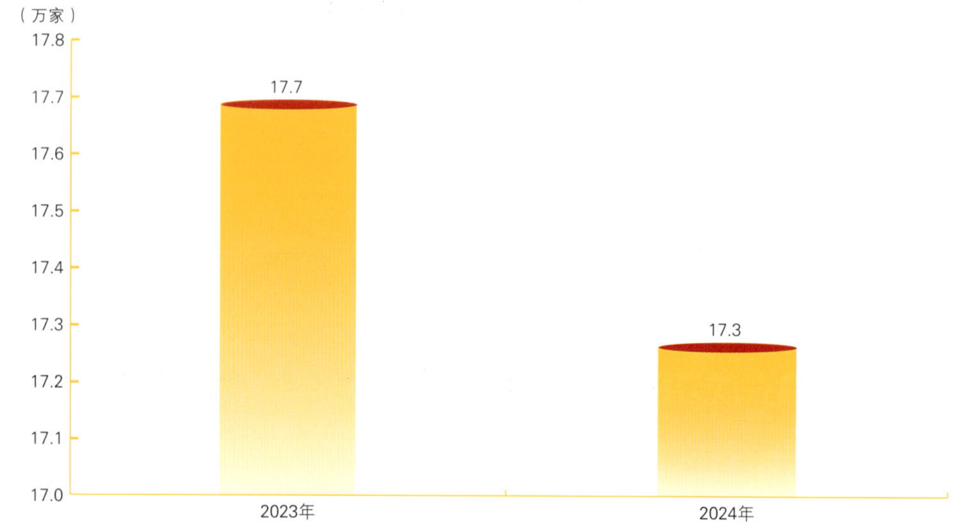

图 2-68　2023—2024 年国际美食在线门店数

2. 7—8 月为国际美食消费高峰，1 月订单增幅明显

美团数据显示，从 2024 年国际美食在线订单月度分布来看，全年整体分布呈现波动形，其中 7—8 月达订单分布高峰（见图 2-69）。在月同比走势上，1 月国际美食订单月同比涨幅较大，其中外卖订单同比增长了 41.2%；在到店订单上，除了 1 月，11 月的同比增幅也较为显著，达到了 16.3%，这或许与部分地方开展的国际美食节活动相关（见图 2-70）。

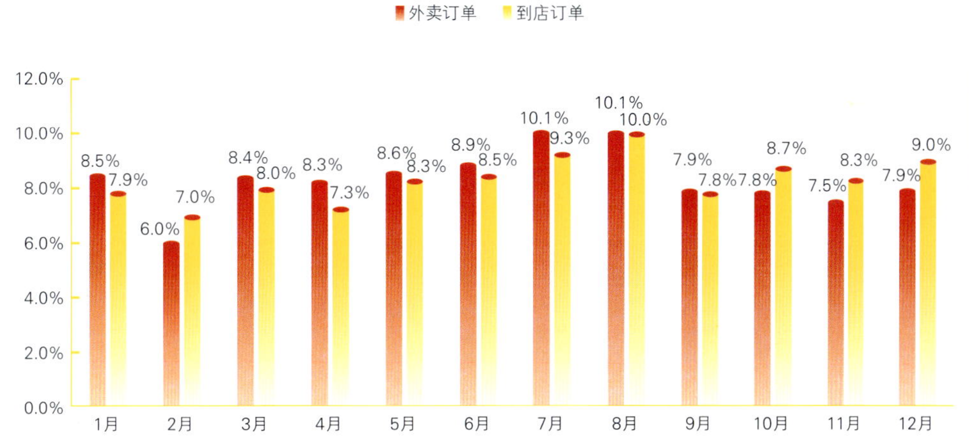

图 2-69　2024 年不同场景下国际美食订单月度分布

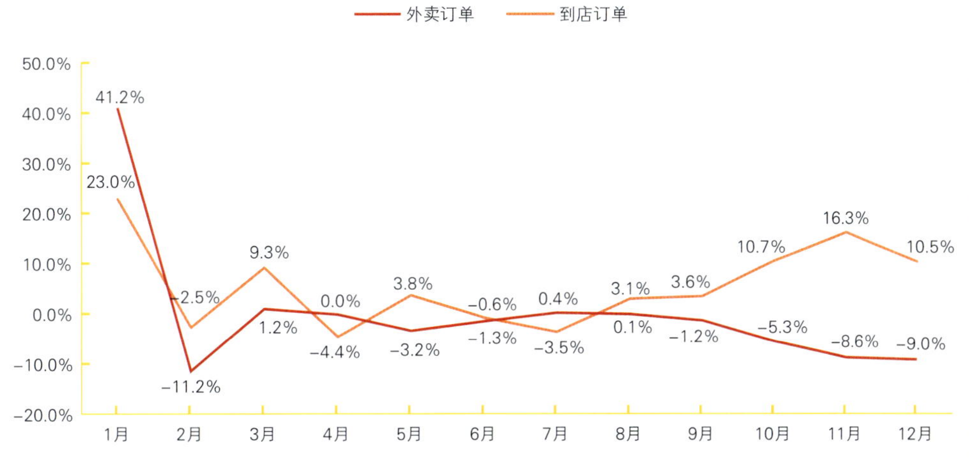

图 2-70　2024 年不同场景下国际美食订单月同比走势

3. 西餐仍为外卖消费首选，到店消费更偏爱日本菜

美团数据显示，在 2024 年国际美食外卖订单量分布及涨幅中，西餐占比最高，稳定上升至 63.9%，同比增幅 3.7%。从各品类外卖订单涨幅来看，地方特色鲜明的东南亚菜同比涨幅最高，达到 47.5%（见图 2–71）。在到店订单量分布中，日本菜占比居首位，达到 38.7%，同比增幅 19.8%，涨幅最高的是中东菜，达到了 71.5%（见图 2–72）。

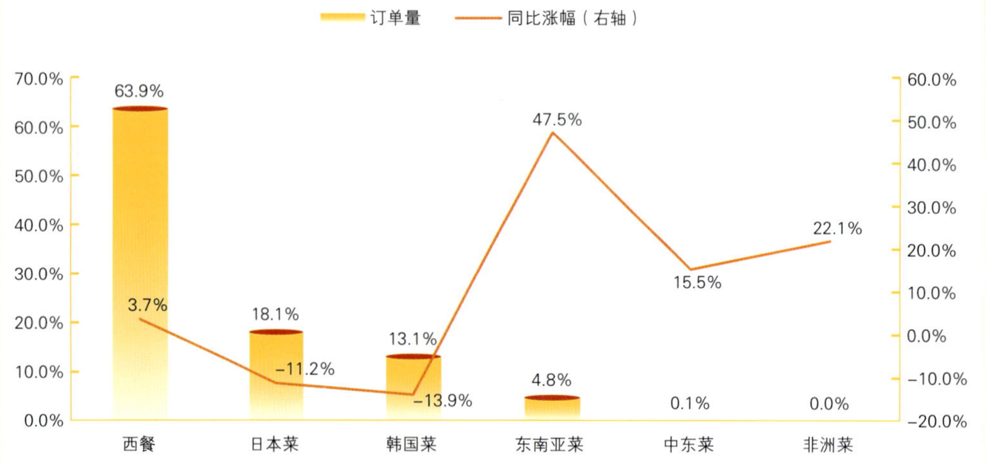

图 2–71 2024 年国际美食外卖订单量分布及涨幅

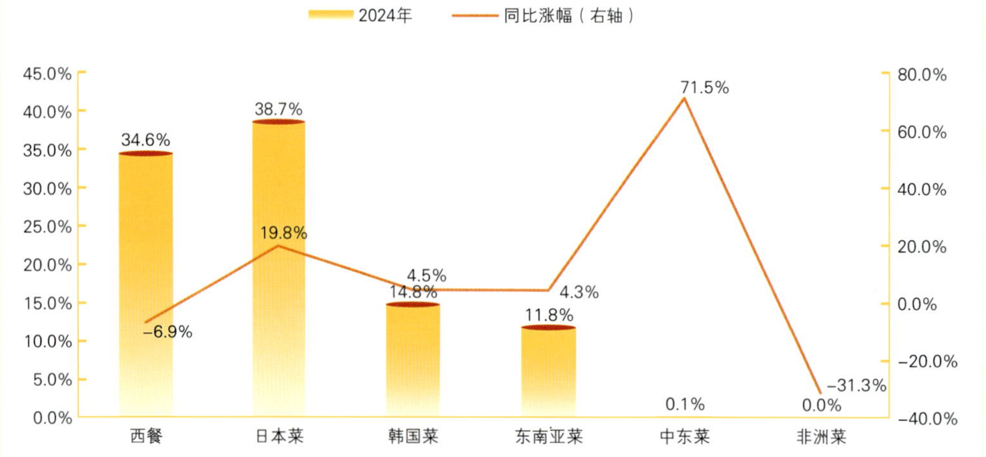

图 2–72 2024 年国际美食到店订单量分布及涨幅

4. 国际美食消费追求品质与实惠并重

美团数据显示，在2024年国际美食外卖人均消费区间分布及占比变化中，30元以下为主流消费区间，占比达到了59.7%，但从占比变化看，该区间较2023年同比下降了0.3%；31~60元区间占比同比增幅较为显著，为1.8%（见图2-73）。到店场景中，占比位居前列的消费区间分别是61~90元、91~120元和31~60元，且这3个消费区间的占比较2023年均有所增长（见图2-74）。可以看出，国际美食消费者也开始追求品质与实惠的并重。

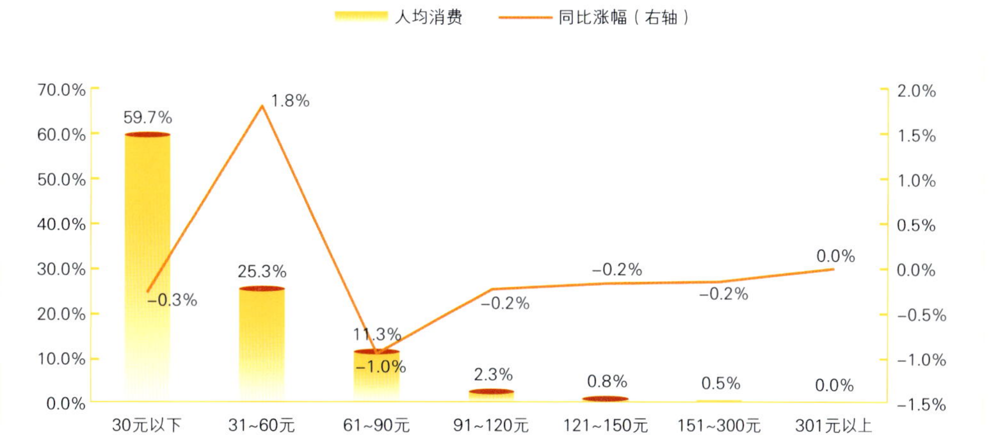

图2-73 2024年国际美食外卖人均消费区间分布及涨幅

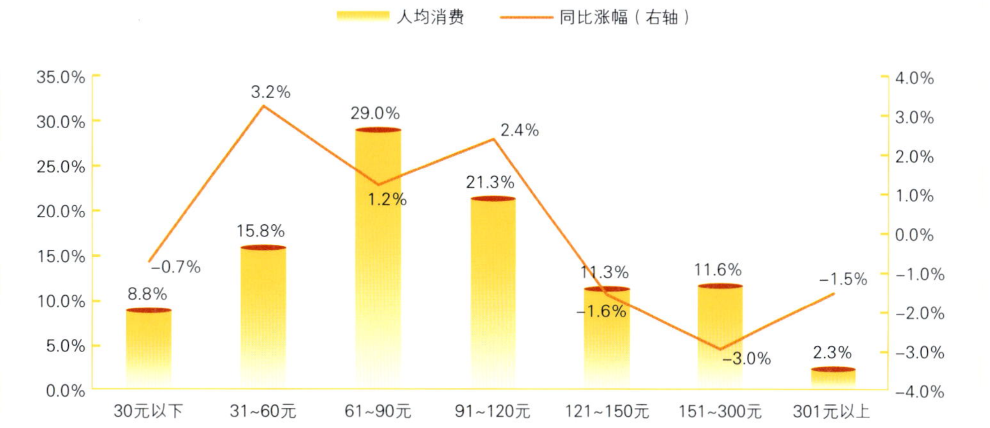

图2-74 2024年国际美食到店人均消费区间分布及涨幅

5. 日本菜到店人均消费最高，中东菜外卖人均消费领先

美团数据显示，从 2024 年国际美食不同场景的人均消费情况看，到店场景中，日本菜人均消费最高，为 131.2 元；外卖场景中，中东菜人均消费最高，为 82.7 元（见图 2-75）。

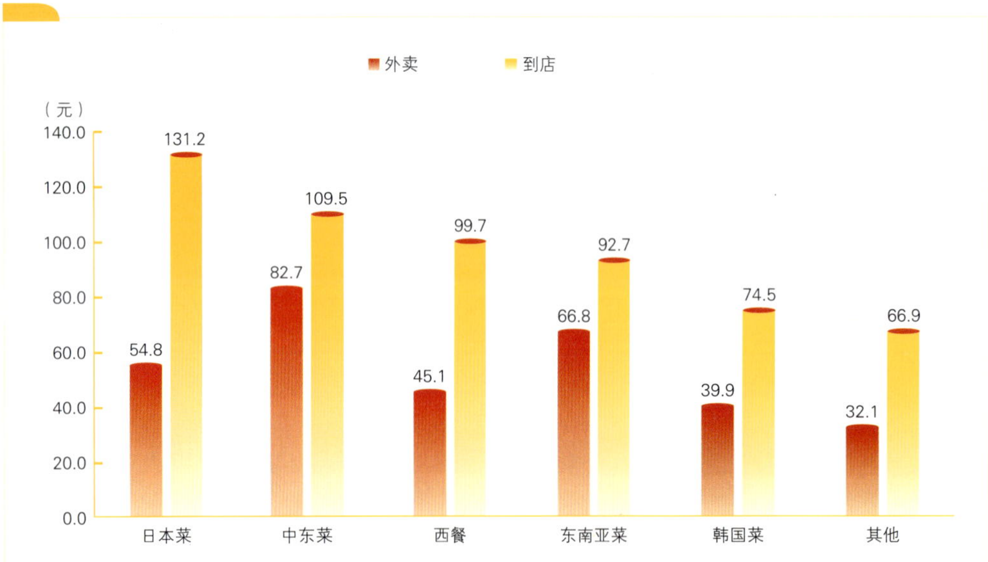

图 2-75　2024 年国际美食不同场景的人均消费

03

酒店餐饮篇

酒店餐饮是中国餐饮市场的重要参与者之一，为了更全面地呈现中国餐饮市场的发展面貌，本书增加了部分高星酒店样本的餐饮业务研究。高星酒店意指为宾客提供住宿、餐饮、休闲娱乐等全方位、综合性服务的酒店类型。

一、整体交易概览

1. 酒店餐饮订单同比涨幅 15.3%

美团数据显示，在 2024 年酒店餐饮订单年同比涨幅中，总订单涨幅为 15.3%，其中到店订单涨幅 18.4%，外卖订单涨幅 2.9%（见图 3-1）。不难看出，随着餐饮市场的持续繁荣，酒店餐饮也呈现出稳步增长的趋势。

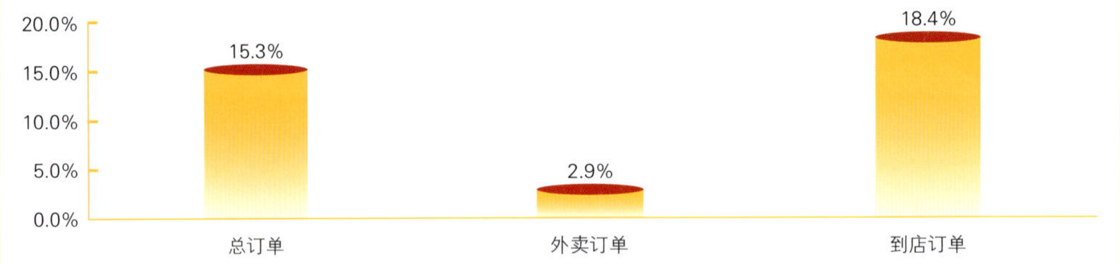

图 3-1　2024 年酒店餐饮订单年同比涨幅

2.“假日经济”催热酒店餐饮，8 月订单占比全年最高

美团数据显示，从 2024 年酒店餐饮订单月分布看，月订单分布高点是 8 月，占比 11.6%，其次是 7 月，占比 9.9%（见图 3-2）。从到店订单看，月订单分布高点同样是 8 月和 7 月，分别占比 12.2% 和 10.2%（见图 3-3）。这与暑期文旅市场的火热有着密切的关系。从外卖订单看，除 2 月订单占比较低外，其他月份订单占比均超过了 8%，月订单分布整体较为平稳（见图 3-4）。

从酒店餐饮订单月同比走势来看，订单月同比在 1 月、10 月和 11 月涨幅较大，均超过了 24%，再次反映了每逢节假日，酒店餐厅迎来爆发期已是必然规律（见图 3-2）。

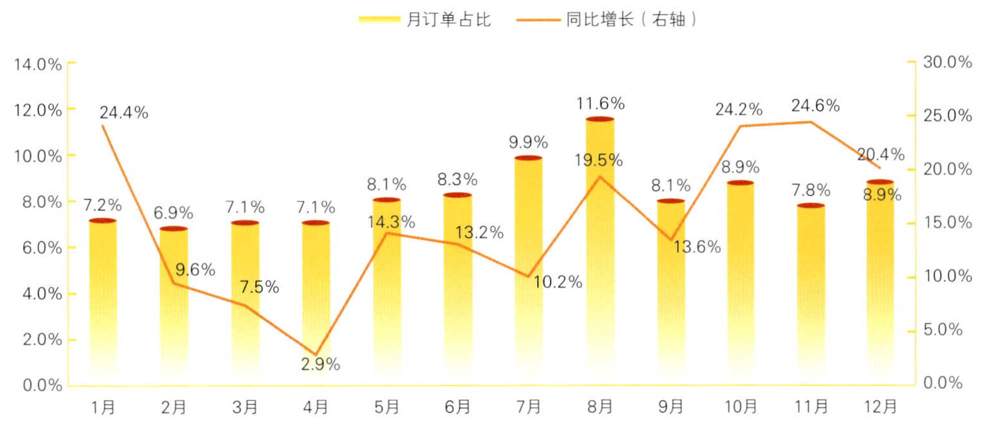

图 3-2　2024 年酒店餐饮订单月分布及月同比增长

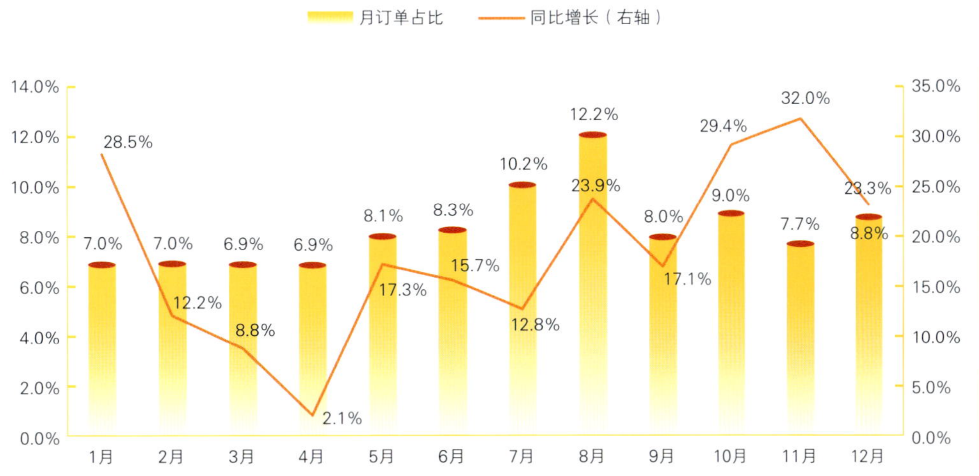

图 3-3　2024 年酒店餐饮到店订单月分布及月同比增长

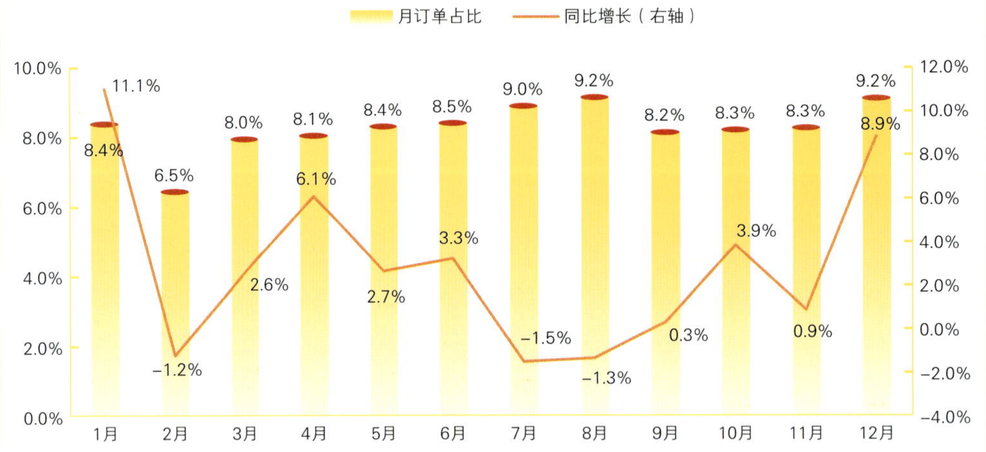

图 3-4　2024 年酒店餐饮外卖订单月分布及月同比增长

二、地域分布及增速情况

1. 新一线城市订单占比最高，五线城市同比增速最高

美团数据显示，从 2024 年不同等级城市酒店餐饮订单分布情况看，新一线城市订单占比最高，为 31.4%；其次是一线城市，占比 24.0%。五线城市的增长潜力也值得关注，其酒店餐饮订单同比涨幅达到了 23.9%。一线城市的酒店餐饮订单同比涨幅同为 23.9%（见图 3-5）。

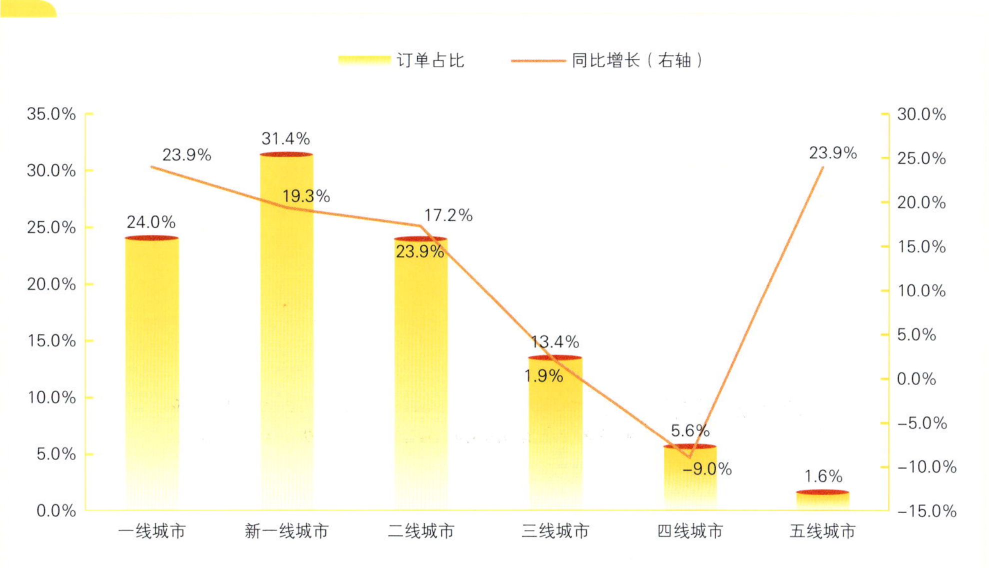

图 3-5　2024 年不同等级城市酒店餐饮订单分布及同比增长

从外卖订单看，五线城市同比涨幅同样位居首位，高达 53.5%（见图 3-6）。到店场景中，同比涨幅位居首位的是一线城市，为 29.7%，紧随其后的是二线城市的 21.1% 和五线城市的 19.8%（见图 3-7）。

综合来看，一线和新一线城市是酒店餐饮发展的生力军，而下沉市场正在成为酒店餐饮发展的生力军。

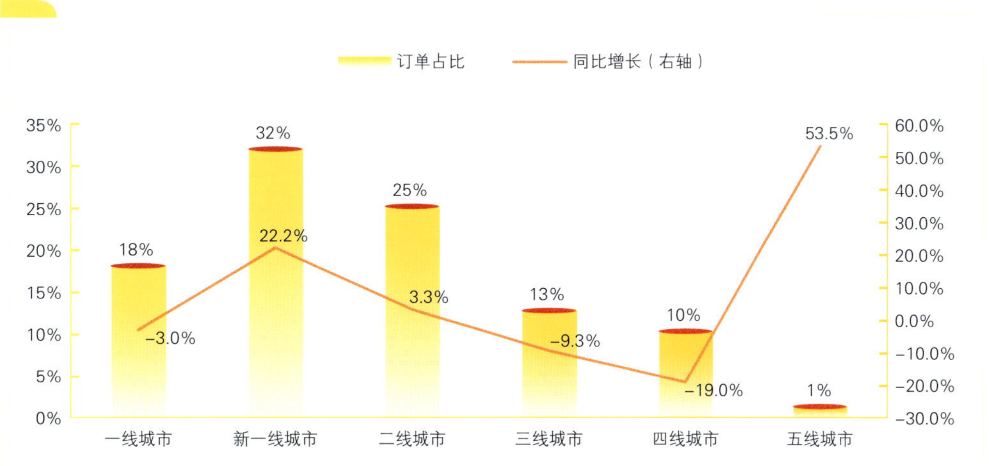

图 3-6　2024 年不同等级城市酒店餐饮外卖订单分布及同比增长

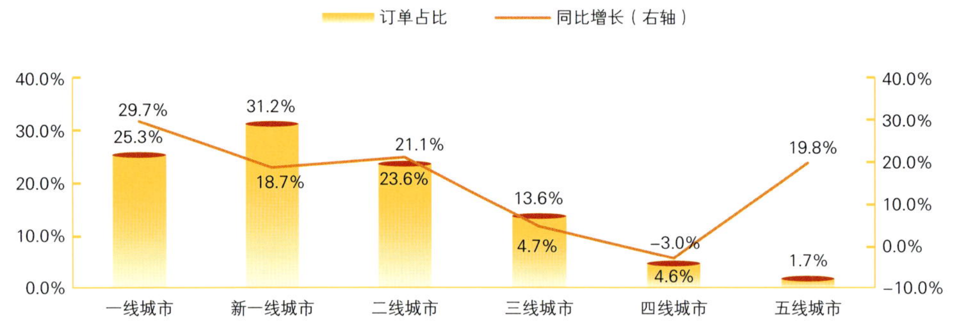

图 3-7　2024 年不同等级城市酒店餐饮到店订单分布及同比增长

2. 经济大省也是酒店餐饮大省，广东省订单占比最高

美团数据显示，在 2024 年酒店餐饮订单地域分布及同比增长情况中，订单分布占比位居前列的分别是广东、江苏和浙江。同比增幅最高的则是黑龙江，增速达到了 122.3%，其次是西藏的 80.4% 和天津的 38.2%。广东、江苏和浙江的同比增幅同样亮眼，分别是 22.9%、20.9% 和 14.4%（见 3-8）。

分场景看，外卖订单地域分布和到店订单地域分布基本趋同。略有不同的是，在外卖场景中，同比增长位居前列的分别是江西、黑龙江和吉林（见图 3-9、图 3-10）。

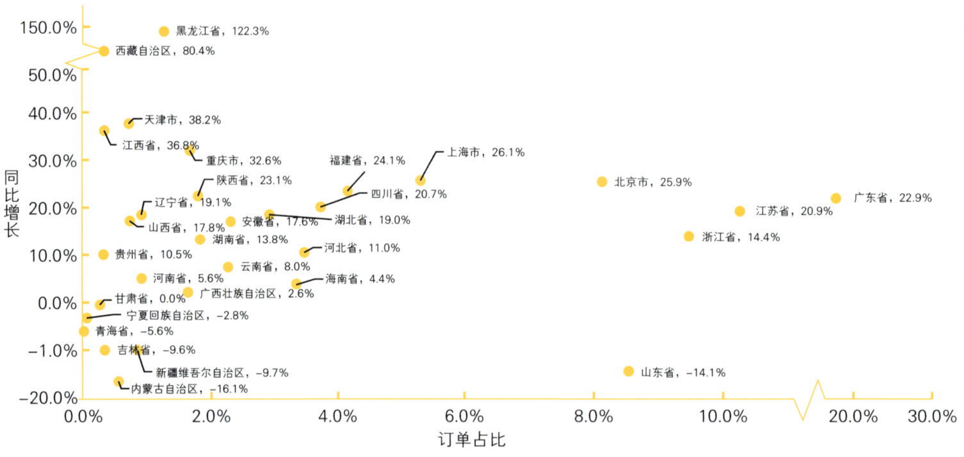

图 3-8　2024 年酒店餐饮订单地域分布及同比增长

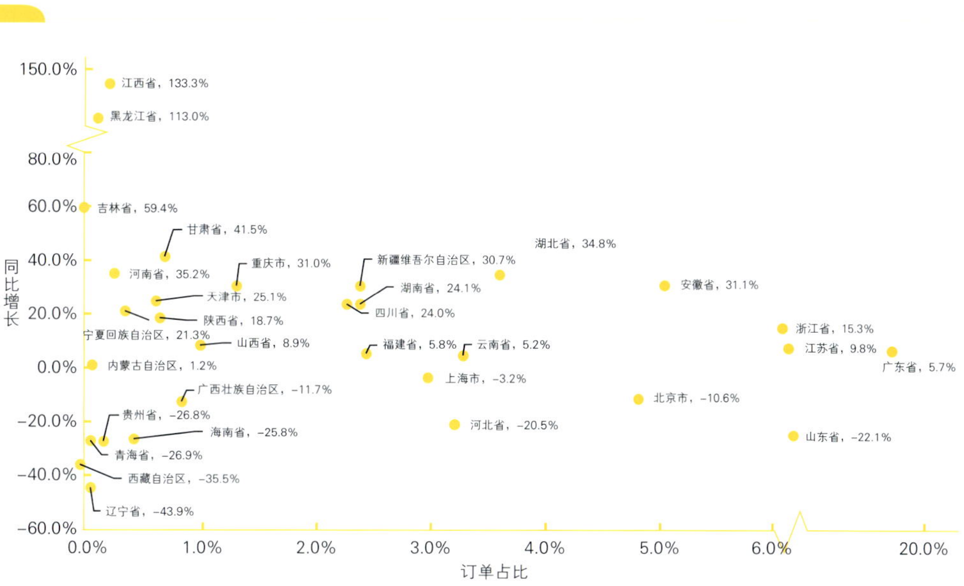

图 3-9　2024 年酒店餐饮外卖订单地域分布及同比增长

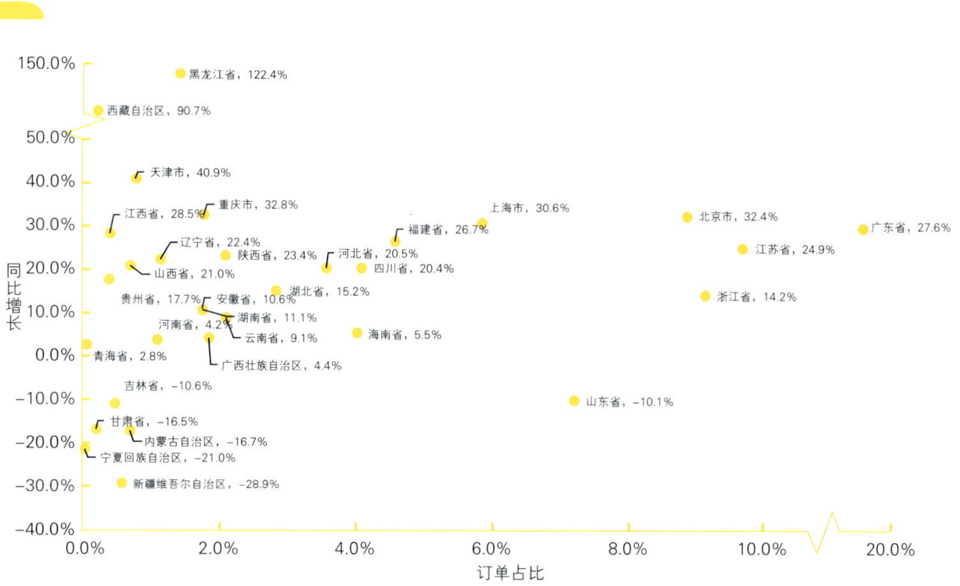

图 3-10　2024 年酒店餐饮到店订单地域分布及同比增长

三、品类分布及增速

1. 自助餐和八大菜系订单占比最高，火锅订单同比增长 86.3%

美团数据显示，在 2024 年酒店餐饮品类订单分布及同比增长情况中，自助餐、八大菜系（包含川菜、粤菜、徽菜、鲁菜、湘菜、苏菜、浙菜、闽菜）、国际美食位居前三，其中，自助餐、八大菜系的订单占比均为 34.1%（见图 3-11）。外卖场景中，自助餐订单占比达到了 53.2%；到店场景中，自助餐订单占比为 38.8%（见图 3-12、图 3-13）。

从订单占比变化来看，火锅和鱼鲜的同比增幅较为显著，分别是 86.3% 和 51.1%（见图 3-11）。外卖场景中，同比增幅位居前列的是其他餐饮、特色菜和小吃快餐，增速分别是 390.3%、51.6% 和 31.6%；到店场景中，同比增幅位居前列的是面包甜点、其他餐饮和其他地方菜，增速分别是 73.6%、50.3% 和 45.2%（见图 3-12、图 3-13）。这反映出了酒店餐饮多元化的发展趋势。

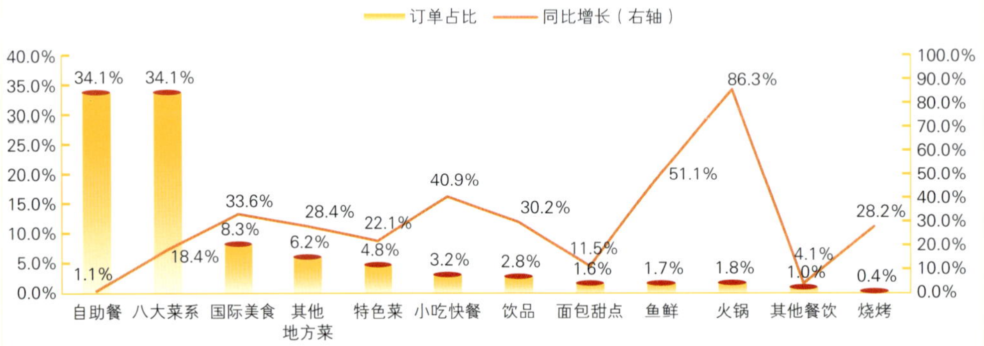

图 3-11 2024 年酒店餐饮品类订单分布及同比增长

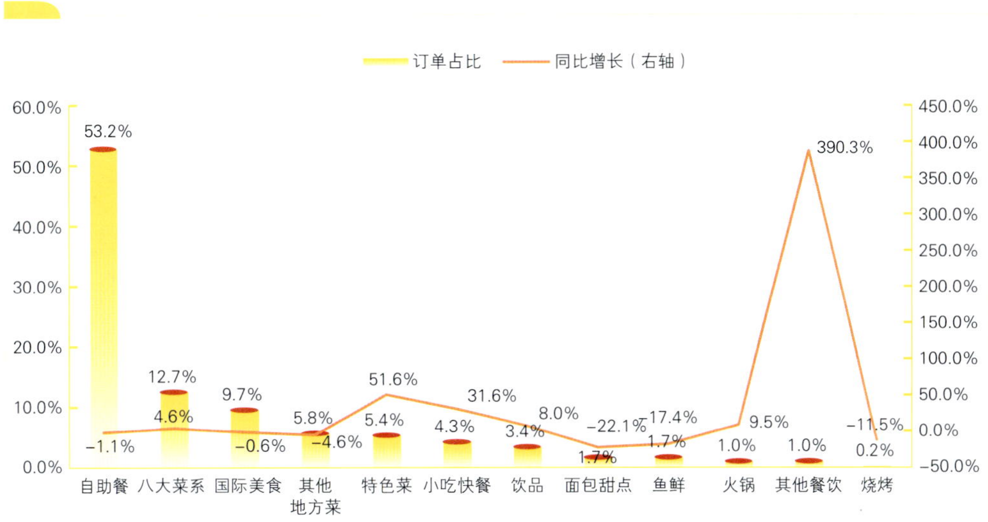

图 3-12　2024 年酒店餐饮品类外卖订单分布及同比增长

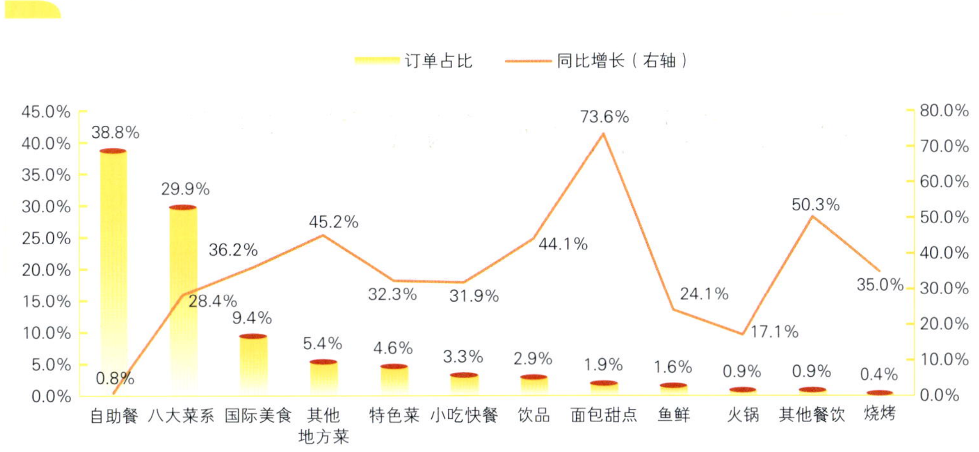

图 3-13　2024 年酒店餐饮品类到店订单分布及同比增长

2. 粤菜外卖订单量占比最高，海鲜、徽菜成长性高

美团数据显示，从 2024 年酒店餐饮外卖订单量排名前十细分品类占比及增长情况看，粤菜外卖订单占比最高，为 20.8%。海鲜和徽菜同比增幅显著，分别为 51.6% 和 46.6%（见图 3-14）。这一增速也使海鲜和徽菜在 2024 年酒店餐饮外卖订单增速排名前二十细分品类中分别位居第 15 位和第 17 位（见表 3-1）。综合酒店餐饮外卖订单占比和增长情况看，海鲜和徽菜具有更高的成长性。

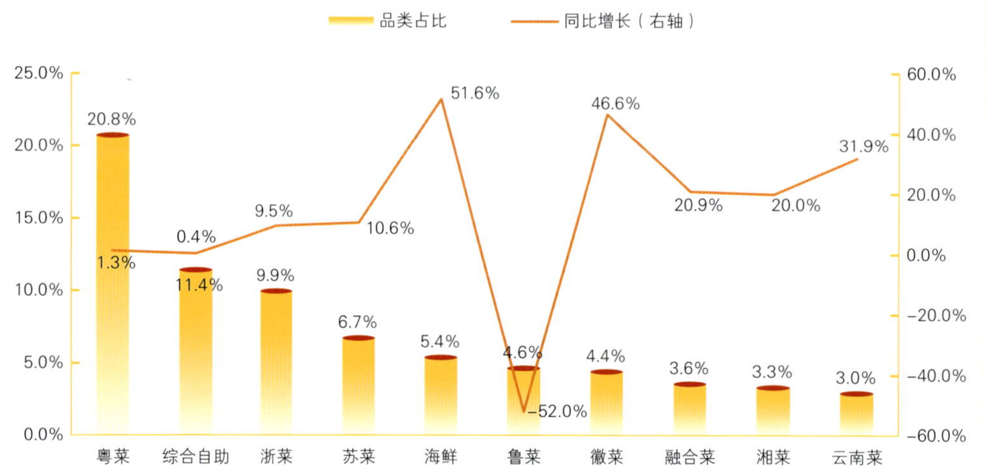

图 3-14　2024 年酒店餐饮外卖订单量 top10 细分品类占比及增长

表 3-1　2024 年酒店餐饮外卖订单增速 top20 细分品类

增速排名	细分品类	增速排名	细分品类
1	日式快餐	11	西式甜品
2	潮汕牛肉火锅	12	烤串
3	寿喜锅 / 烧自助	13	包子
4	私房菜	14	农家菜
5	大骨头自助	15	海鲜
6	其他特色火锅	16	其他饮品店
7	牛羊肉火锅	17	徽菜
8	食阁	18	湖北菜
9	西藏菜	19	东南亚菜
10	陕西菜	20	海鲜自助

3. 综合自助到店订单量占比最高，西餐订单量同比增幅 48.6%

美团数据显示，从 2024 年酒店餐饮到店订单量排名前十细分品类占比及增长情况看，综合自助订单占比最高，为 31.1%，西餐、融合菜、苏菜和川菜同比增幅显著，分别为 48.6%、45.7%、43.9% 和 42.7%（见图 3-15）。在 2024 年酒店餐饮到店订单增速排名前二十细分品类中，位居前列的是素食自助、食阁和大排档（见表 3-2）。

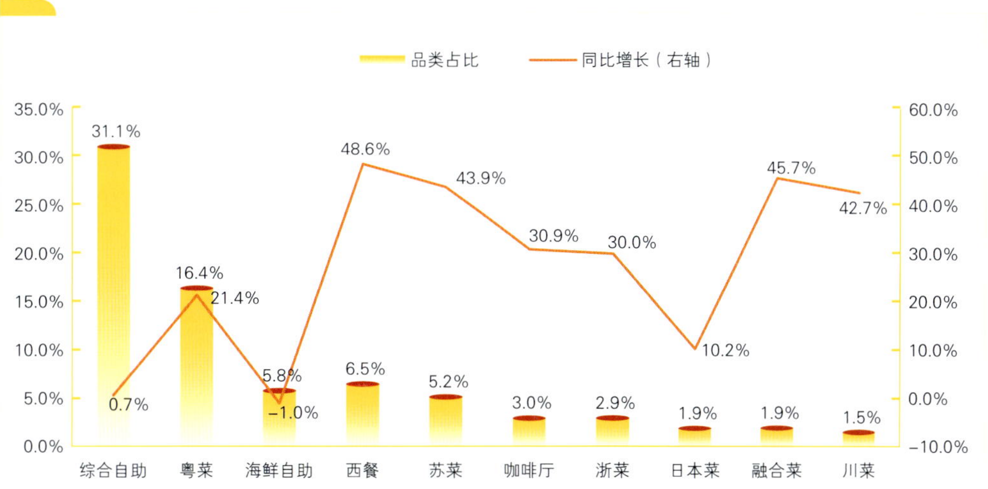

图 3-15 2024 年酒店餐饮到店订单量 top10 细分品类占比及增长

表 3-2 2024 年酒店餐饮到店订单增速 top20 细分品类

增速排名	细分品类	增速排名	细分品类
1	素食自助	11	炭火锅
2	食阁	12	快餐自助
3	大排档	13	奶茶 / 果汁
4	其他小吃快餐	14	西藏菜
5	日式快餐	15	炙子烤肉
6	泰式火锅	16	猪肚鸡火锅
7	无国界料理	17	鱼火锅
8	其他亚洲菜	18	河北菜
9	潮汕牛肉火锅	19	小龙虾
10	汤类	20	快餐简餐

四、消费者画像

1. 女性是酒店餐饮消费主力人群，31~35 岁年龄段订单占比最高

美团数据显示，2024 年，无论是外卖场景还是到店场景，女性都是酒店餐饮消费的主力人群。外卖场景中，女性消费者占比 53.4%；到店场景中，女性消费者占比 57.2%（见图 3-16、图 3-17）。从同比变化看，到店场景中，女性消费者同比涨幅显著，为 22.4%（见图 3-17）。

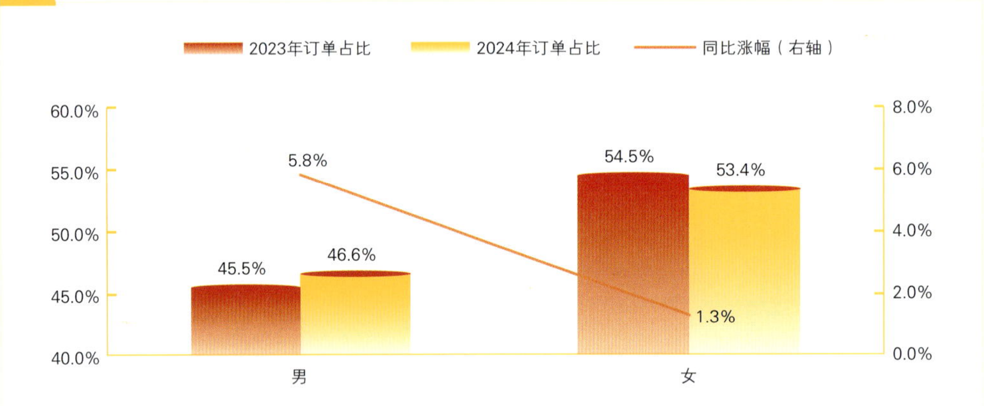

图 3-16　2023—2024 年酒店餐饮外卖消费者订单性别分布及同比涨幅

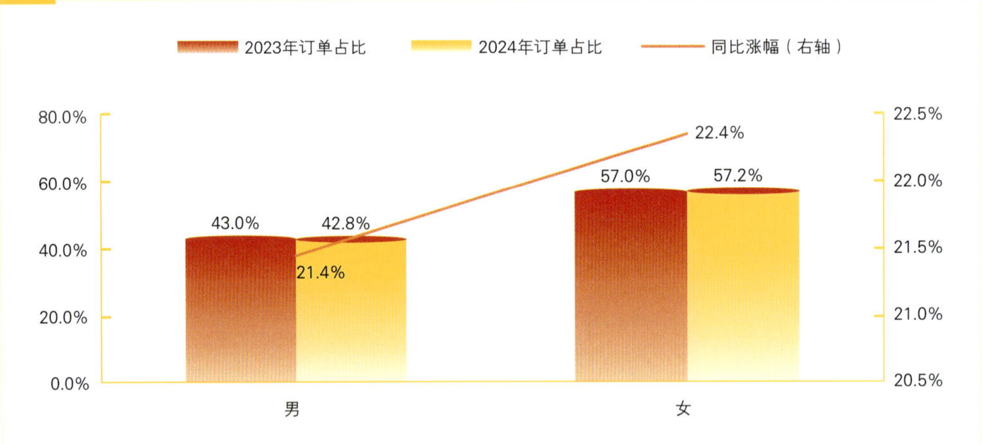

图 3-17　2023—2024 年酒店餐饮到店消费者订单性别分布及同比涨幅

美团数据显示，在 2024 年酒店餐饮消费者订单年龄分布中，31~35 岁年龄段订单占比最高，外卖和到店场景中，分别占比 26.1% 和 23.2%；其次是 36~40 岁年龄段，外卖和到店场景中，分别占比 19.3% 和 21.8%（见图 3-18、图 3-19）。

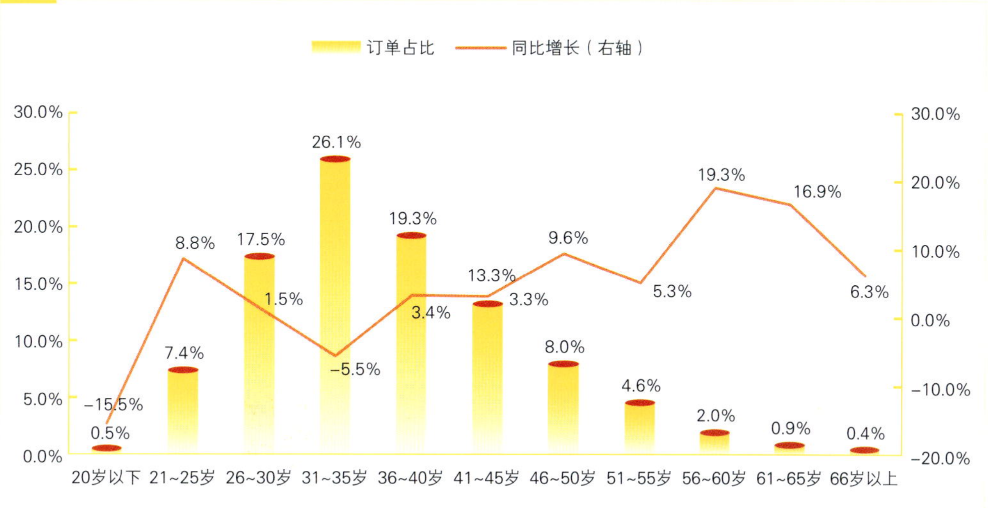

图 3-18 2024 年酒店餐饮外卖消费者订单年龄分布和同比增长

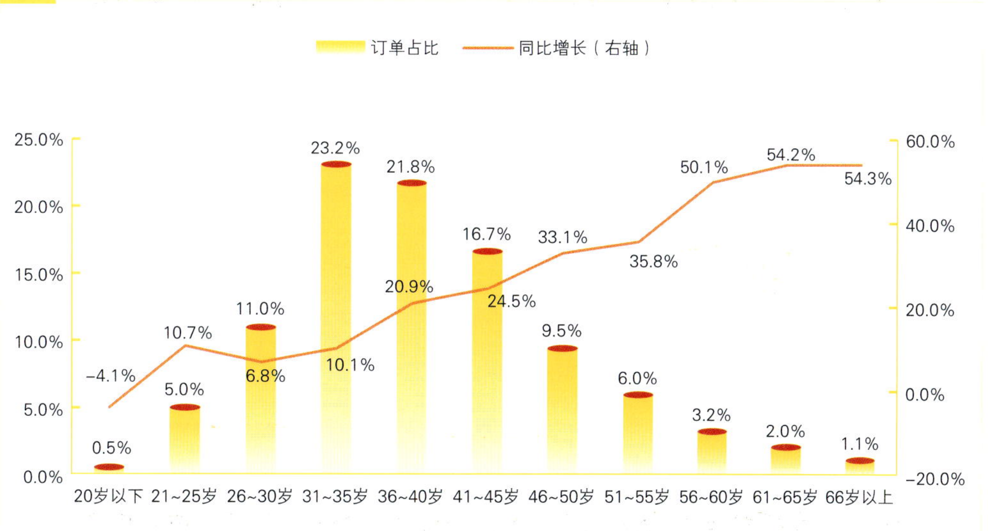

图 3-19 2024 年酒店餐饮到店消费者订单年龄分布和同比增长

2. 酒店餐饮外卖消费者以本地客群为主，占比达 91.2%

美团数据显示，从婚姻状态看，2024 年酒店餐饮外卖消费者中，已婚消费者占比较多，为 50.5%，较 2023 年涨幅 1.9 个百分点，其订单量较 2023 年同比涨幅 6.9%（见图 3-20）。从属地分布看，2024 年酒店餐饮外卖消费者以本地消费者为主，占比高达 91.2%，订单量较 2023 年同比涨幅 3.4%（见图 3-21）。不难看出，酒店餐饮正在逐渐“破圈”，成为酒店链接本地消费者的重要抓手。从是否有亲子消费看，2024 年酒店餐饮外卖消费者中，无小孩消费者占比 84.7%（见图 3-22）。

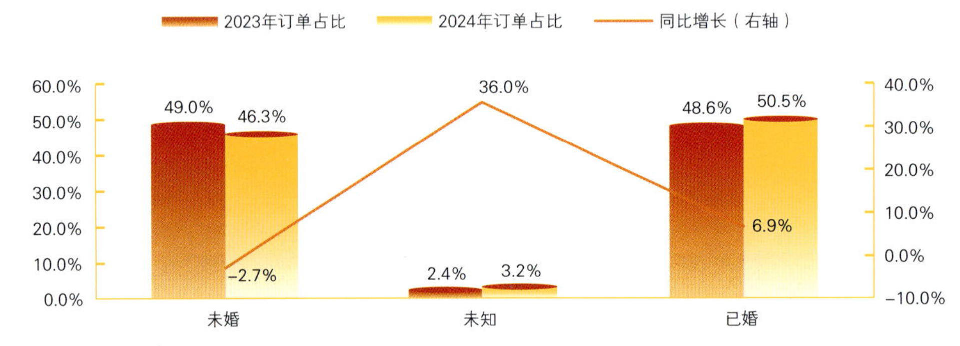

图 3-20　2023—2024 年酒店餐饮外卖消费者订单：按婚姻状态分布及同比增长

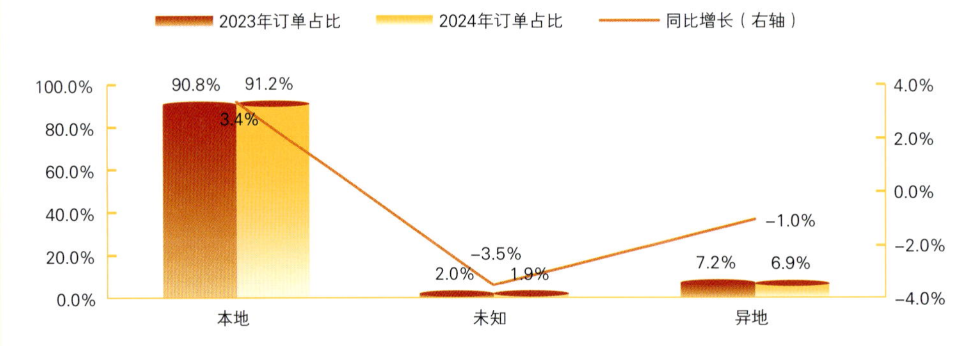

图 3-21　2023—2024 年酒店餐饮外卖消费者订单：按本异地归属分布及同比增长

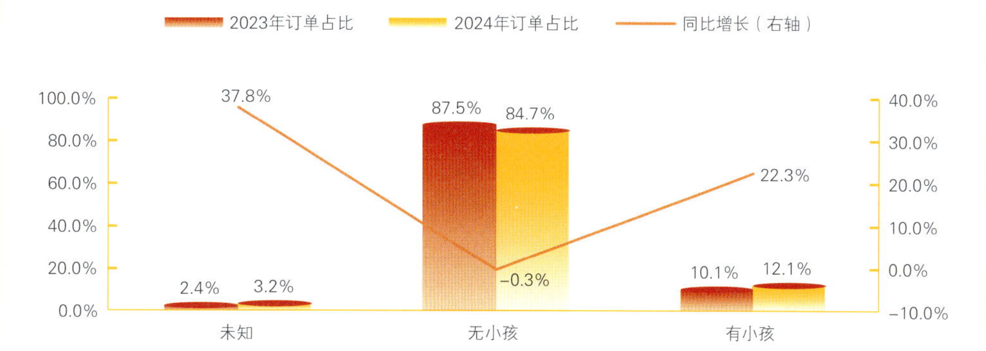

图 3-22　2023—2024 年酒店餐饮外卖消费者订单：按是否有亲子消费分布及同比增长

3. 酒店餐饮到店消费者中，异地消费者增幅显著

美团数据显示，从婚姻状态、本异地归属分布和是否有亲子消费等维度看，2024 年酒店餐饮到店消费者与外卖消费者基本趋同，已婚消费者、本地消费者、无小孩消费者占比较多（见图 3-23、图 3-24、图 3-25）。值得关注的是，与外卖场景中本地消费者占比高达 91.2% 不同，到店场景中异地消费者占比为 66.3%，异地消费者占比达到了 31.6%，且异地消费者订单同比增长 34.1%，远高于本地消费者订单 16.0% 的同比增长（见图 3-24）。

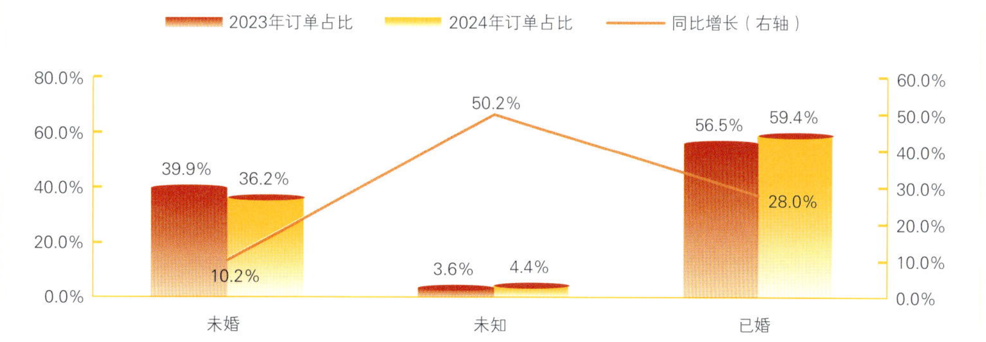

图 3-23　2023—2024 年酒店餐饮到店消费者订单：按婚姻状态分布及同比增长

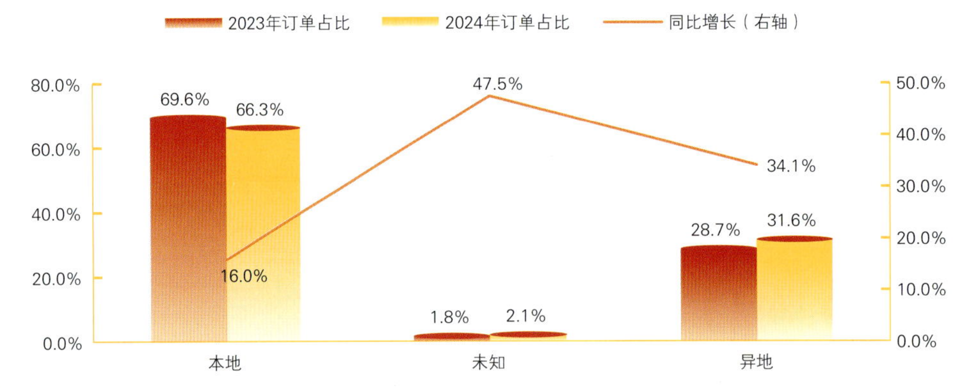

图 3-24　2023—2024 年酒店餐饮到店消费者订单：按本异地归属分布及同比增长

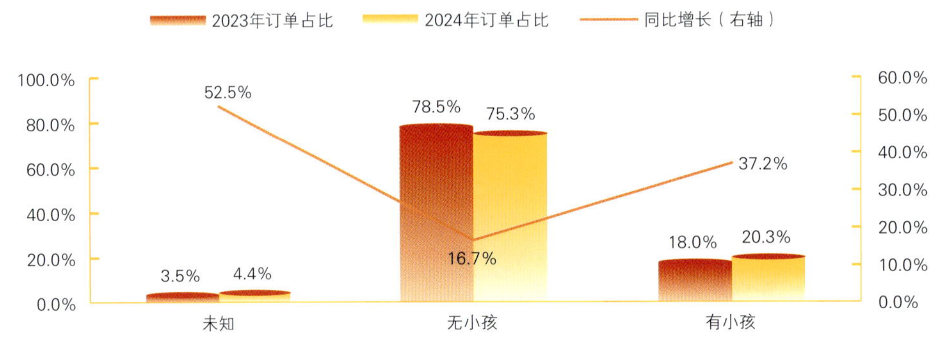

图 3-25　2023—2024 年酒店餐饮到店消费者订单：按是否有亲子消费分布及同比增长

五、消费人均情况

1. 男性人均消费水平略高于女性，各年龄段消费水平较为贴近

美团数据显示，在 2024 年酒店餐饮消费者人均消费情况（按性别）中，男性人均消费水平略高于女性：男性外卖人均消费为 111 元，女性为 107 元；男性到店人均消费为 166 元，女性为 163 元（见图 3-26）。从年龄看，各年龄段消费者的消费水平较为贴近：到店场景中，除了 25 岁以下，其他各年龄段人均消费均在 160 元上下；外卖场景中，各年龄段的人均消费在 110 元上下（见图 3-27）。

图 3-26 2024 年酒店餐饮消费者人均消费（按性别）

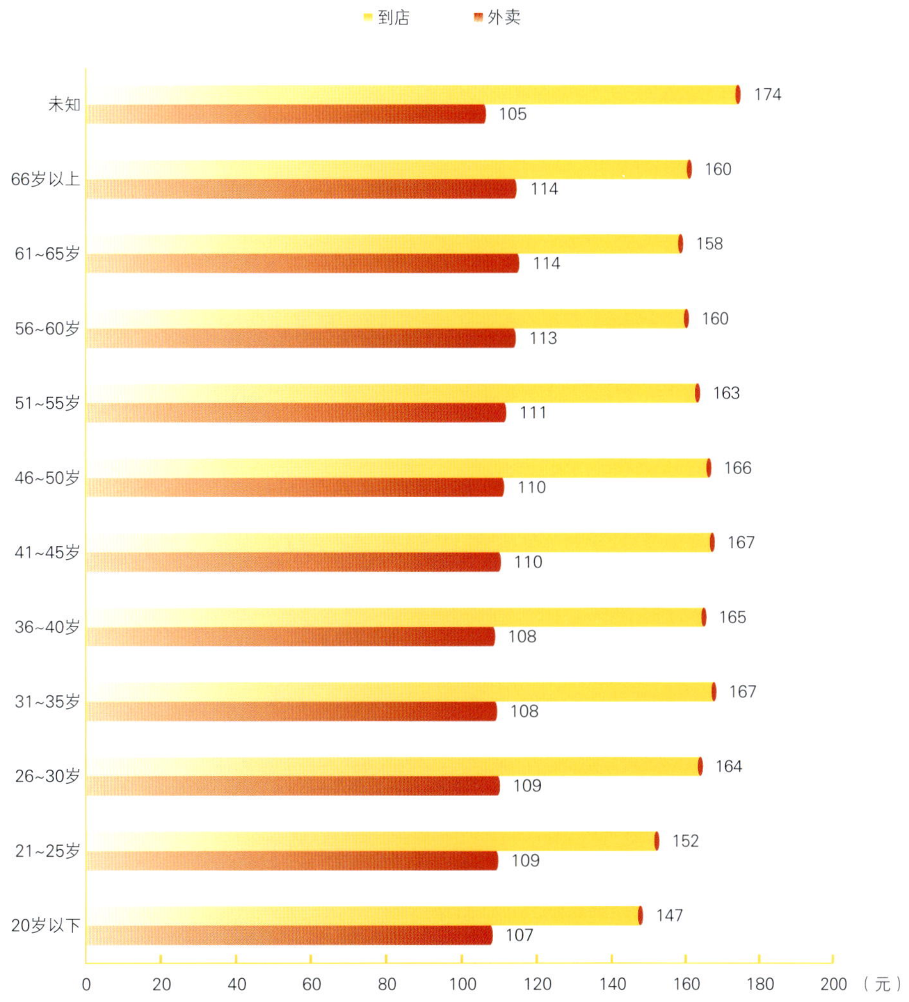

图 3-27 2024 年酒店餐饮消费者人均消费（按年龄）

2. 一线城市人均消费能力最高，五线城市消费潜力强劲

美团数据显示，在2024年不同等级城市酒店餐饮消费者人均消费情况中，无论是到店人均消费还是外卖人均消费，都是一线城市最高，分别为196元和146元。四线城市和五线城市的到店人均消费分别为109元和110元，外卖人均消费分别为77元和69元，反映出了下沉市场强劲的消费潜力（见图3-28）。

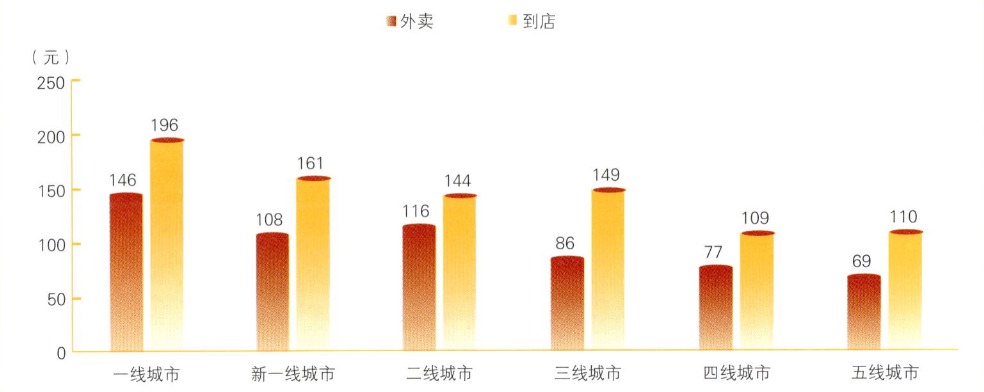

图3-28　2024年酒店餐饮消费者人均消费（按地域）

3. 国际美食到店人均消费最高，达到229元

美团数据显示，在2024年酒店餐饮消费者人均消费情况（按品类）中，国际美食到店人均消费最高，为229元；烧烤和自助餐紧随其后，到店人均消费分别为190元和182元。外卖场景中，人均消费最高的是特色菜，为132元（见图3-29）。

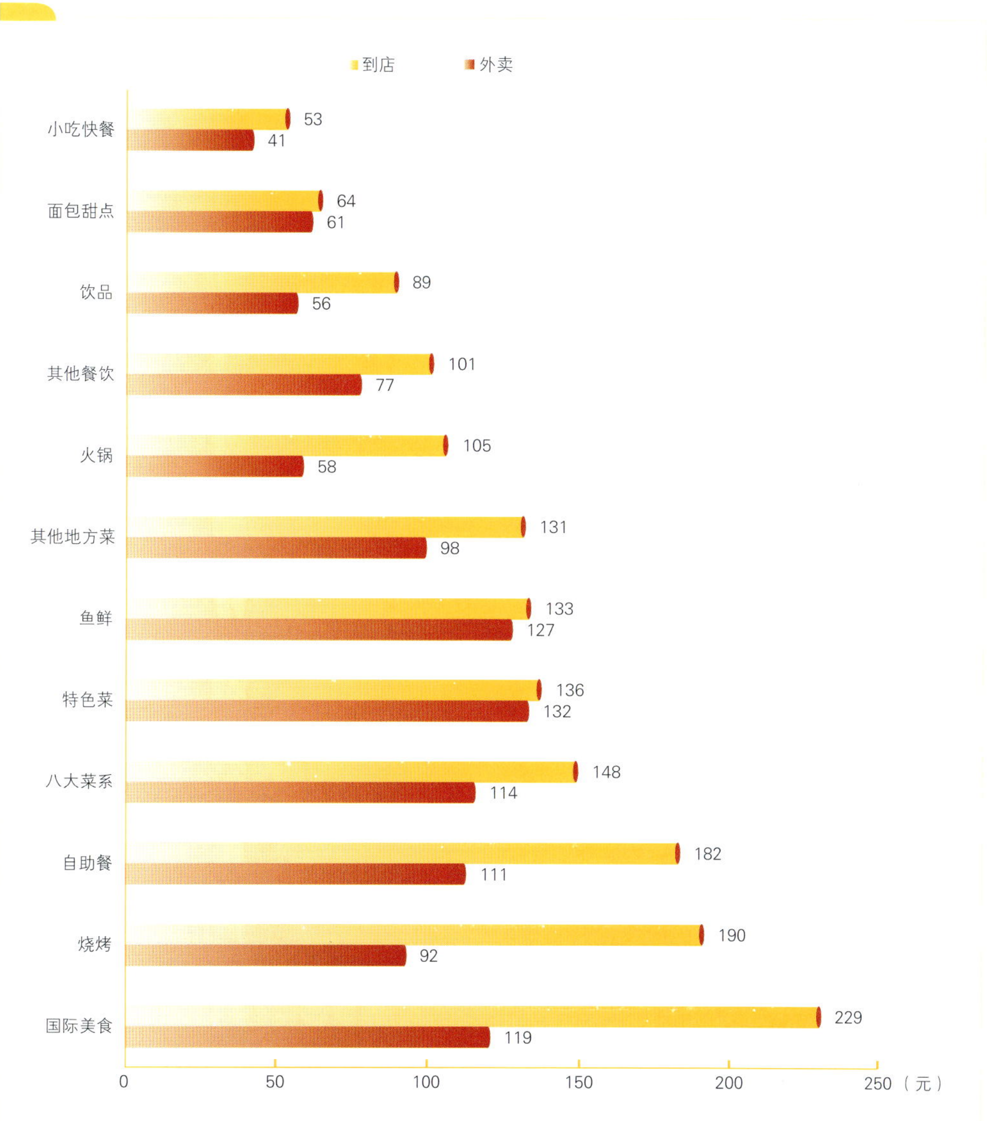

图 3-29 2024 年酒店餐饮消费者人均消费（按品类）

4. 51~100 元人均消费区间占比较最高，50 元以下人均消费区间增幅显著

美团数据显示，在 2023—2024 年酒店餐饮订单人均消费区间分布及订单量同比增长中，50 元以下的人均消费区间占比较 2023 年提升了 1.3 个百分点，达到 7.7%；51~100 元人均消费区间占比较 2023 年提升了 0.4 个百分点，达到 27.1%；其他消费区间占比较 2023 年持平或有不同程度的下降。从不同消费区间订单量同比增长情况看，增幅靠前的同样是 50 元以下和 51~100 元人均消费区间，分别为 40.4% 和 17.7%（见图 3-30）。不难看出，酒店餐饮消费者越来越看重质价比。

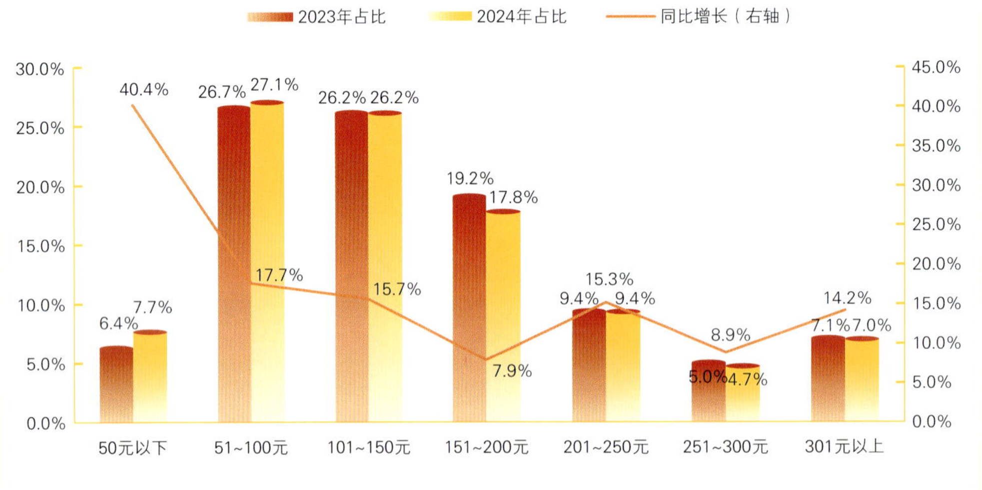

图 3-30　2023—2024 年酒店餐饮订单人均消费区间分布及订单量同比增长

美团数据显示，外卖场景中，51~100 元人均消费区间占比同样最高，为 44.0%；101~150 元人均消费区间增幅则较为显著，占比较 2023 年提高了 3.4 个百分点，达到 28.7%，订单量同比增速为 15.7%（见图 3-31）。

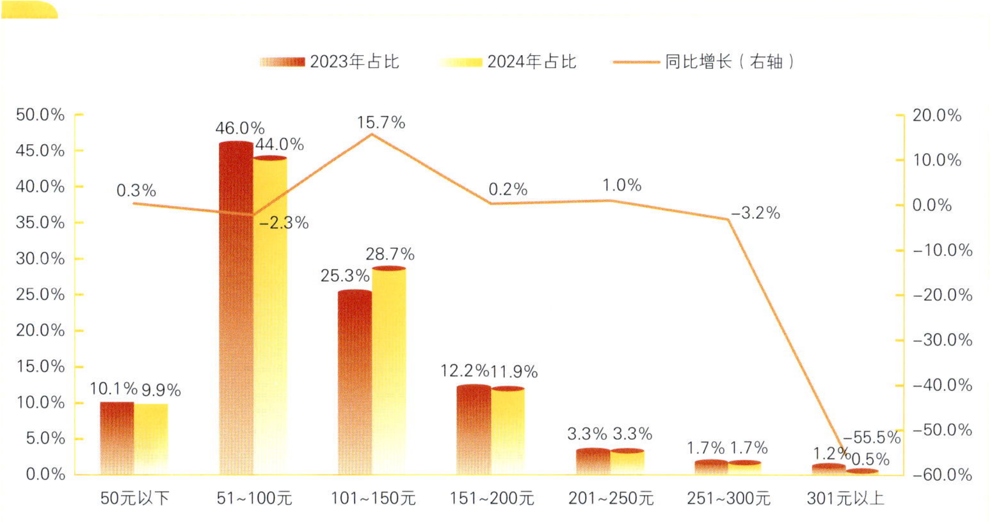

图 3-31　2023—2024 年酒店餐饮外卖订单人均消费区间分布及订单量同比增长

美团数据显示，到店场景中，101~150 元人均消费区间占比最高，为 25.7%；50 元以下和 101~150 元人均消费区间增幅较为显著，订单量同比增速分别为 54.7% 和 25.8%（见图 3-32）。

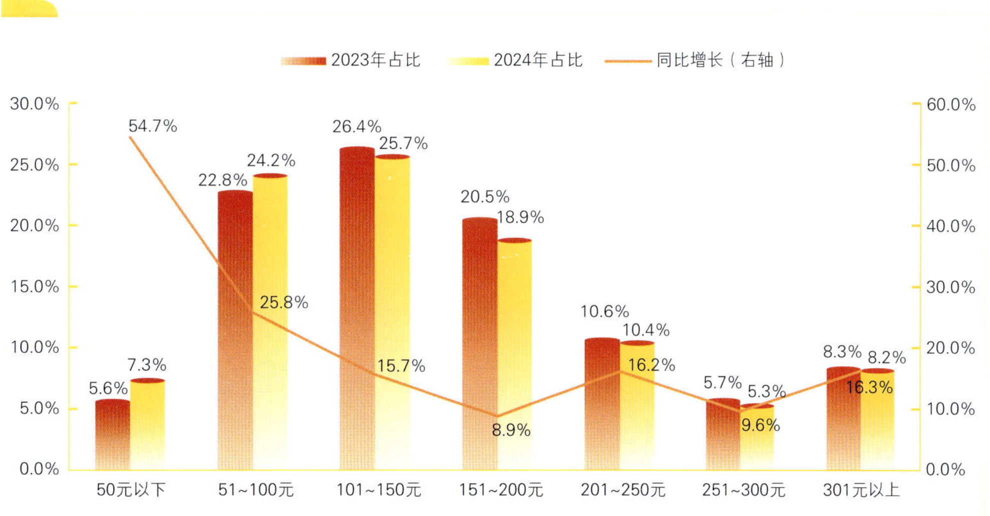

图 3-32　2023—2024 年酒店餐饮到店订单人均消费区间分布及订单量同比增长

六、消费者偏好

1. 提米拉苏、杨枝甘露、锅包肉成酒店餐饮推荐榜常客

美团数据显示，从 2024 年酒店餐饮部分品类消费者推荐菜排名前二十看，在国际美食上，消费者更青睐提拉米苏、餐前面包和战斧牛排；在八大菜系上，消费者则偏爱杨枝甘露、松鼠桂鱼和江南灶红烧肉；在其他地方菜上，消费者更喜爱锅包肉、老式果木烤鸭和新疆大盘鸡（见表 3–3）。

表 3–3　2024 年酒店餐饮部分品类消费者推荐菜 top20

排名	国际美食	八大菜系	其他地方菜
1	提拉米苏	杨枝甘露	锅包肉
2	餐前面包	松鼠桂鱼	老式果木烤鸭
3	战斧牛排	江南灶红烧肉	新疆大盘鸡
4	奶油蘑菇汤	年糕烧大黄鱼	自制酸奶
5	三文鱼刺身	干炒牛河	酸汤鱼
6	冬阴功汤	榴梿酥	白切文昌鸡
7	俄式红菜汤	淮扬炒软兜	密云烧肉
8	香煎鹅肝	文思豆腐配蟹壳黄	宫保鸡丁
9	凯撒沙拉	西湖醋鱼	杨枝甘露
10	普拉那白酿黄啤	豉汁蒸凤爪	芝麻菠菜
11	罐焖牛肉	油炸臭豆腐	蒙自过桥米线
12	肉眼牛排	宋嫂鱼羹	花溪牛肉粉
13	马迭尔冰棍	响油鳝糊	北京烤鸭
14	脆烤猪膝	黑椒牛仔骨	话梅小西红柿
15	法式鹅肝	夫妻肺片	排骨土豆油豆角
16	玉米片	黄金皖鱼	老上海熏鱼
17	软煎马哈鱼	蜜汁叉烧	凉拌拉皮
18	北京亮沙拉	龙井虾仁	红柳
19	脆烤猪肘	东坡肉	糖醋丸子
20	芝士蛋糕	淮扬清炖狮子头	酱猪手

2. 酒店餐饮消费者既要经济实用，又要体验拉满

美团数据显示，从 2024 年酒店餐饮消费者评价关键词云图看，既有环境相关的关键词，如“装修精美”“环境很好”，也有产品相关的关键词，如“食材新鲜”“味道赞”“性价比高”“价格实惠”；还有服务相关的关键词，如“服务热情”“免费点心”（见图 3-33）。在 2024 年酒店餐饮评价增速排名前二十关键词中，“光线柔和”同比增速为 493.7%，“布置温馨”同比增速为 358.2%，“口味独特”同比增速为 216.9%，“体验愉快”同比增速为 195.0%（见图 3-34）。这反映出消费者对酒店餐饮的要求越来越高，他们不仅注重实用性和经济性，还注重服务和产品质量，希望获得更好的用餐体验。

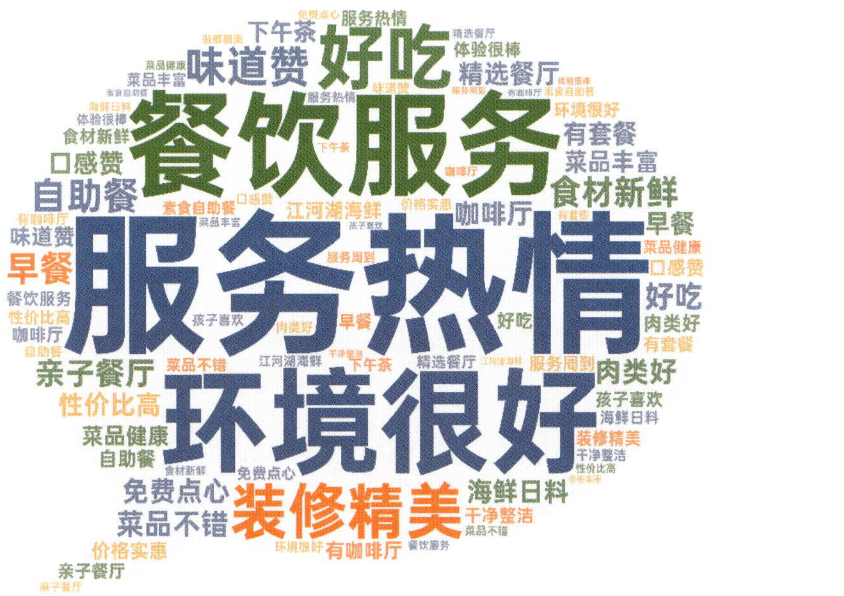

图 3-33　2024 年酒店餐饮消费者评价关键词云图

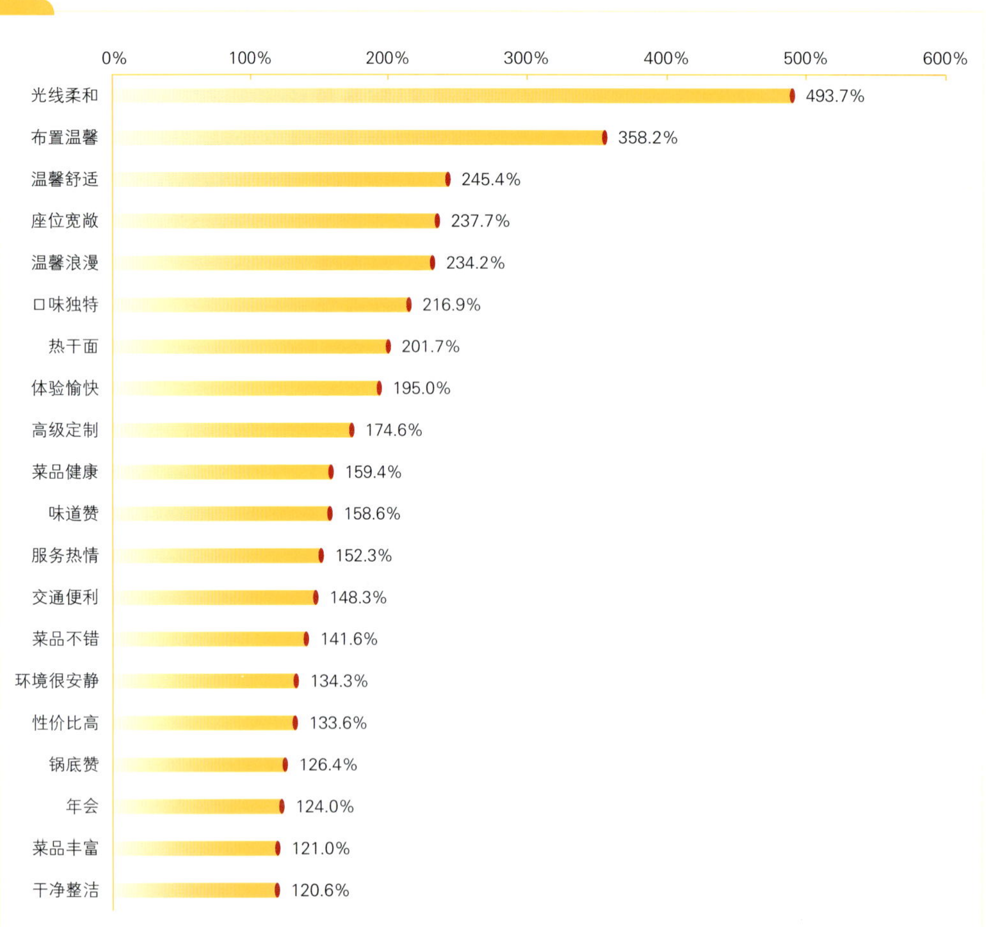

图 3-34　2024 年酒店餐饮评价增速 top20 关键词

04

连锁餐饮发展

一、中国餐饮连锁化率持续提升①

美团数据显示，2022—2024 年中国餐饮连锁化率持续提升，从 2022 年的 19% 提升至 2024 年的 23%，品牌连锁化发展稳步进行（见图 4-1）。

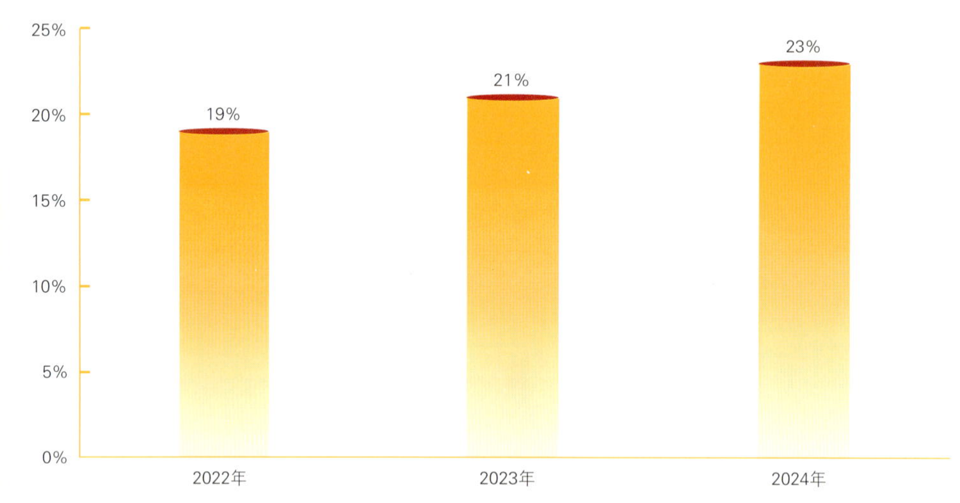

图 4-1　近 3 年中国餐饮门店连锁化率

①连锁门店数据口径说明：同一品牌下，门店数 >2，视为连锁品牌；连锁化率 = 全国餐饮连锁品牌下门店数量总和 / 全国餐饮行业门店数总和 ×100%；品类连锁化率 = 品类连锁品牌下的门店数量总和 / 全国品类门店数总和 ×100%。

二、百店规模的品牌门店数增长最快，餐饮行业进入连锁发展新阶段

美团数据显示，从2023—2024年品牌连锁门店数区间等级分布看，各个区间等级占大盘比例普遍较2023年有所提升。其中，11~100家门店区间占比最高，为8.4%；其次是101~500家门店区间，占比为5.3%；10001家店以上门店区间占比为1.5%，与2023年持平（见图4-2）。

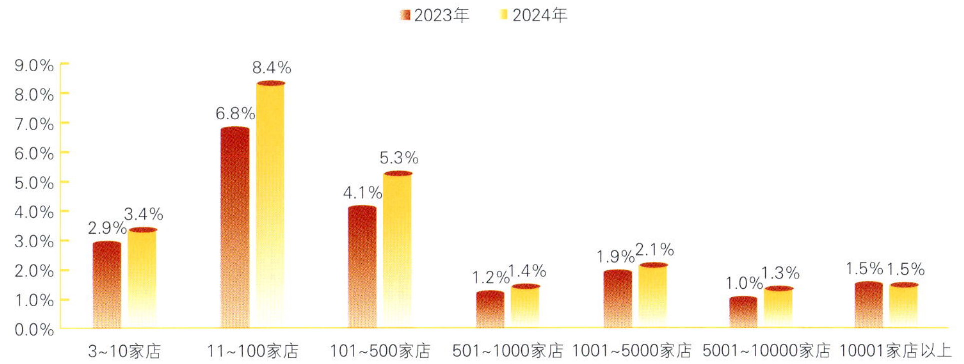

数据说明：部分数据较《中国餐饮年度观察和大数据》系列图书中所示数据不一致，原因是编辑团队在2025年进行了一些数据口径的精准化处理，对全量门店也进行了技术手段的清洗，修订了部分已发布的数据。

图4-2 2023—2024年品牌连锁门店数区间等级分布

从2024年不同规模区间的品牌连锁门店数年同比涨幅来看，501~1000家店规模区间的品牌门店数增长最快，涨幅达93.6%；其后是101~500家店规模区间和10001家店以上规模区间，连锁门店数同比涨幅分别为84.6%和69.3%（见图4-3）。不难看出，餐饮行业已经进入百店及以上连锁快速发展的新阶段。

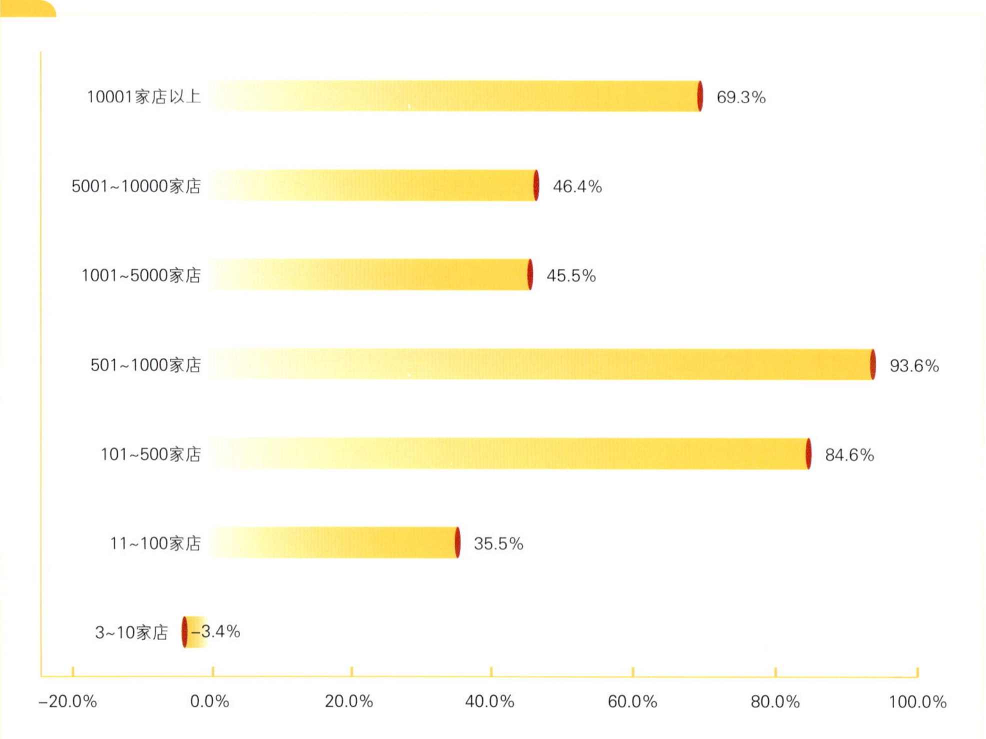

图4-3 2024年不同规模区间的品牌连锁门店数年同比涨幅

三、各餐饮品类连锁化率稳步提升，饮品连锁化率达到 49%

美团数据显示，2024 年各餐饮品类连锁化率位列前三的依次为饮品、面包甜点和国际美食，其中饮品的连锁化率稳定保持在 49%。从 2023—2024 年各品类连锁化率的变化情况来看，各餐饮品类的连锁化率在 2024 年稳步提升。具体来看，其他地方菜品类提升了 7 个百分点，自助餐品类提升了 5 个百分点，面包甜点、小吃快餐品类提升了 4 个百分点，八大菜系、烧烤等品类提升了 3 个百分点（见图 4-4）。

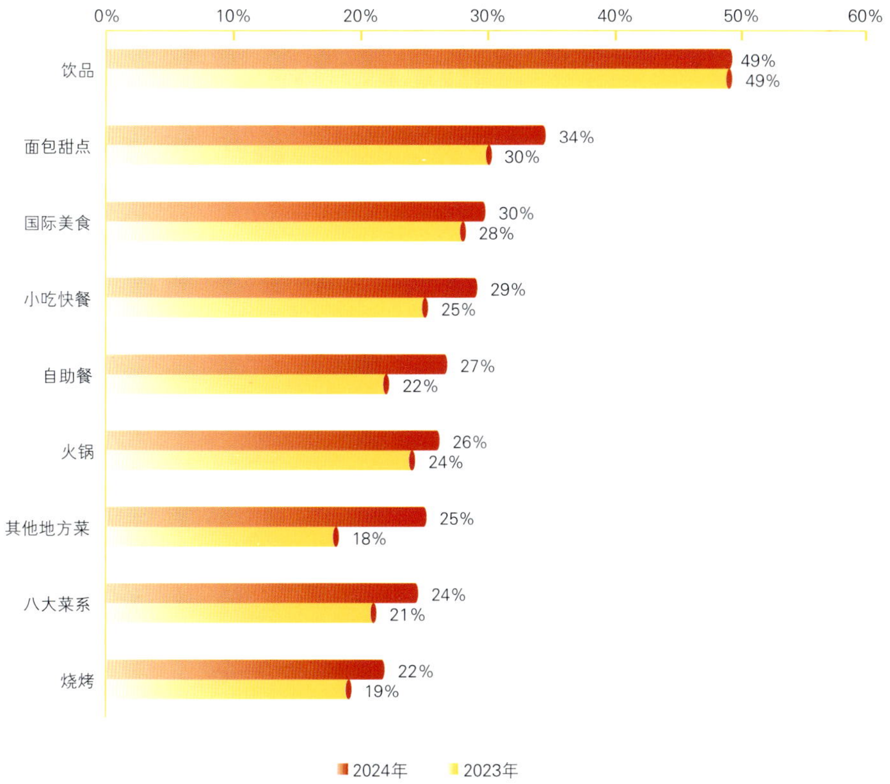

图 4-4　2023—2024 年各品类连锁化率

四、小吃快餐占据连锁门店半壁江山，饮品、火锅连锁势头迅猛

美团数据显示，从2023—2024年连锁餐饮门店品类分布情况来看，小吃快餐品类依然稳居门店数第一，2024年小吃快餐店的连锁门店数占总连锁门店数的比例为48%。值得关注的是，饮品店的连锁门店数占总连锁门店数的比例在2024年提升了2个百分点；火锅店的连锁门店数占总连锁门店数的比例在2024年提升了1个百分点（见图4-5）。

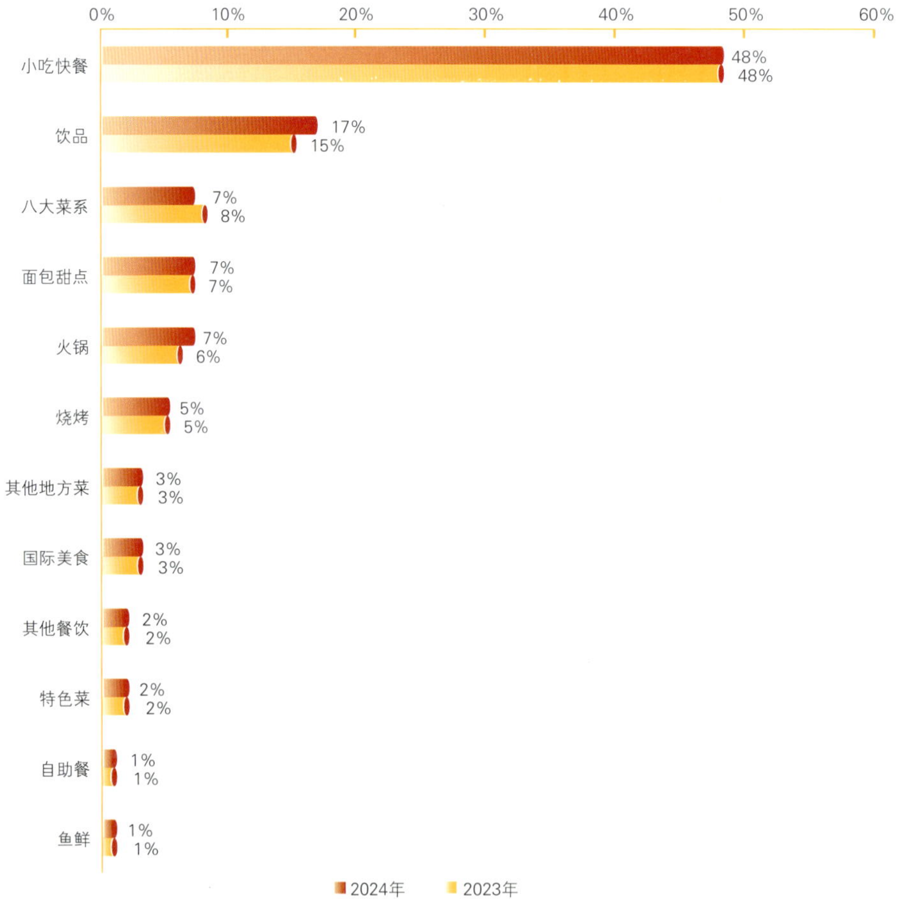

图4-5　2023—2024年连锁餐饮门店品类分布

五、新一线城市连锁门店分布比例最高，连锁品牌在下沉市场仍有拓展空间

美团数据显示，在2023—2024年餐饮连锁门店地域分布中，新一线城市的连锁门店分布比例最高，在2024年达到23.4%，其后为二线和三线城市。从连锁门店地域分布变化来看，2024年一线、新一线、二线、三线城市的连锁门店分布均有所上升，四线城市的连锁门店分布下降了0.2个百分点，五线城市的连锁门店分布下降了0.4个百分点（见图4-6）。

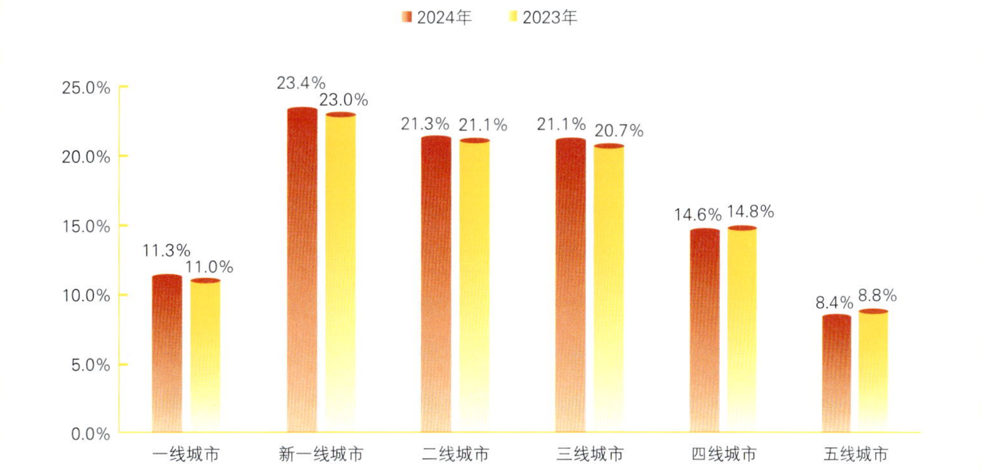

图4-6 2023—2024年餐饮连锁门店地域分布

从 2023—2024 年不同等级城市连锁门店占当地门店数的比例来看（以下称连锁化率），2024 年，不同等级城市的连锁化率相较 2023 年均有所增长。其中，一线城市的连锁化率达到了 35.1%，较 2023 年提升了 2.1 个百分点；新一线城市的连锁化率达到了 29.7%，较 2023 年提升了 1.4 个百分点；与一线、新一线城市相比，三线、四线、五线城市的连锁化率提升相对较慢，仅较 2023 年提升了 0.4~0.5 个百分点（见图 4-7）。不难看出，连锁品牌在下沉市场的拓展仍有空间。

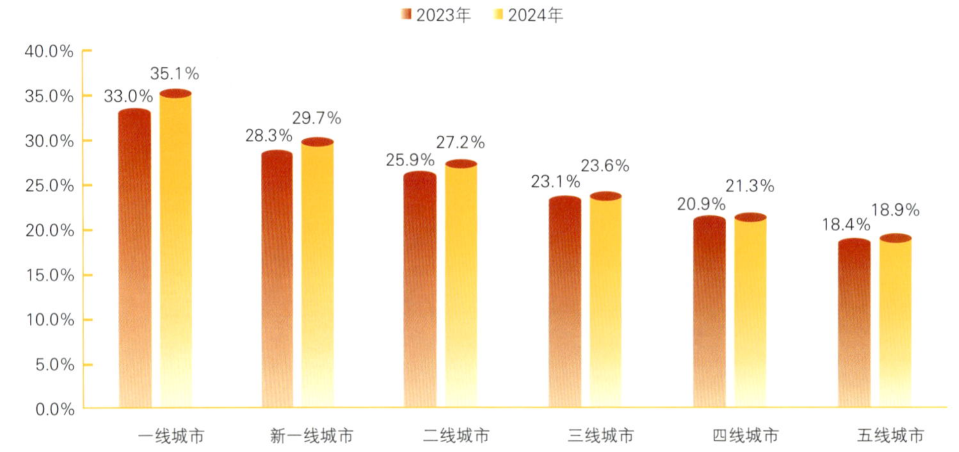

数据说明：部分数据较《中国餐饮年度观察和大数据》系列图书中所示数据不一致，原因是编辑团队在2025年进行了一些数据口径的精准化处理，对全量门店也进行了技术手段的清洗，修订了部分已发布的数据。

图 4-7 2023—2024 年不同等级城市连锁门店占当地门店数的比例

05

精致餐饮发展

一、精致餐饮发展总览

2024 年中国精致餐饮的发展可以说是喜忧参半。从品类看，西餐日料发展承压，而中餐势头继续强劲，整体营收持续提升。从区域看，精致餐饮在不同城市和地区的发展情况也有所不同。一线城市的精致餐饮市场竞争激烈，平均客单价出现下降，增速放缓，二线及以下城市精致餐饮的门店数量则持续增长。从价格段看，500 元以下的精致餐饮品牌活力十足，而贵价的精致餐饮品牌正面临诸多挑战（见图 5-1）。

图 5-1　精致餐饮的发展特点

二、消费分析

1. 精致餐饮需求量稳定，“质价比”成消费新准则

美团数据显示，2024 年精致餐饮线上访问流量仍保持稳定，线上访问人数同比增长 2%。从精致餐饮门店数变化看，500 元以下档位门店数同比增长 19%，501~1000 元、1001~2000 元及 2001 元以上档位门店数分别下降 12%、12% 和 29%（见图 5-2）。这说明消费者对精致餐饮的需求量变化不大，但心理预期发生了深刻的变化，“质价比”正成为精致餐饮消费的主流选择。

图 5-2 精致餐饮线上访问人数和门店数变化

2. 精致餐饮线上化趋势显著，黑珍珠榜餐厅在线交易率达到 63.9%

美团数据显示，2024 年黑珍珠榜餐厅的在线交易率达到了 63.9%，比 2023 年的 62.5% 提升了 1.4 个百分点（见图 5-3）。这说明越来越多的精致餐饮品牌正在适应线上化趋势，通过线上交易与用户建立连接。

图 5-3 黑珍珠榜餐厅在线交易率变化

3.“95 后”“00 后”成精致餐饮线上消费重要客群，占比达 28.6%

美团数据显示，在精致餐饮线上交易用户中，“95 后”“00 后”用户的占比为 28.6%，较 2023 年同比增长了 8.5 个百分点（见图 5-4）。“95 后”“00 后”成为精致餐饮线上消费重要客群，其带来的不仅仅是增量市场，还有消费理念的变化。他们对精致餐饮的追求体现了“产品价值 = 功能价值 + 情绪价值 + 资产价值”公式所表达的消费理念：精致餐饮不仅是一顿饭，更是一种被分享、被认同的生活方式（见图 5-5）。

图 5-4　精致餐饮线上交易用户中“95 后”“00 后”占比变化

图 5-5　精致餐饮产品价值新公式

三、区位分析

1. 二线及以下城市正成为精致餐饮发展的新主力军

美团数据显示，2024 年二线城市精致餐饮门店数较 2023 年同比增长 29%，三线、四线城市的增长潜力也值得关注，其中三线城市精致餐饮门店数同比增长 28%，四线城市精致餐饮门店数同比增长 51%，二线及以下城市正成为精致餐饮发展的新主力军（见图 5-6）。

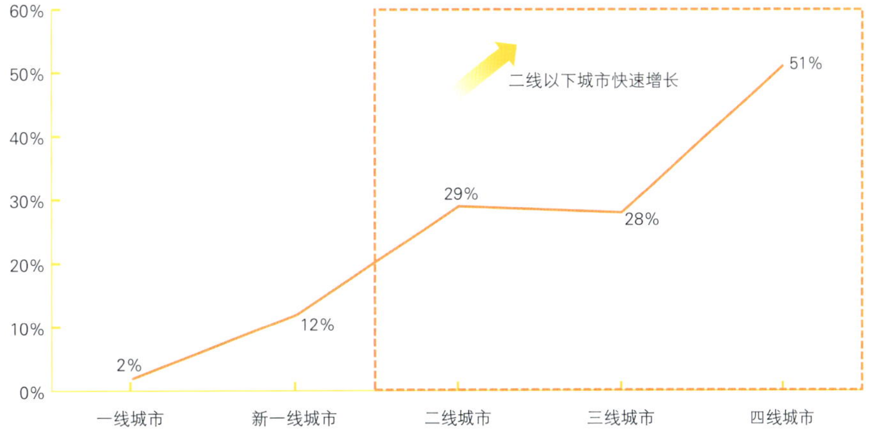

图 5-6　2024 年不同等级城市精致餐饮门店数同比涨幅

2. 地域饮食文化打开精致餐饮新空间

美团数据显示，2024 年赣菜首次登上了黑珍珠榜单后，全国精致赣菜门店数较 2023 年同比增长 7%，线上流水增长超过 40%，订单量增长超过 50%（见图 5-7）。与此同时，藜香鸡、井冈烟笋、响螺等地方珍馐也通过精致餐饮的创新呈现，成为地方的文化符号和“文化大使”。这说明，消费者对地域饮食文化的热衷和探索，打开了精致餐饮的新增长空间。

图 5-7　全国赣菜精致餐饮发展情况

06

消费者篇

一、消费者数据总览

1. 女性消费者仍占主流，男女占比稳定

美团数据显示，2024 年在线餐饮消费者性别分布中，男性占比 45.8%，女性占比 54.2%，女性仍为主流在线餐饮消费者。相较 2023 年，在线餐饮消费中男女性比例呈现稳定态势（见图 6-1）。

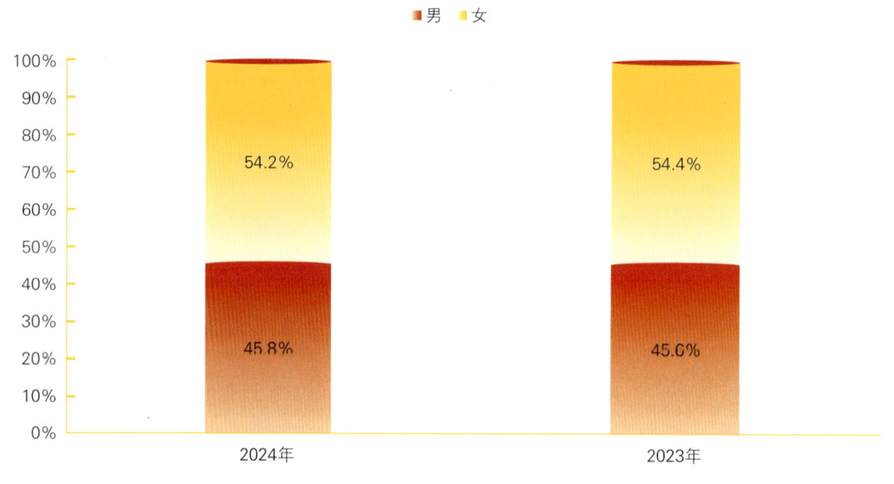

图 6-1　2023—2024 年在线餐饮消费者性别分布

2. 31~35 岁人群在线餐饮消费占比最高，中老年人增幅显著

美团数据显示，在 2024 年在线餐饮消费者年龄分布中，31~35 岁在线餐饮消费占比最高，达 26.6%，较 2023 年降低 0.7 个百分点，呈稳定占比状态；26~30 岁在线餐饮消费占比位居第二位，占比 23.7%；21~25 岁在线餐饮消费占比 20.6%，位居第三位（见图 6-2）。

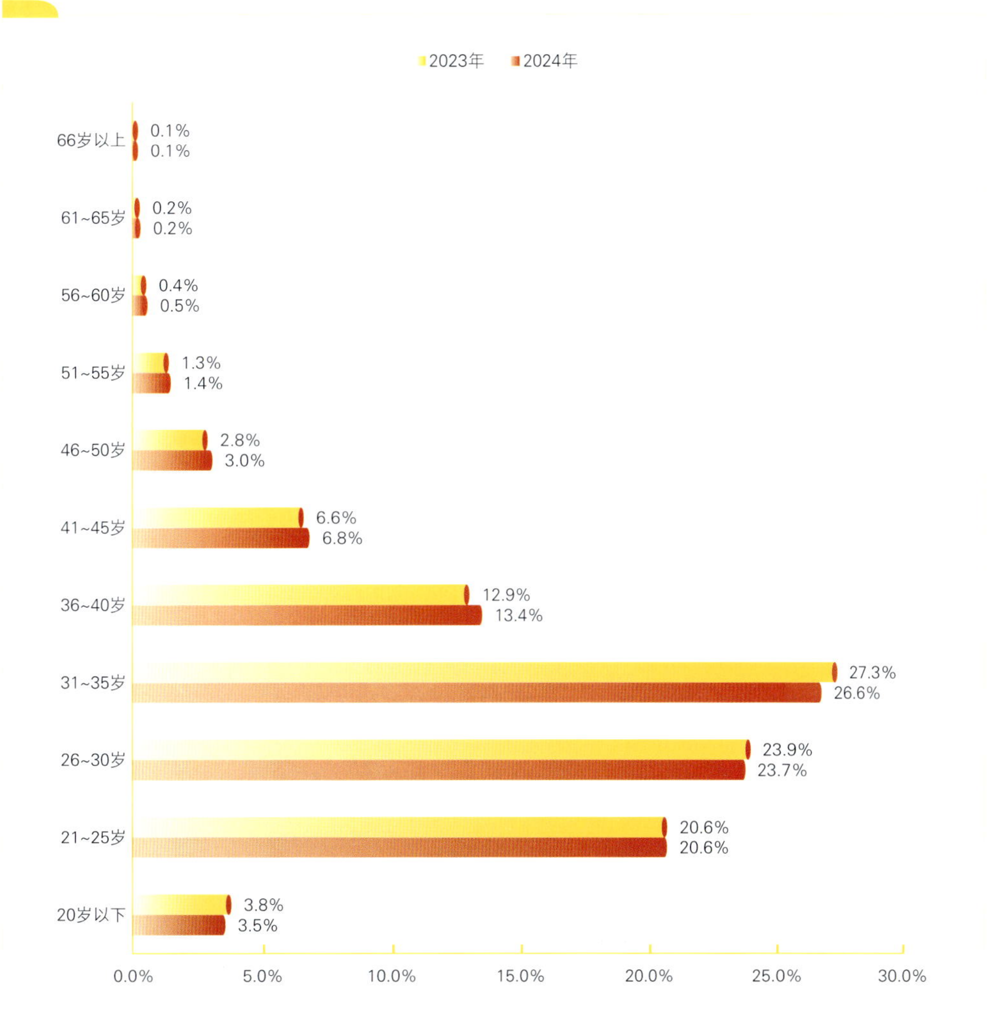

图 6-2　2023—2024 年在线餐饮消费者年龄分布

在2024年不同年龄消费者在线餐饮订单年涨幅情况中，中老年人在线餐饮订单数涨幅上涨显著；其中，61~65岁消费人群在线餐饮订单数涨幅最高，达48.3%，56~60岁消费人群在线餐饮订单涨幅42.9%，46~50岁消费人群在线餐饮订单数涨幅34.9%（见图6-3）。不难看出，随着银发经济的不断发展，餐饮服务的需求也在不断拓宽。

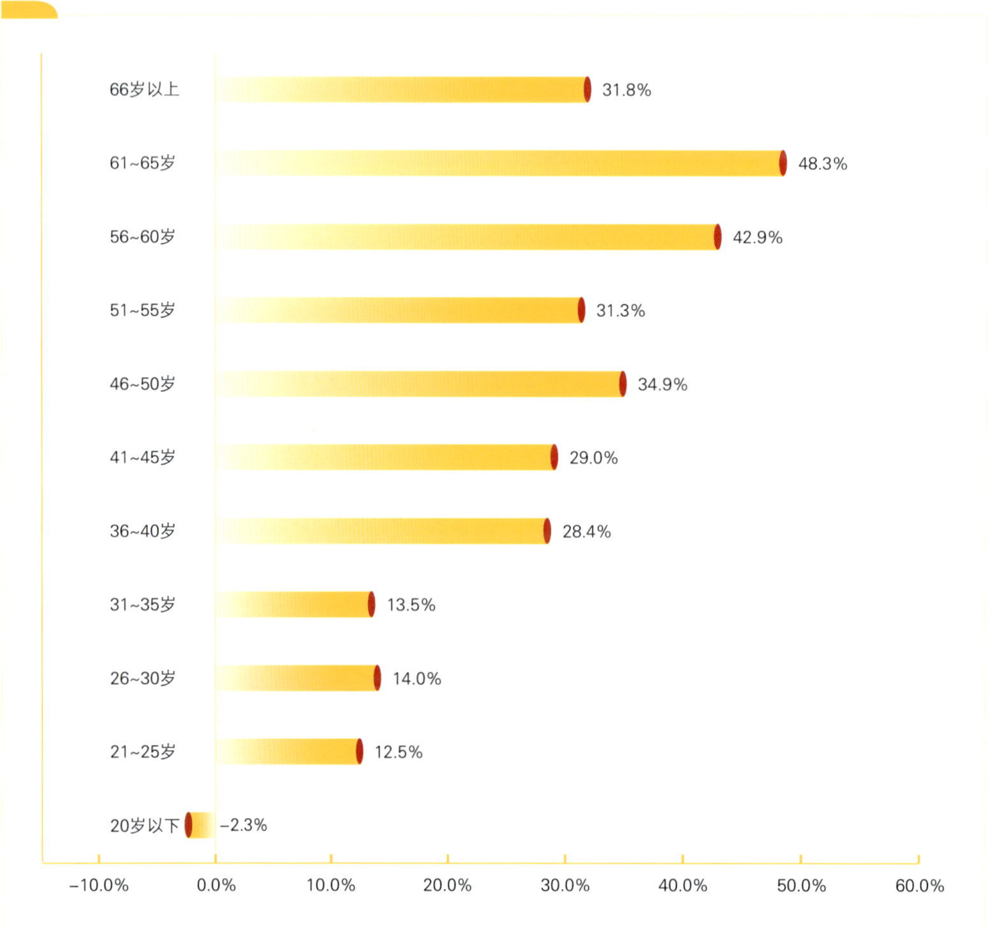

图6-3 2024年不同年龄消费者在线餐饮订单年涨幅

3. 外卖人均消费小幅下降，女性人均消费更高

美团数据显示，在 2023—2024 年不同性别消费者外卖人均消费情况中，消费水平较为贴近，男性外卖人均消费水平略低于女性。2023 年，男性外卖人均消费为 27.7 元，女性为 28.2 元。2024 年，男性外卖人均消费为 27.1 元，女性为 27.3 元。从 2024 年来看，不同性别的消费者人均消费均有小幅下降，外卖消费更趋于理性（见图 6-4）。

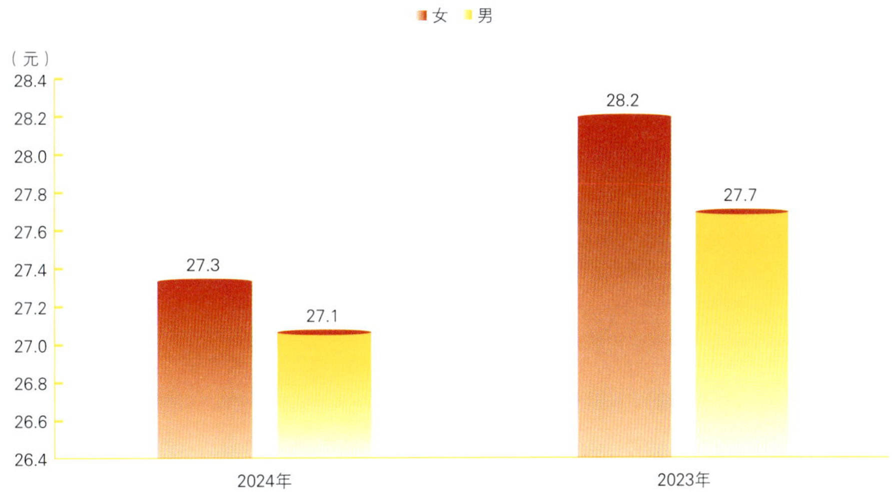

图 6-4　2023—2024 年不同性别消费者外卖人均消费

4. 到店人均消费下降显著，男性人均消费更高

美团数据显示，在 2023—2024 年不同性别消费者到店人均消费情况中，男性到店人均消费高于女性。2023 年，男性到店人均消费为 70.2 元，女性为 62.6 元。2024 年，男性到店人均消费为 63.9 元，女性为 56.6 元（见图 6-5）。总体来看，随着消费者消费观念的变化，不同性别的消费者到店人均消费均呈下降趋势。

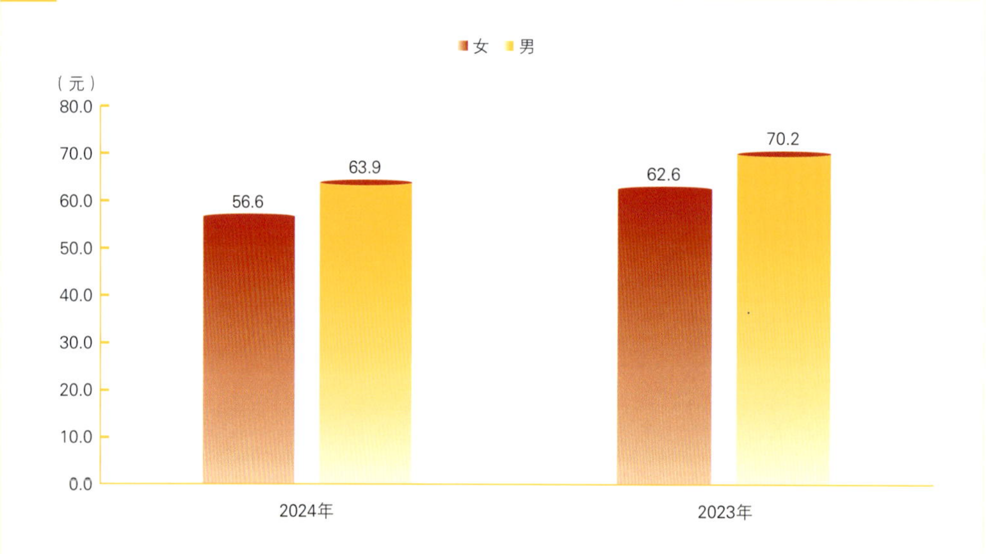

图 6-5　2023—2024 年不同性别消费者到店人均消费

5. 中老年人群关注产品品质，消费水平整体偏高

美团数据显示，在 2024 年不同年龄消费者外卖人均消费情况中，中老年人群消费水平整体偏高。51 岁以上人群的外卖人均消费水平在 34.1~35.5 元，其中 61~65 岁人群的外卖人均消费水平最高，达 35.5 元（见图 6-6）。

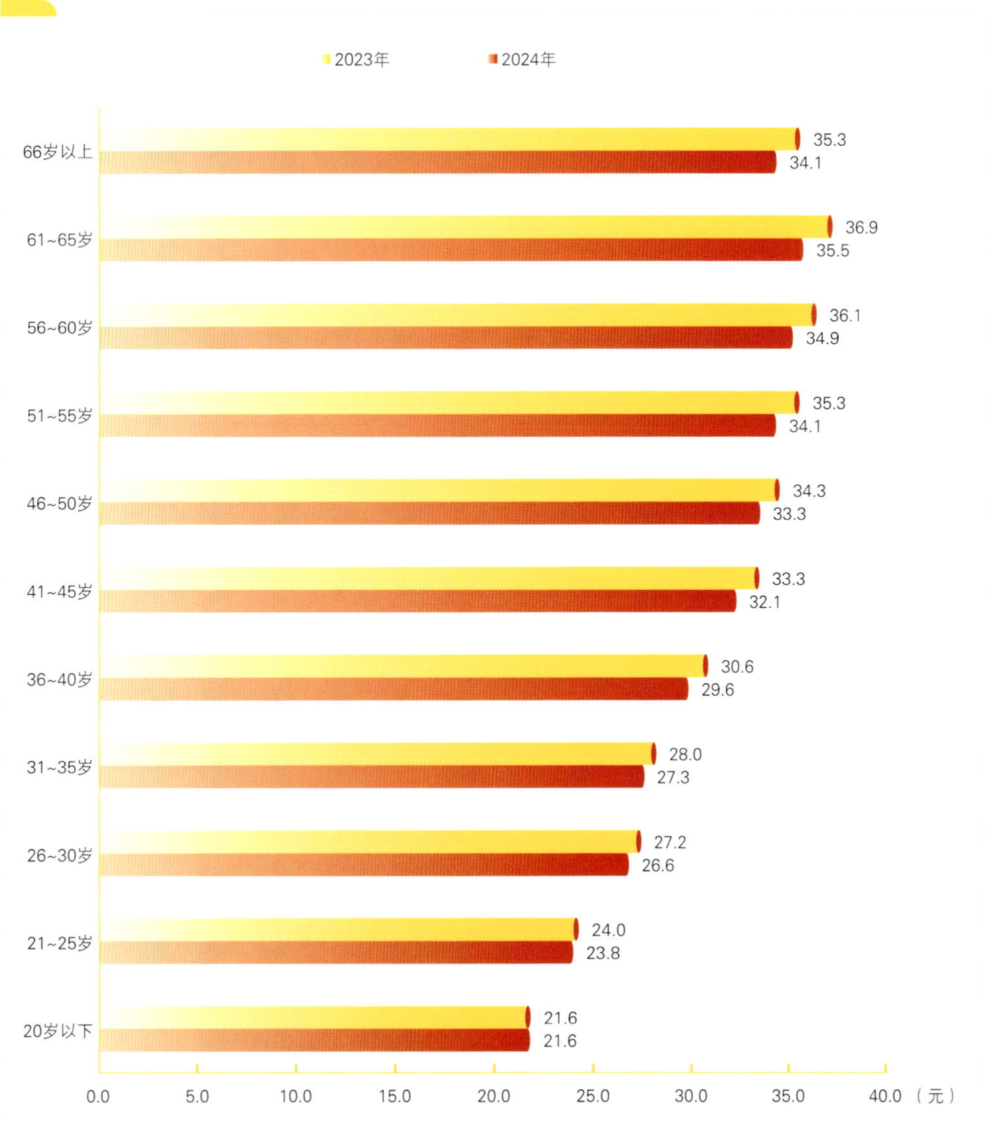

图 6-6　2023—2024 年不同年龄消费者外卖人均消费

从 2024 年不同年龄消费者到店人均消费情况来看，51 岁以上人群的到店人均消费水平在 72.9~75.8 元。其中，56~60 岁人群和 61~65 岁人群的到店人均消费水平最高，均为 75.8 元（见图 6-7）。不难看出，中老年消费者十分注重产品的品质，他们愿意用更高的价格购买高品质的产品，追求更加健康的生活方式。

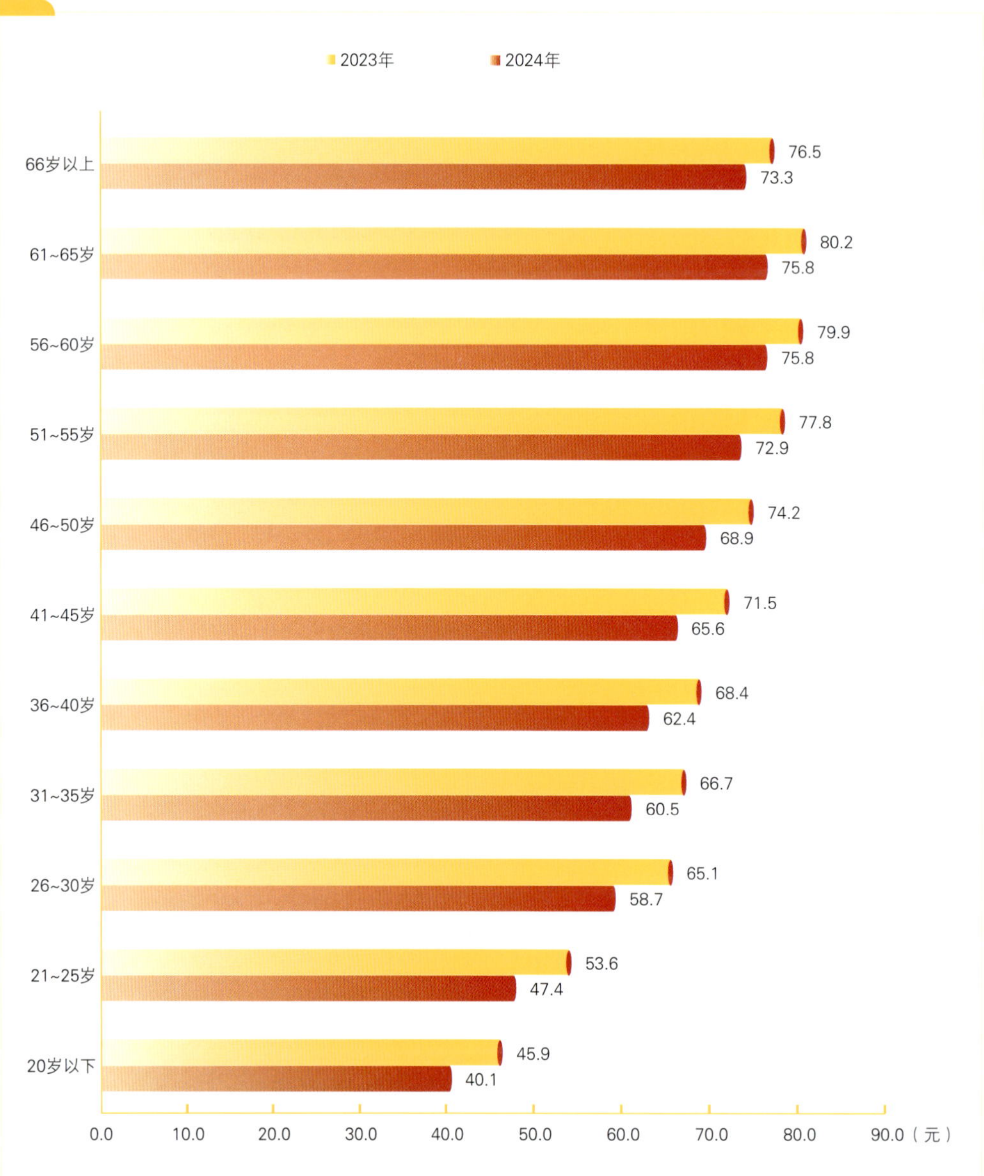

图 6-7　2023—2024 年不同年龄消费者到店人均消费

6. 一线城市人均消费水平最高，五线城市消费水平持续提升

美团数据显示，在 2023—2024 年不同等级城市餐饮消费者外卖人均消费情况中，一线城市外卖人均消费最高，在 2024 年达到 34.6 元。但一线、新一线、二线城市的外卖人均消费较 2023 年均有所降低，三线、四线、五线城市的外卖人均消费则较 2023 年均有所提高。其中，五线城市外卖人均消费提升最大，由 2023 年的 21.3 元提升至 2024 年的 21.7 元（见图 6-8）。

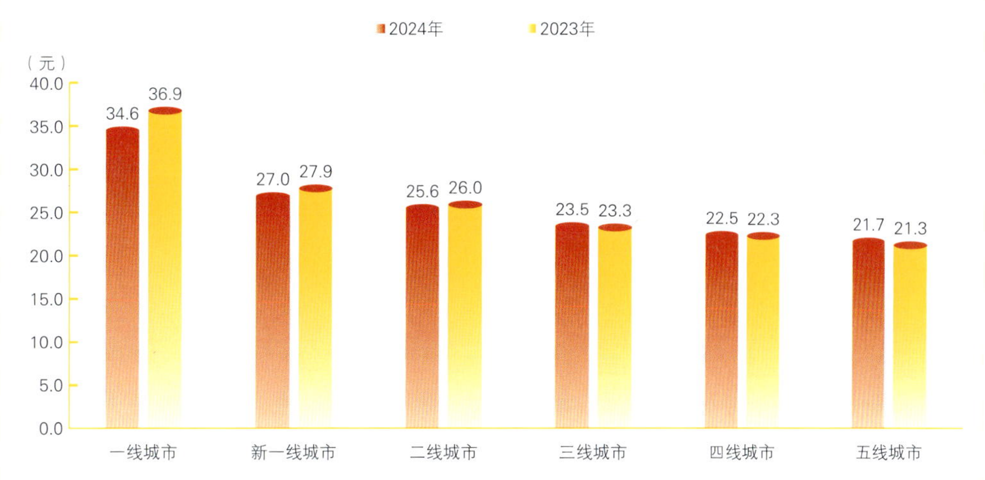

图 6-8　2023—2024 年不同等级城市餐饮消费者外卖人均消费

从 2023—2024 年不同等级城市餐饮消费者到店人均消费情况可以看出，只有五线城市到店人均消费有小幅攀升，由 2023 年的 42.3 元提升至 2024 年的 42.6 元。其他等级城市到店人均消费均有不同程度的下降（见图 6-9）。

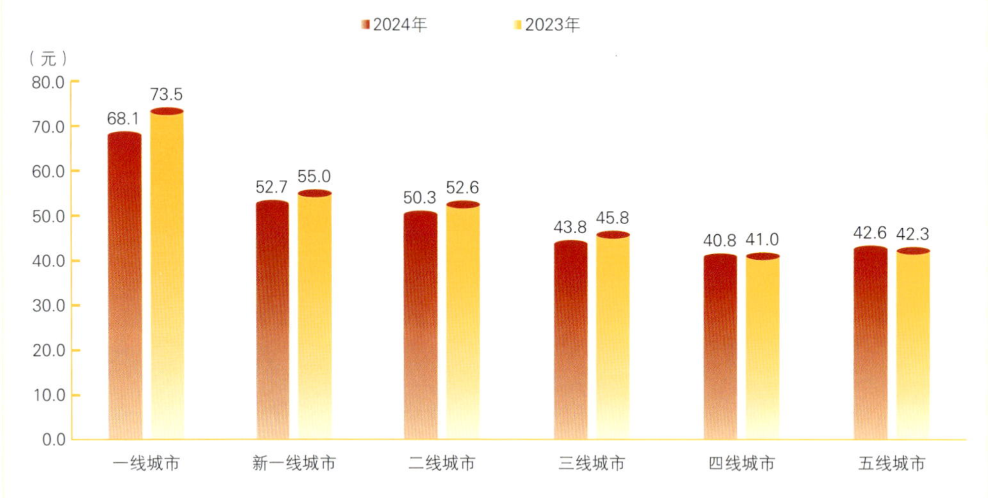

图 6-9　2023—2024 年不同等级城市餐饮消费者到店人均消费

7. 外卖人均消费向 30 元以下区间转移，占比上升 10.2 个百分点

美团数据显示，在 2024 年外卖人均消费区间分布中，30 元以下的消费区间占比最大，达到 84.4%，较 2023 年上升了 10.2 个百分点；31 元以上的消费区间则呈现占比下降的趋势，人均消费区间逐渐从 31 元以上向 30 元以下转移（见图 6-10）。

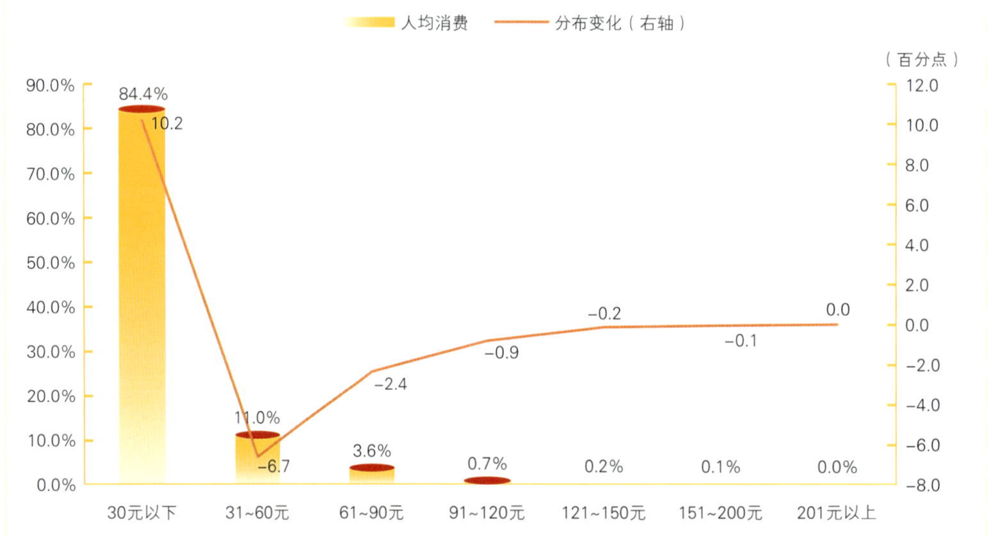

图 6-10　2024 年外卖场景下消费者人均消费分布及变化

8. 到店人均消费趋向平价化，30 元以下人均消费区间占比 52%

美团数据显示，在 2024 年到店人均消费区间分布中，30 元以下的人均消费区间较 2023 年提升了 13.2 个百分点，达到 52.0%；其他消费区间占比均有不同程度的下降（见图 6-11）。平价餐饮越来越受到消费者的欢迎。

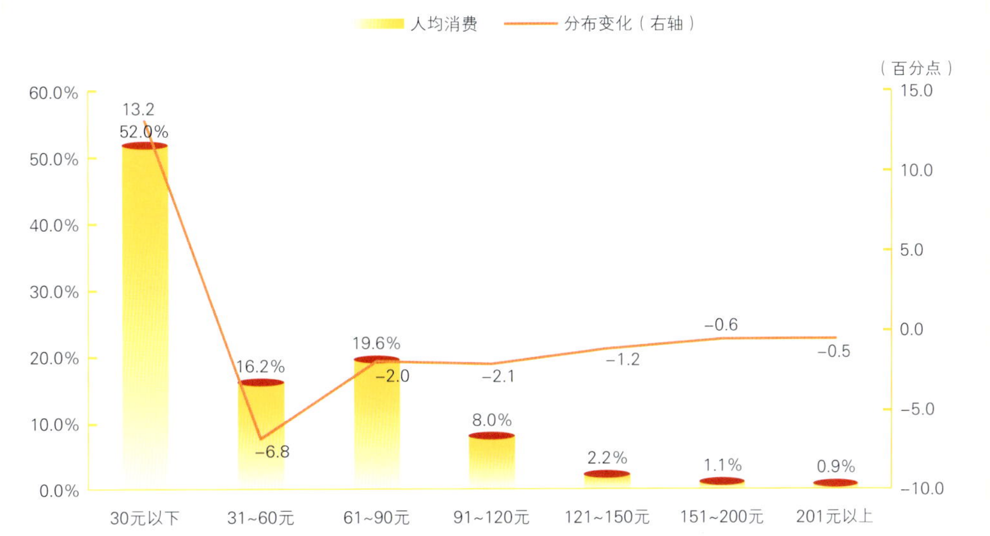

图 6-11 2024 年到店场景下消费者人均消费分布及变化

9. 21~25 岁消费者、一线城市消费者在线年消费频次最高

美团数据显示，在 2023—2024 年不同年龄段消费者在线餐饮年消费频次中，2024 年各年龄段消费者的在线年消费频次均较 2023 年有所提高，餐饮消费热情持续升温。其中，21~25 岁消费者的在线年消费频次最高，2024 年为 70（见图 6-12）。

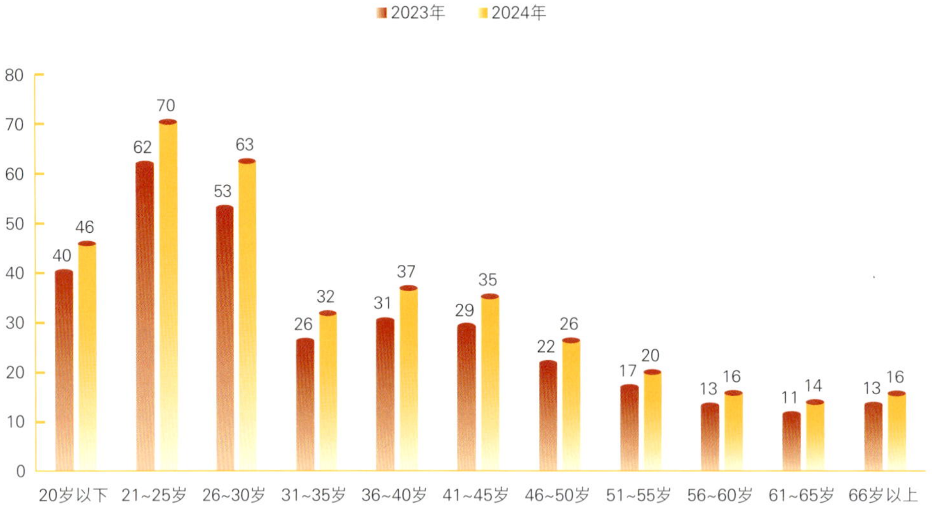

图 6-12　2023—2024 年不同年龄段消费者在线餐饮年消费频次

美团数据显示，在 2023—2024 年不同等级城市消费者在线餐饮年消费频次中，2024 年各等级城市消费者的在线年消费频次均较 2023 年有所提高。其中，一线城市消费者的在线年消费频次最高，2024 年为 38（见图 6-13）。

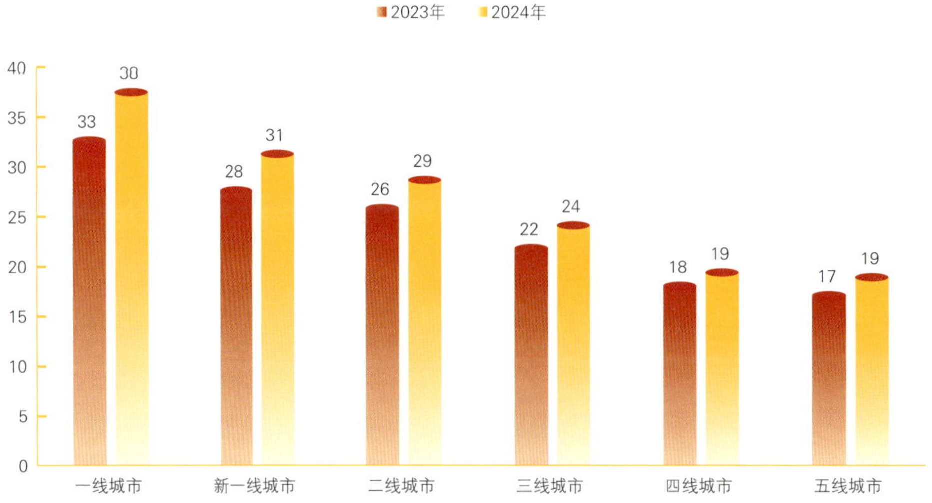

图 6-13　2023—2024 年不同等级城市消费者在线餐饮年消费频次

二、女性餐饮消费者数据概览

1. 蜜雪冰城是女性最爱搜的餐饮品牌

美团数据显示，在 2024 年美团和大众点评 App 女性消费者热门搜索 top 关键词中，既有品类相关关键词，如“烧烤”“火锅”；也有品牌相关关键词，如“蜜雪冰城”“华莱士”（见图 6–14）。这反映出品牌体验已经成为吸引女性消费者的重要因素。值得注意的是，在 2024 年美团和大众点评 App 女性消费者搜索增速 top 关键词中，出现了“产品 + 场景”的搜索方式，例如“生日蛋糕店”“烤肉拌饭外卖”。这表明女性消费者的心智开始从品牌体验、产品体验逐渐地转向场景化体验（见图 6–15）。

图 6–14　2024 年美团和大众点评 App 女性消费者热门搜索 top 关键词

图 6-15　2024 年美团和大众点评 App 女性消费者搜索增速 top 关键词

在 2024 年美团和大众点评女性消费者的品牌关键词搜索排名中，搜索量前三的品牌分别是蜜雪冰城、CHAGEE 霸王茶姬、塔斯汀 · 中国汉堡；搜索增速前三的品牌分别是楚山牛炒饭铺、宝藏绿洲和枣木牌烤鸭（见表 6-1）。

表 6-1　2024 年美团和大众点评女性消费者的品牌关键词搜索排名

热搜 top10 品牌关键词	搜索增速 top10 品牌关键词
蜜雪冰城	楚山牛炒饭铺
CHAGEE 霸王茶姬	宝藏绿洲
塔斯汀 · 中国汉堡	枣木牌烤鸭
华莱士 · 全鸡汉堡	张亮麻辣烫 · 麻辣拌
古茗	朱富贵
瑞幸咖啡	方中山
茶百道	潮发潮汕牛肉店
肯德基	海底捞火锅店
喜茶	小锅小灶
CoCo 都可	嘎嘎香东北老饭盒

2. 重庆火锅、川菜赢得各年龄段喜爱，51 岁以上女性更偏爱粤菜

美团数据显示，在 2024 年不同年龄段女性群体到店消费的正餐偏好品类前 10 名中，重庆火锅、川菜成为各年龄段喜爱的主流消费。30 岁以下的女性更偏爱重庆火锅，31~50 岁的女性更偏爱川菜，51 岁以上女性则更青睐粤菜（见表 6-2）。重庆火锅、川菜由于其成瘾性的特点赢得了各年龄段女性消费者的喜爱。

表 6-2　2024 年不同年龄段女性群体到店消费的正餐偏好品类前 10 名

年龄段	20 岁以下	21~30 岁	31~40 岁	41~50 岁	51 岁以上
1	重庆火锅	重庆火锅	川菜	川菜	粤菜
2	川菜	川菜	重庆火锅	粤菜	川菜
3	烤肉自助	四川火锅	粤菜	重庆火锅	重庆火锅
4	四川火锅	韩式烤肉	西餐	西餐	西餐
5	韩式烤肉	粤菜	四川火锅	日本菜	海鲜
6	西餐	融合烤肉	日本菜	四川火锅	湘菜
7	综合自助	西餐	综合自助	湘菜	苏菜
8	融合烤肉	日本菜	湘菜	综合自助	浙菜
9	火锅自助	湘菜	韩式烤肉	烤串	北京菜
10	日本菜	烤肉自助	烤串	韩式烤肉	日本菜

3. 新一线城市女性消费占比最高，五线城市女性在线消费增幅居首位

美团数据显示，在 2023—2024 年女性餐饮消费订单地域分布中，新一线城市女性消费占比更高，2024 年的消费占比达 25.6%。从 2024 年不同等级城市女性在线消费订单年同比涨幅来看，随着城乡居民可支配收入的稳步增加以及下沉市场不断释放出立体的、多层次的消费需求，五线城市女性在线消费订单年涨幅最高，达 25.5%，新一线、二线、三线、四线城市女性在线消费订单涨幅均超过 20%，一线城市女性在线消费订单涨幅 19.6%（见图 6-16）。

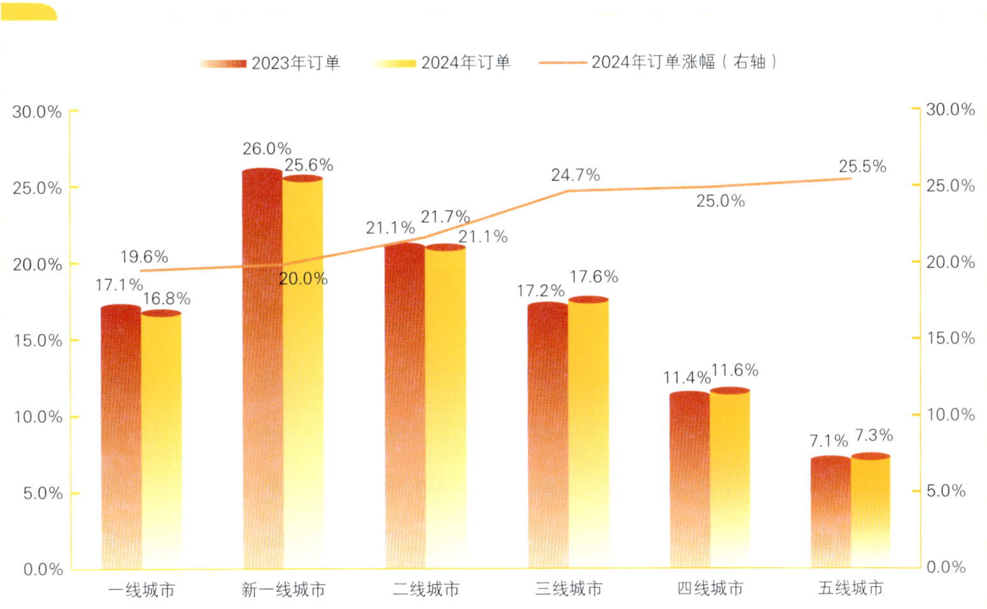

图 6-16　2023—2024 年女性餐饮消费订单地域分布及年涨幅

4. 31~35 岁女性在线消费占比最高，56 岁以上女性同比涨幅显著

美团数据显示，在 2023—2024 年女性餐饮消费订单年龄分布中，31~35 岁女性占比最高，为 27.0%；26~30 岁女性次之，为 22.5%。但从 2024 年女性不同年龄群体在线消费订单年同比涨幅中可以看出，56 岁以上女性的在线消费订单年同比涨幅显著，其中 61~65 岁区间涨幅达 47.9%，中老年线上消费习惯逐渐养成（见图 6-17）。

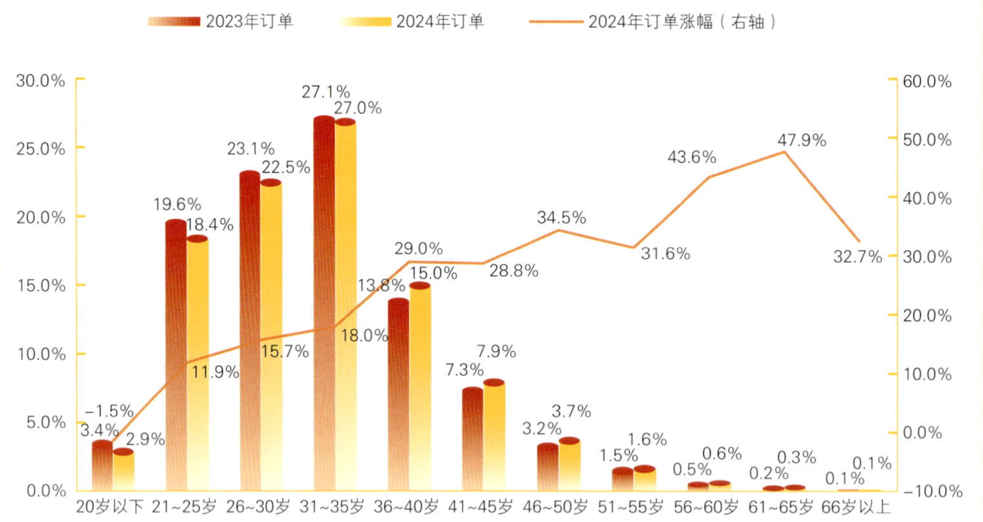

图 6-17　2023—2024 年女性餐饮消费订单年龄分布及年涨幅

5. 56~60 岁女性人均消费更高，到店人均消费达 74.3 元

美团数据显示，在 2023—2024 年不同年龄女性线上餐饮人均消费中，无论是外卖场景还是到店场景，人均消费水平都是随着年龄的增长而呈现上升趋势，中老年群体消费水平较高。其中，2024 年 51 岁以上女性的外卖人均消费超过 33.7 元，20 岁以下女性的外卖人均消费为 21.7 元；2024 年 51 岁以上女性的到店人均消费超过 70.8 元，20 岁以下女性的到店人均消费为 38.5 元（见图 6-18）。

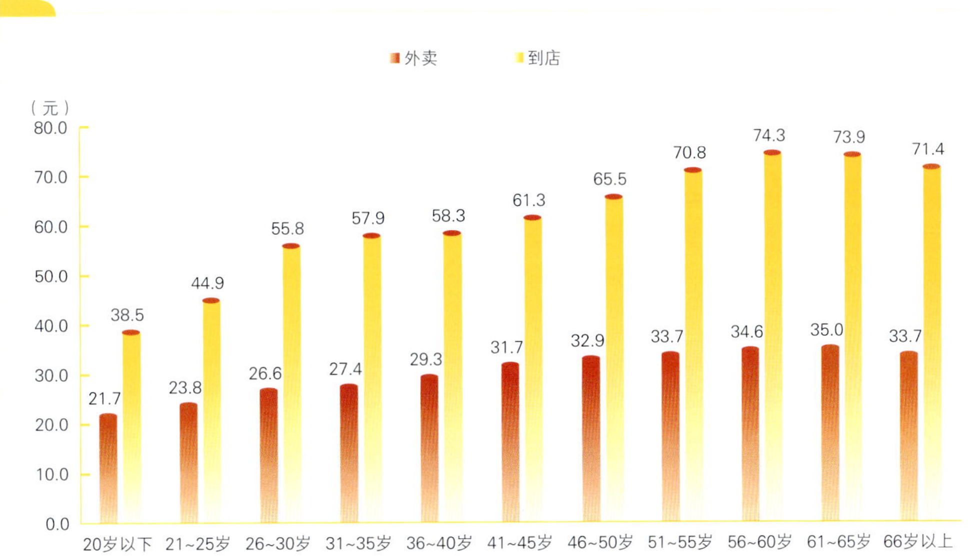

图 6-18　2024 年不同年龄女性线上餐饮人均消费

6. 女性消费者开始注重场景体验和整体解决方案

美团数据显示，从 2024 年美团和大众点评 App 女性消费者评价增速 top 词汇看，既有场景相关关键词，如“温馨舒适”“体验愉快”，也有产品相关关键词，如“口味独特”“菜品健康”，还有服务相关关键词，如“服务热情”（见图 6-19）。这说明女性消费者在选择一家餐厅时，不是从产品、环境或服务的单一维度的考量，而是从“场景体验”或整体“解决方案”的考量。

图 6-19　2024 年美团和大众点评 App 女性消费者评价增速 top 词汇

三、男性餐饮消费者数据概览

1.“宅”成男性餐饮消费新关键词

美团数据显示，2024 年美团和大众点评 App 男性消费者热门搜索 top 关键词与女性消费者热门搜索 top 关键词基本一致。但相比女性，男性在餐饮消费中正在变得更宅。如男性消费者热门搜索 top 关键词中，“肯德基宅急送”名列其中（见图 6-20）。在 2024 年美团和大众点评 App 男性消费者搜索增速 top 关键词中，外卖相关关键词频频出现，如“鸭货外卖”“夜宵外卖”“小吃外卖”“北京烤鸭外卖”“煲仔饭外卖”等（见图 6-21）。

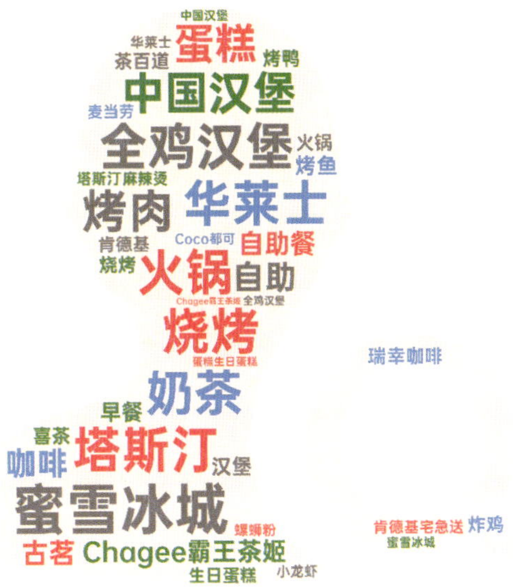

图 6-20　2024 年美团和大众点评 App 男性消费者热门搜索 top 关键词

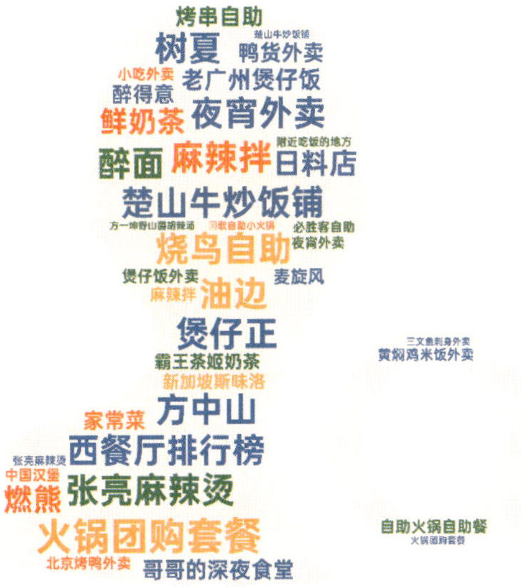

图 6-21　2024 年美团和大众点评 App 男性消费者搜索增速 top 关键词

在2024年美团和大众点评男性消费者的品牌关键词搜索排名中，搜索量前三的品牌分别是蜜雪冰城、华莱士·全鸡汉堡、塔斯汀·中国汉堡；搜索增速前三的品牌分别是楚山牛炒饭铺、张亮麻辣烫·麻辣拌和树夏（见表6-3）。

表6-3 2024年美团和大众点评男性消费者的品牌关键词搜索排名

热搜top10品牌关键词	搜索增速top10品牌关键词
蜜雪冰城	楚山牛炒饭铺
华莱士·全鸡汉堡	张亮麻辣烫·麻辣拌
塔斯汀·中国汉堡	树夏
CHAGEE霸王茶姬	方中山
肯德基宅急送	煲仔正·老广州煲仔饭
瑞幸咖啡	哥哥的深夜食堂
古茗	霸王茶姬奶茶
茶百道	新加坡斯味洛·鲜奶茶
喜茶	醉面
CoCo都可	醉得意·家常菜

2. 21~50岁男性青睐川菜，51岁以上男性偏爱粤菜

美团数据显示，在2024年不同年龄男性群体到店消费的正餐偏好品类前10名，川菜以其独特的麻辣味道成为21~50岁年龄段男性青睐的主流消费，20岁以下男性更喜爱烤肉自助，51岁以上男性则更加中意粤菜（见表6-4）。

表 6-4　2024 年不同年龄段男性群体到店消费的正餐偏好品类前 10 名

年龄段	20 岁以下	21~30 岁	31~40 岁	41~50 岁	51 岁以上
1	烤肉自助	川菜	川菜	川菜	粤菜
2	综合自助	重庆火锅	重庆火锅	粤菜	川菜
3	川菜	烤串	粤菜	重庆火锅	重庆火锅
4	火锅自助	火锅自助	烤串	烤串	海鲜
5	重庆火锅	粤菜	综合自助	湘菜	湘菜
6	烤串	烤肉自助	湘菜	海鲜	苏菜
7	四川火锅	综合自助	四川火锅	日本菜	西餐
8	融合烤肉	融合烤肉	西餐	西餐	浙菜
9	韩式烤肉	四川火锅	日本菜	综合自助	北京菜
10	西餐	韩式烤肉	海鲜	四川火锅	日本菜

3. 新一线城市男性在线消费订单占比最高，五线城市男性消费涨幅达 25.5%

美团数据显示，在 2024 年男性餐饮消费订单地域分布中，新一线城市男性占比最高，达到 26.9%；其次为二线城市男性，占比达到 21.7%。在 2024 年不同地域男性在线消费订单年同比涨幅中，五线城市男性同比涨幅最高，达 25.5%；四线城市男性紧随其后，同比涨幅为 23.2%（见图 6-22）。

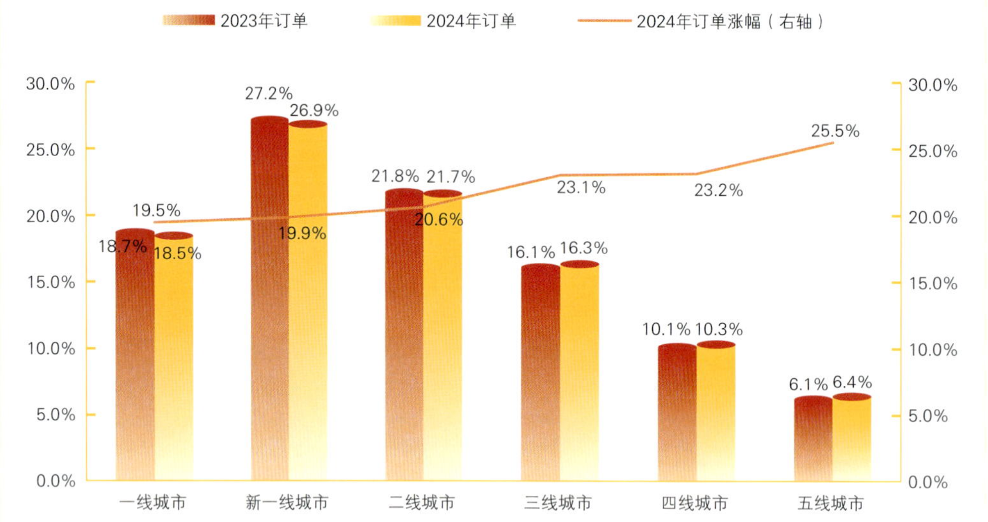

图 6-22　2023—2024 年男性餐饮消费订单地域分布及年涨幅

4. 31~35 岁男性在线消费订单占比最高，46 岁以上男性消费涨幅明显

美团数据显示，在 2024 年男性餐饮消费订单年龄分布中，31~35 岁占比最高；达到 25.5%，26~30 岁次之，占比 24.5%。从 2024 年不同年龄男性在线消费订单年同比涨幅中可以看出，46 岁以上各年龄段男性在线消费订单涨幅均超 30%，其中 61~65 岁男性的在线消费订单年同比涨幅最高，为 49.0%，56~60 岁男性同比涨幅 42.0%（见图 6-23）。中老年男性的消费实力持续释放。

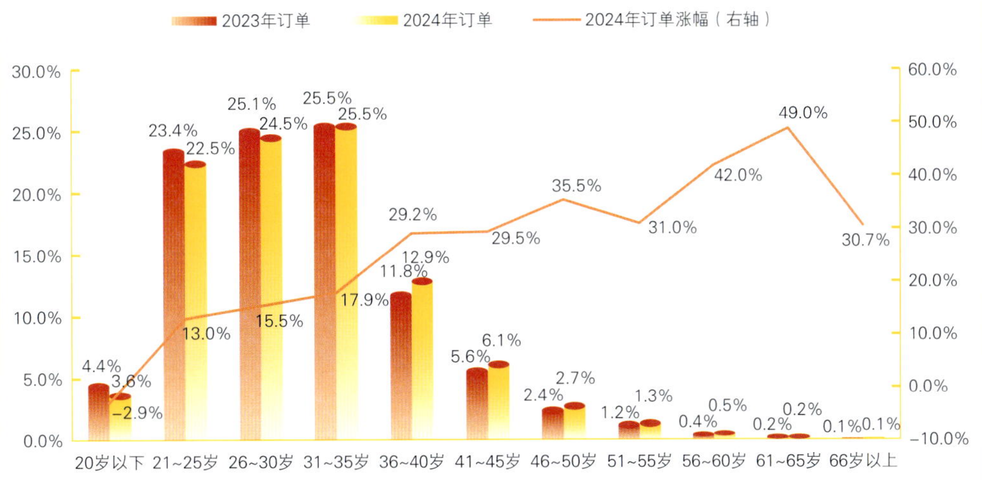

图 6-23　2023—2024 年男性餐饮消费订单年龄分布及年涨幅

5. 人均消费随年龄增长而上升，61~65 岁男性到店人均消费 78.7 元

美团数据显示，无论是外卖消费还是到店消费，在 2023—2024 年不同年龄男性线上餐饮人均消费中，人均消费随着年龄增长呈现上升趋势。其中，在 2024 年外卖人均消费中，61~65 岁男性外卖人均消费达 36.1 元，20 岁以下男性外卖人均消费则为 21.5 元。在 2024 年到店人均消费中，61~65 岁男性到店人均消费达 78.7 元，20 岁以下男性到店人均消费则为 42.3 元（见图 6-24）。

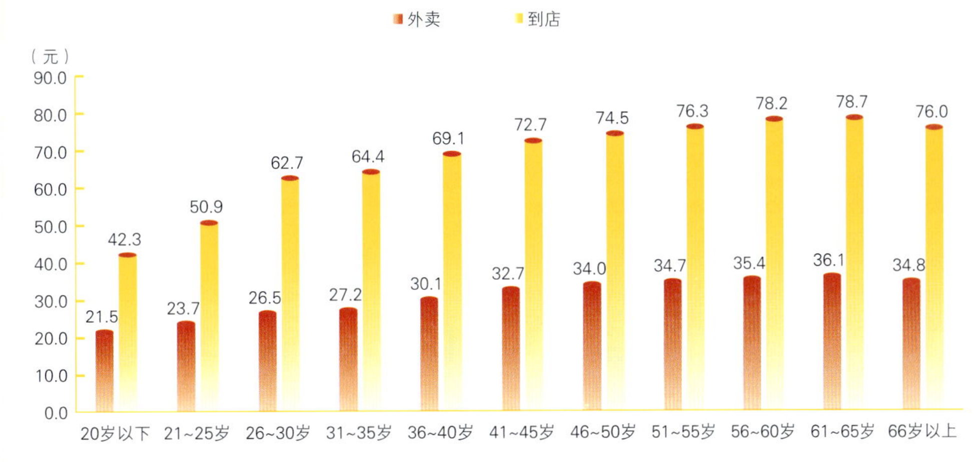

图 6-24　2024 年不同年龄男性线上餐饮人均消费

6. 男性消费者用餐需求多维化

美团数据显示，从 2024 年美团和大众点评 App 男性消费者评价增速 top 词汇看，男性消费者在选择一家餐厅时，考量因素和女性消费者趋同，既关注产品的品质和口味，又关注服务的意识和水准，还关注氛围的舒适和惬意（见图 6-25）。男性消费者在用餐需求上呈现出显著的多维化趋势。

图 6-25　2024 年美团和大众点评 App 男性消费者评价增速 top 词汇

四、青少年餐饮消费者数据概览

1. 青少年男性偏向于外卖消费，青少年女性偏向于到店消费

美团数据显示，在 2024 年 20 岁以下群体线上餐饮消费性别分布中，男性在外卖场景中占比较高，达到 53.0%；女性在到店场景中占比较高，达到 57.0%（见图 6-26）。整体来看，青少年男性偏向于外卖消费，青少年女性偏向于到店消费。

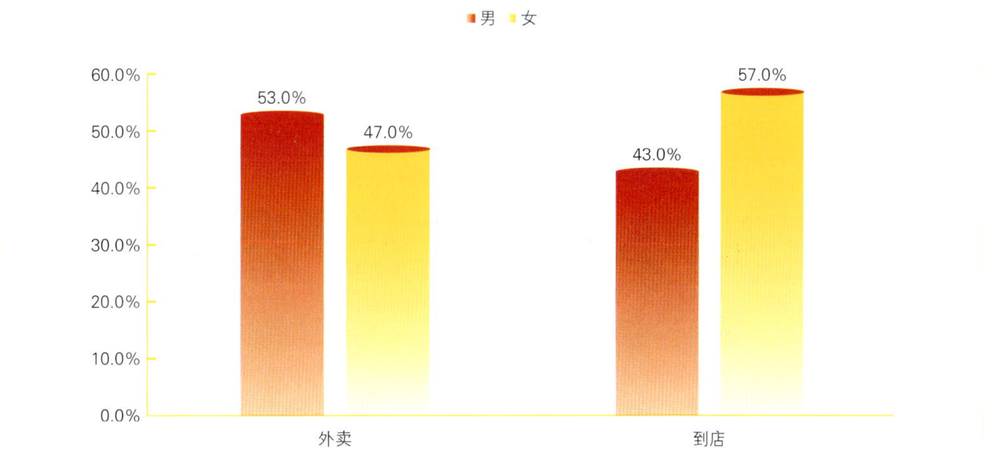

图 6-26　2024 年 20 岁以下群体线上餐饮消费性别分布

2. 青少年消费呈现出多元化、特色化趋势

美团数据显示，在 2024 年美团和大众点评 App 20 岁以下群体搜索增速 top 关键词中，既有舒芙蕾这样的高颜价比产品，也有螺蛳粉这样的高性价比产品；既有库迪咖啡这样的大众品牌，也有爷爷不泡茶这样的新兴势力（见图 6-27）。青少年消费者呈现出显著的多元化、特色化趋势。

图 6-27　2024 年美团和大众点评 App20 岁以下群体搜索增速 top 关键词

3. 新一线城市青少年消费占比高，五线城市青少年人均消费高于三、四线城市

美团数据显示，在 2023—2024 年 20 岁以下群体在线消费订单地域分布中，新一线、二线城市占比更高（见图 6-28）。无论是外卖消费还是到店消费，不同地域 20 岁以下群体在线人均消费中，一线城市人均消费最高，新一线、二线城市紧随其后。值得注意的是，在不同地域 20 岁以下群体到店消费场景中，五线城市人均消费为 35.3 元，高于三线城市的 34.8 元和四线城市的 32.8 元（见图 6-29）。由此可见，低线城市青少年的消费潜力正在持续释放。

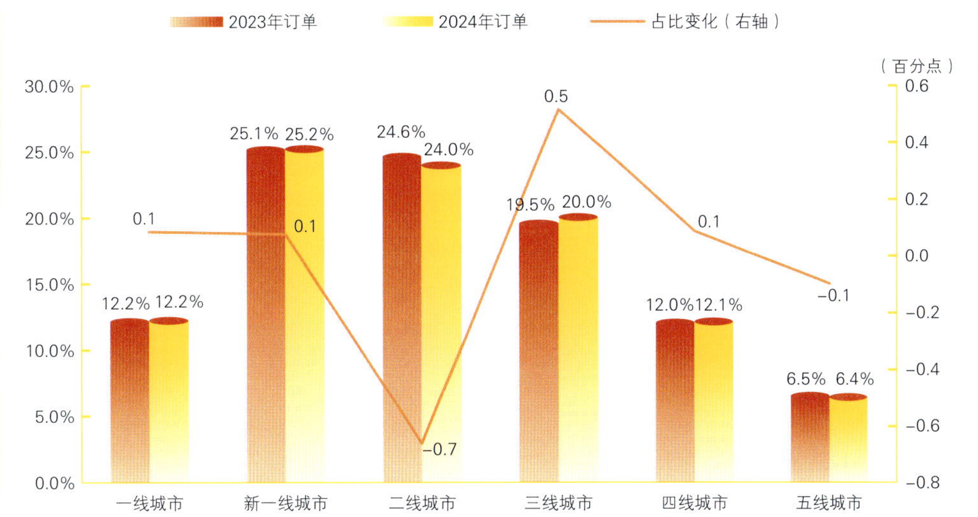

图 6-28　2023—2024 年 20 岁以下群体在线消费订单地域分布及占比变化

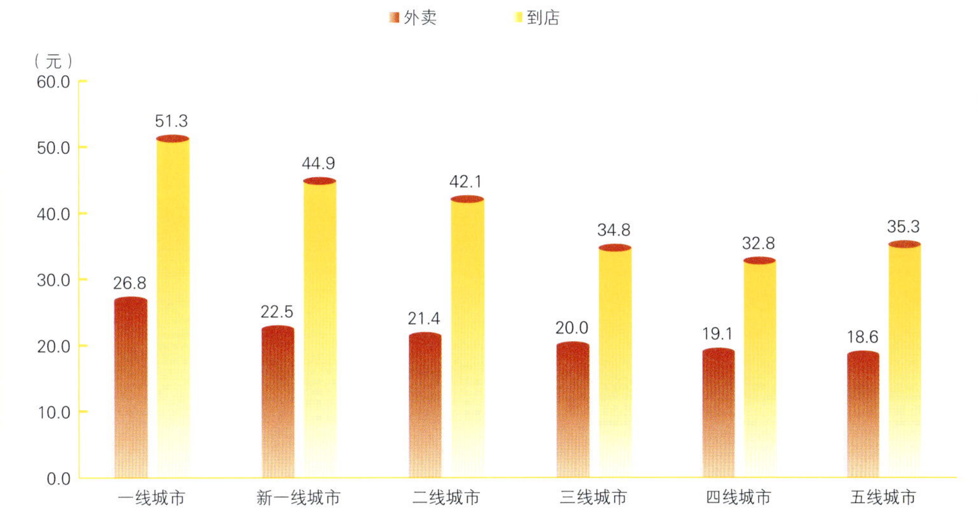

图 6-29　2024 年不同地域 20 岁以下群体线上餐饮人均消费

4. 到店消费中青少年男性青睐烤肉自助，青少年女性偏爱重庆火锅

美团数据显示，在 20 岁以下群体到店正餐消费的品类偏好排名前十中，男性更偏爱烤肉自助，女性则更青睐重庆火锅（见表 6-5）；在 20 岁以下群体外卖正餐消费的品类偏好排名前十中，无论是男性还是女性，首选都是川菜，次选都是西餐（见表 6-6）。

表 6-5　20 岁以下群体到店正餐消费的品类偏好 top10

性别	男性	女性
1	烤肉自助	重庆火锅
2	综合自助	川菜
3	川菜	烤肉自助
4	火锅自助	四川火锅
5	重庆火锅	韩式烤肉
6	烤串	西餐
7	四川火锅	综合自助
8	融合烤肉	融合烤肉
9	韩式烤肉	火锅自助
10	西餐	日本菜

表 6-6　20 岁以下群体外卖正餐消费的品类偏好 top10

性别	男性	女性
1	川菜	川菜
2	西餐	西餐
3	粤菜	新疆菜
4	北京菜	粤菜
5	烤串	北京菜
6	湘菜	烤串
7	其他烧烤	日本菜
8	日本菜	湘菜
9	新疆菜	韩国菜
10	韩国菜	其他烧烤

五、老龄餐饮消费者数据概览

国家统计局2025年1月17日发布的数据显示，截至2024年年末，中国60岁及以上人口为31031万人，占全国人口的22.0%，其中65岁及以上人口为22023万人，占全国人口的15.6%。

1. 60岁以上人口数首破3亿，女性在线消费高于男性

国家统计局显示，60岁以上的老龄人口逐年增加，截至2024年年末，60岁以上人口数首次突破3亿，占总人口比重的22.0%。美团数据显示，从2024年60岁以上群体线上餐饮消费性别分布看，无论是外卖消费还是到店消费，女性占比均高于男性。其中，到店消费中，女性消费者占比达到了59.4%（见图6-30）。

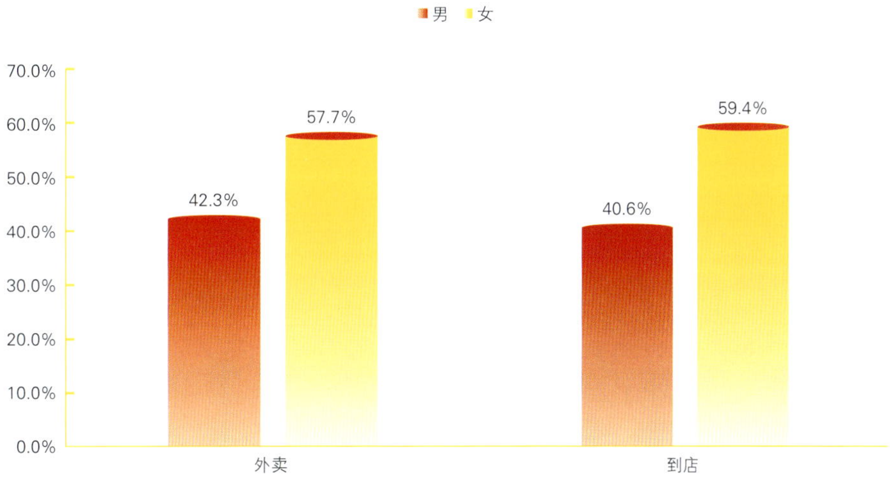

图6-30　2024年60岁以上群体线上餐饮消费性别分布

2. 60 岁以上群体线上餐饮消费增长强劲，男性到店消费增速高于女性

美团数据显示，60 岁以上群体线上餐饮消费增长强劲。其中，女性外卖消费同比增长 27.8%，到店消费同比增长 66.8%；男性外卖消费同比增长 27.4%，到店消费同比增长 68.9%（见图 6-31）。男性到店消费增速高于女性。

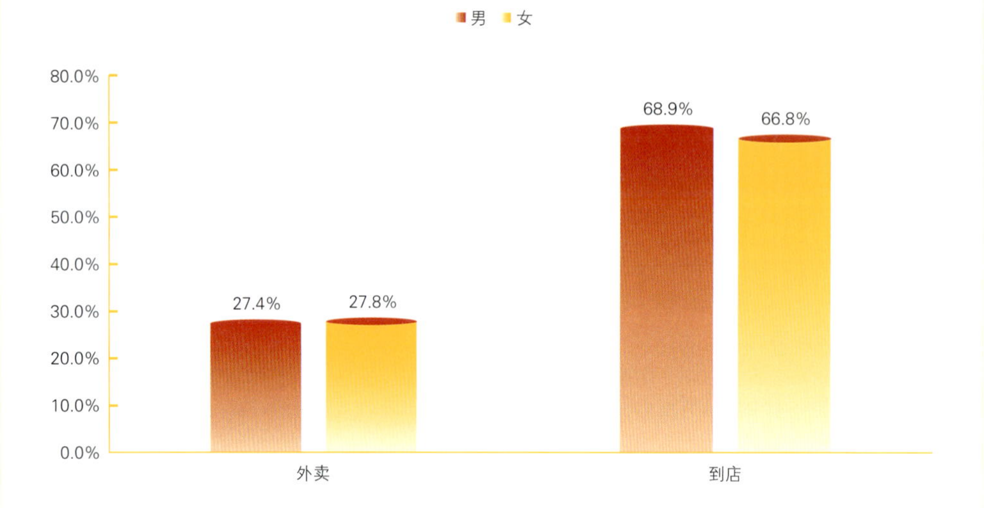

图 6-31　2024 年 60 岁以上群体线上餐饮消费增速

3. 60 岁以上群体青睐连锁品牌，餐饮消费趋向品质化

美团数据显示，在 2024 年美团和大众点评 App 60 岁以上群体搜索增速 top 关键词中，霸王茶姬、麦当劳、肯德基、必胜客等中外连锁品牌的身影频频出现（见图 6-32）。可以看出，随着社会的不断发展，老年群体消费趋势也在不断变化，更加注重餐饮的品质和安全性。

图 6-32　2024 年美团和大众点评 App 60 岁以上群体搜索增速 top 关键词

4. 不同地域 60 岁以上群体在线消费订单均显著增长，一线城市占比最高

美团数据显示，在 2024 年 60 岁以上群体在线消费订单地域分布中，一线城市在线消费占比最高，达到 33.7%。而在涨幅方面，各线城市 60 岁以上群体在线消费订单涨幅均有显著增加，其中一线城市涨幅 43.3%，位居榜首（见图 6-33）。

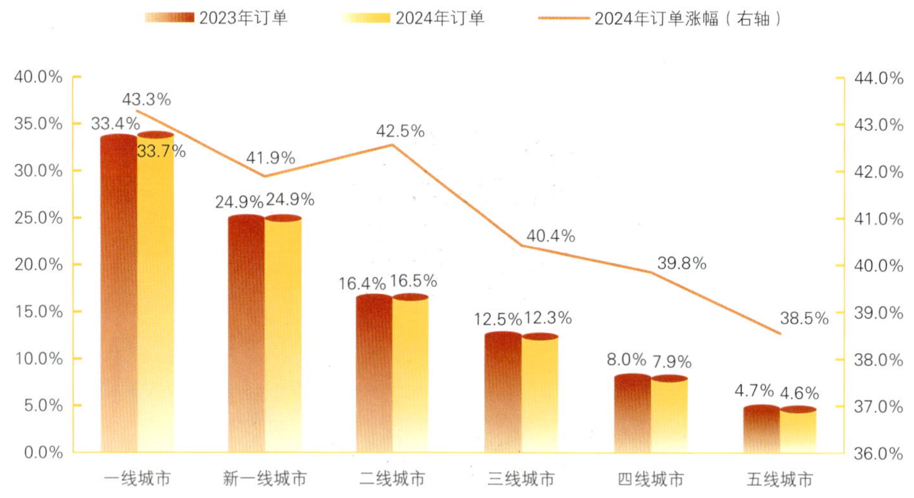

图 6-33　2023—2024 年 60 岁以上群体在线消费订单地域分布及涨幅

5. 一线城市 60 岁以上群体消费能力最强，到店消费人均达 90.9 元

美团数据显示，无论是到店消费还是外卖消费，在 2024 年不同地域 60 岁以上群体线上餐饮人均消费中，一线城市人均消费水平最高，外卖餐饮消费人均达到 44.4 元，到店餐饮消费人均达到 90.9 元（见图 6-34）。

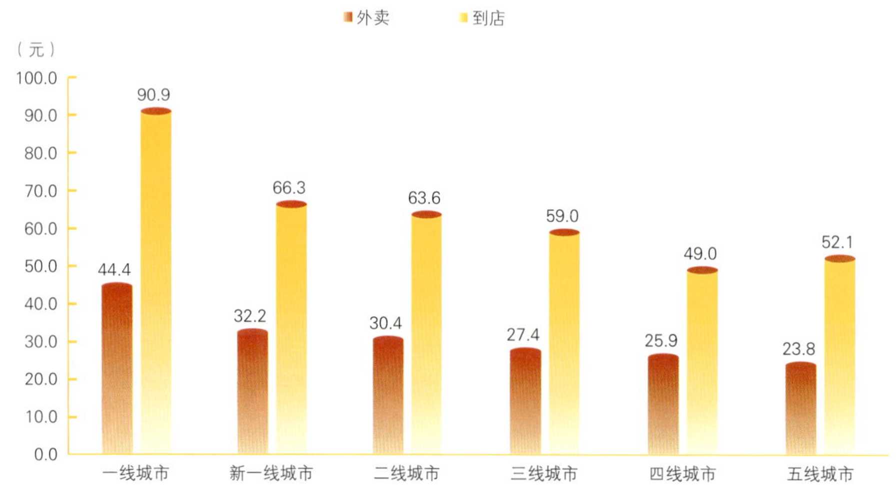

图 6-34　2024 年不同地域 60 岁以上群体线上餐饮人均消费

6. 60 岁以上老年人更偏爱粤菜

美团数据显示，在 60 岁以上群体到店正餐消费的品类偏好排名前十中，无论男性还是女性都最钟爱粤菜，川菜次之（见表 6-7）。在 60 岁以上群体外卖正餐消费的品类偏好排名前十中，粤菜依然是男性的首选品类，而女性则更偏爱西餐（见表 6-8）。

表 6-7　60 岁以上群体到店正餐消费的品类偏好 top10

性别	男性	女性
1	粤菜	粤菜
2	川菜	川菜
3	海鲜	北京菜
4	苏菜	浙菜
5	浙菜	上海本帮菜
6	上海本帮菜	苏菜
7	北京菜	海鲜
8	西餐	西餐
9	湘菜	重庆火锅
10	重庆火锅	湘菜

表 6-8　60 岁以上群体外卖正餐消费的品类偏好 top10

性别	男性	女性
1	粤菜	西餐
2	川菜	粤菜
3	西餐	川菜
4	北京菜	北京菜
5	湘菜	东北菜
6	东北菜	湘菜
7	家常菜	烤串
8	烤串	日本菜
9	日本菜	家常菜
10	浙菜	西北菜

07

市场小调研

2024年以来，大批餐饮新人创业开店，带动餐饮商户总量持续增长，餐饮行业供过于求现象愈发突出，餐饮行业竞争更加激烈。为进一步了解餐饮初创者的人群画像、经营决策及经营情况，美团研究院对餐饮行业初创人群进行了问卷调研，本次问卷共计回收1747个餐饮初创者样本，其中1586个样本以餐饮门店营收为主要收入来源（主业），剩余161个样本将门店营收作为副业。

一、餐饮创业者群体画像

1. 餐饮业成为拉动就业的重要行业

美团商户问卷调查统计显示，在1586个以餐饮经营为主要收入来源的创业者中，灵活就业群体占比23.5%，因经营困难选择跨行进入餐饮行业的创业者占比22.4%，因公司裁员、降薪、倒闭等原因失业的餐饮创业者占比17.5%，主动辞职创业的餐饮创业者占比26.8%（见图7-1）。餐饮业成为拉动就业的重要行业。

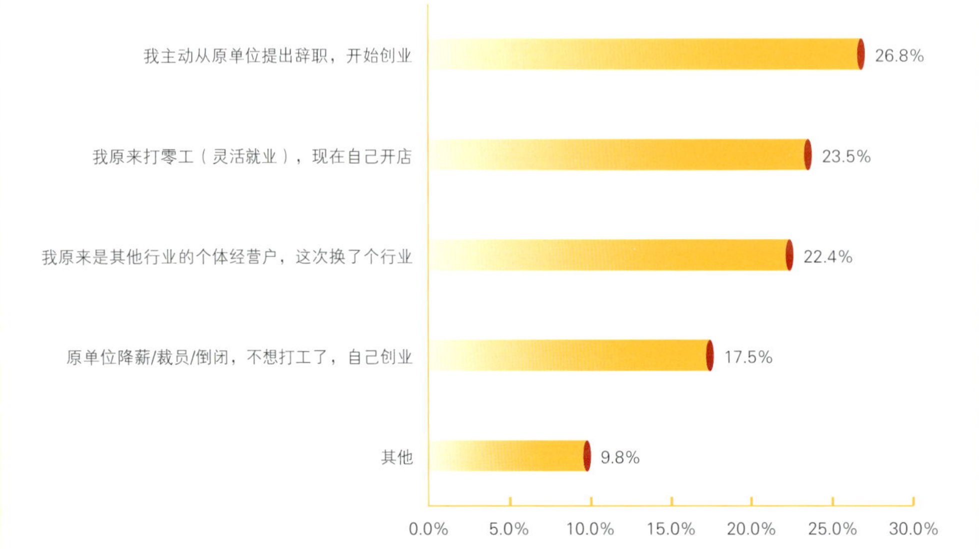

图7-1 为什么选择自己开店（以餐饮经营为主业）

2. 兴趣和低门槛是餐饮创业的主要驱动因素

美团商户问卷调查统计显示，在“为什么选择餐饮业进行创业”上，以餐饮经营为主业的创业者中，52.3% 的人因为对餐饮行业感兴趣，44.1% 的人因为餐饮初始投资小，39.5% 的人因为餐饮经营模式简单。以餐饮经营为副业的创业者中，56.5% 的人因为对餐饮行业感兴趣，41.6% 的人因为餐饮初始投资小，41.0% 的人因为餐饮经营模式简单。无论是以餐饮经营为主业的创业者，还是以餐饮经营为副业的创业者，熟悉了解餐饮行业的人都相对较少，占比分别为 19.7% 和 14.9%（见图 7-2、图 7-3）。兴趣和低门槛是餐饮创业的主要驱动因素。

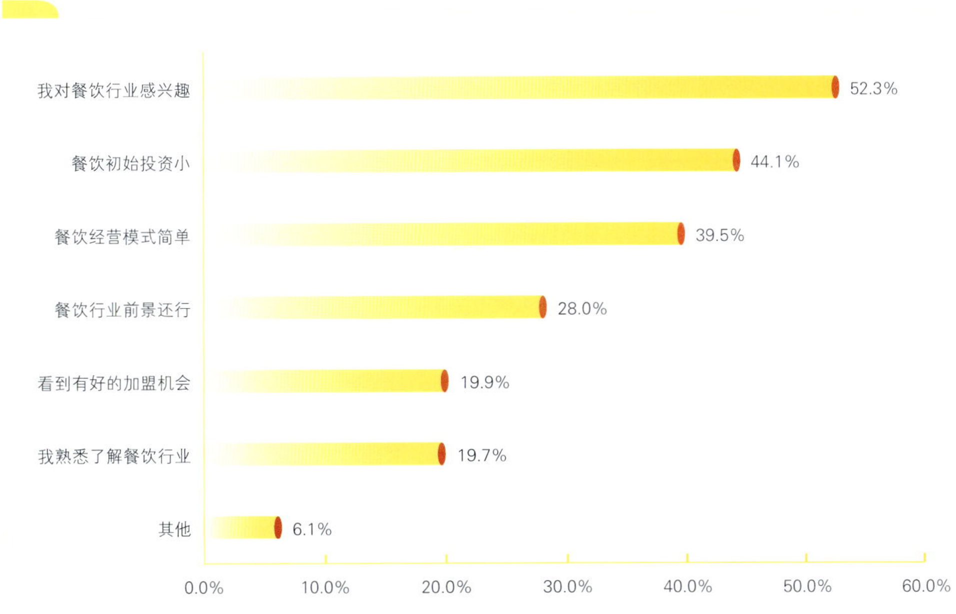

图 7-2 为什么选择餐饮行业（以餐饮经营为主业）

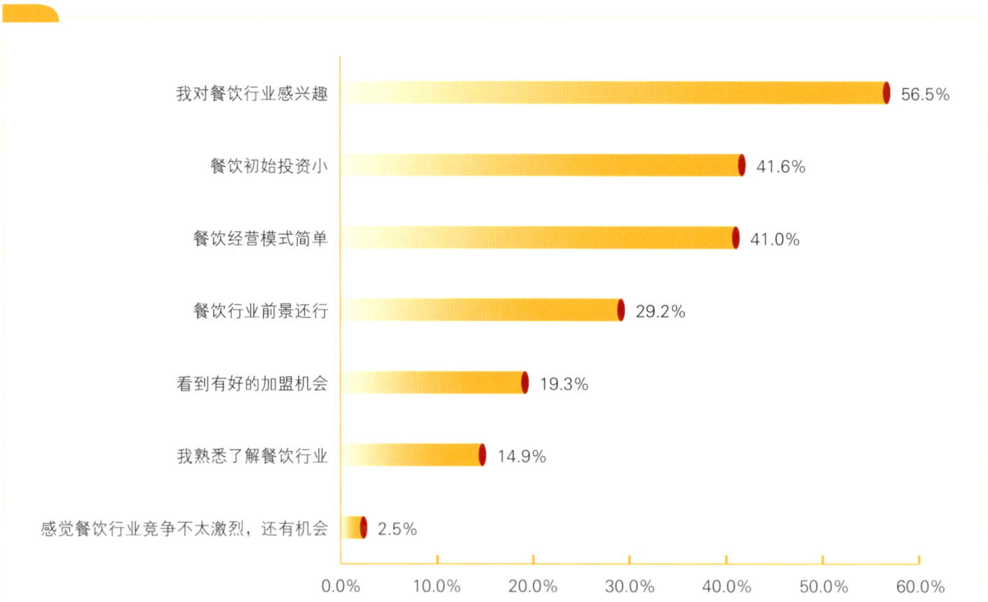

图 7-3　为什么选择餐饮行业（以餐饮经营为副业）

3. 以餐饮经营为主业的创业者中，非科班出身占比超过六成

美团商户问卷调查统计显示，在1586个以餐饮经营为主业的创业者中，前餐饮行业从业者为625人，占比39.4%；其他行业个体经营户为232人，占比14.6%；来自房地产、互联网、传媒、金融、卫生医疗等行业人员合计占比约10%（见图7-4）。非科班出身创业者占比超过六成。

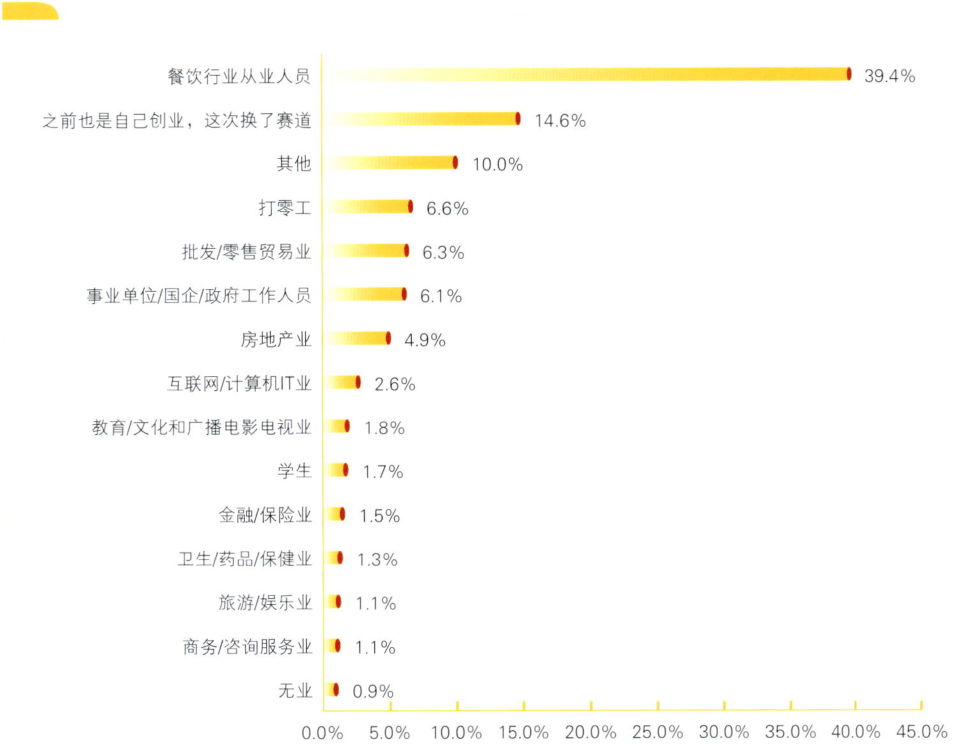

图 7-4 开餐饮门店之前的职业（以餐饮经营为主业）

4. 以餐饮门店营收为副业的创业者中，本科及以上学历占比 36.0%

美团商户问卷调查统计显示，以餐饮经营为主业的创业者中，初中及以下学历占比 32.7%，高中 / 中专学历占比 33.9%，大专 / 高职学历占比 22.3%，本科及以上学历占比 11.1%（见图 7-5）。以餐饮经营为副业的创业者的学历水平则刚好相反，本科及以上学历占比 36.0%，大专 / 高职学历占比 28.0%，高中 / 中专学历占比 23.0%，初中及以下学历占比 13.0%（见图 7-6）。

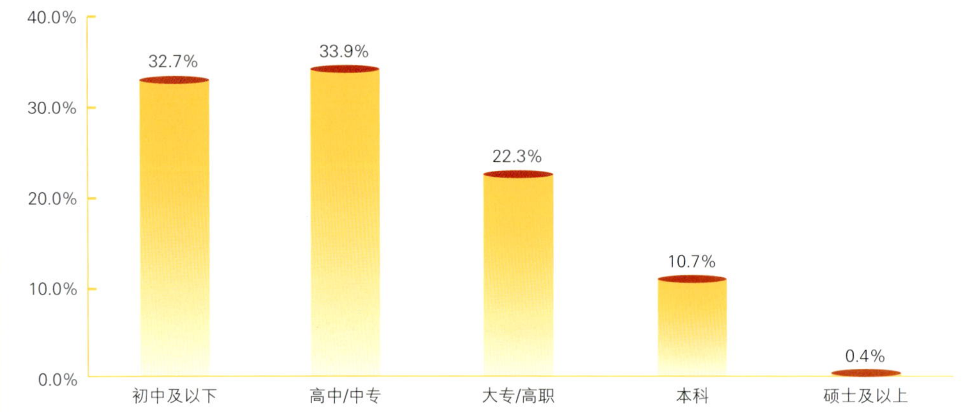

图 7-5　餐饮老板学历（以餐饮经营为主业）

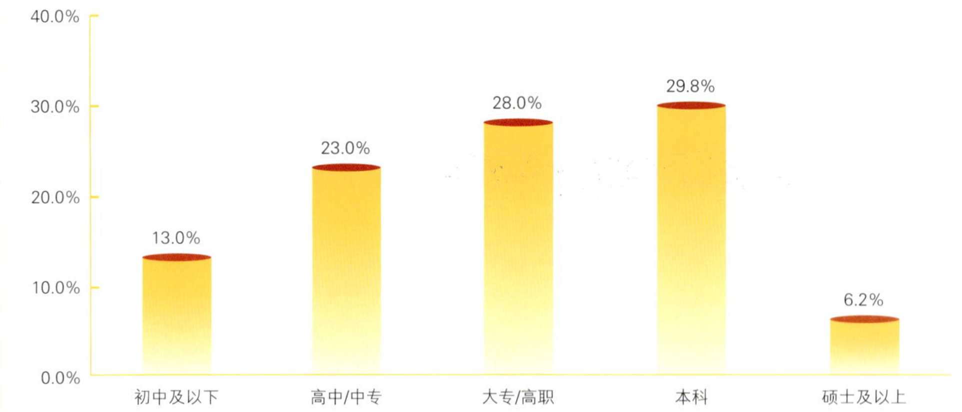

图 7-6　餐饮老板学历（以餐饮经营为副业）

5. 餐饮创业者年龄集中在 31~40 岁年龄段

美团商户问卷调查统计显示，以餐饮经营为主业的创业者中，31~35 岁年龄段占比为 24.6%，36~40 岁年龄段占比为 24.8%，41~50 岁年龄段占比为 22.8%；以餐饮经营为副业的创业者中，31~35 岁年龄段占比为 24.2%，36~40 岁年龄段占比为 21.1%，41~50 岁年龄段的占比为 26.7%。餐饮创业者的年龄集中在 31~40 岁年龄段（见图 7-7、图 7-8）。

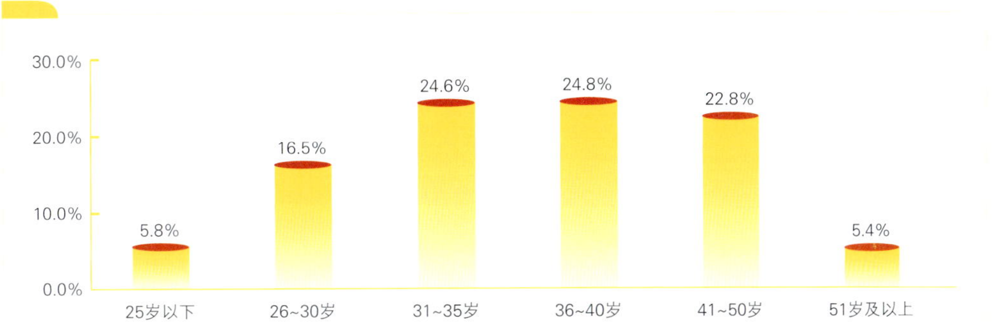

图 7-7 餐饮老板年龄（以餐饮经营为主业）

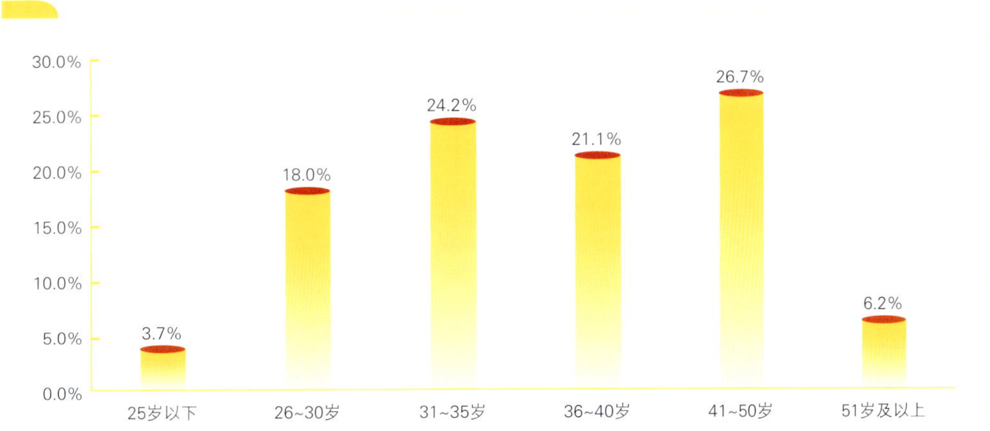

图 7-8 餐饮老板年龄（以餐饮经营为副业）

二、餐饮创业者经营情况概览

1. 近八成餐饮创业者未实现盈利

美团商户问卷调查统计显示，无论是以餐饮经营为主业的创业者，还是以餐饮经营为副业的创业者，门店实现盈利、保本、亏损的比例基本保持在 2∶4∶3。其中，以餐饮经营为主业的创业者中，实现盈利的占比为 23.0%，以餐饮经营为副业的创业者中，实现盈利的占比为 27.3%（见图 7-9、图 7-10）。

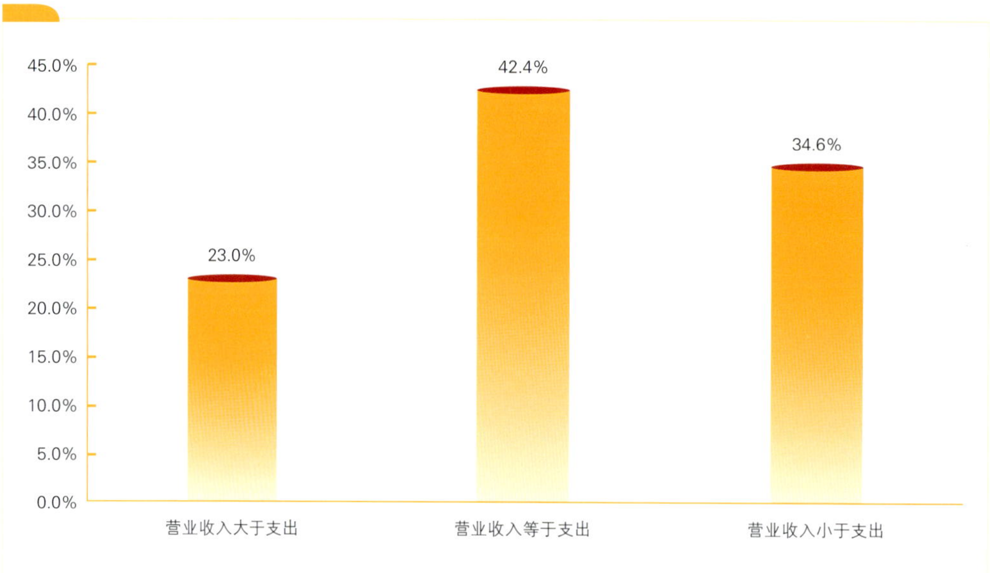

图 7-9　经营情况（以餐饮经营为主业）

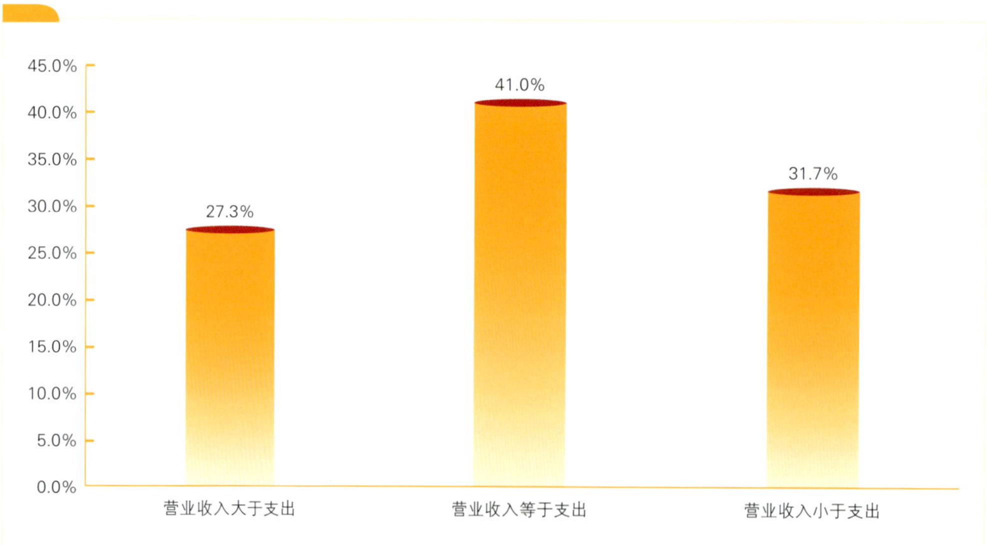

图 7-10　经营情况（以餐饮经营为副业）

2. 价格竞争和原材料成本上涨被认为是经营困难的主要原因

美团商户问卷调查统计显示，以餐饮经营为主业的创业者中，54.6% 的人表示现在价格竞争太激烈，49.1% 的人表示原材料价格上涨严重；以餐饮经营为副业的创业者中，43.5% 的人表示价格竞争太激烈，39.1% 的人表示原材料价格上涨严重（见图 7-11、图 7-12）。

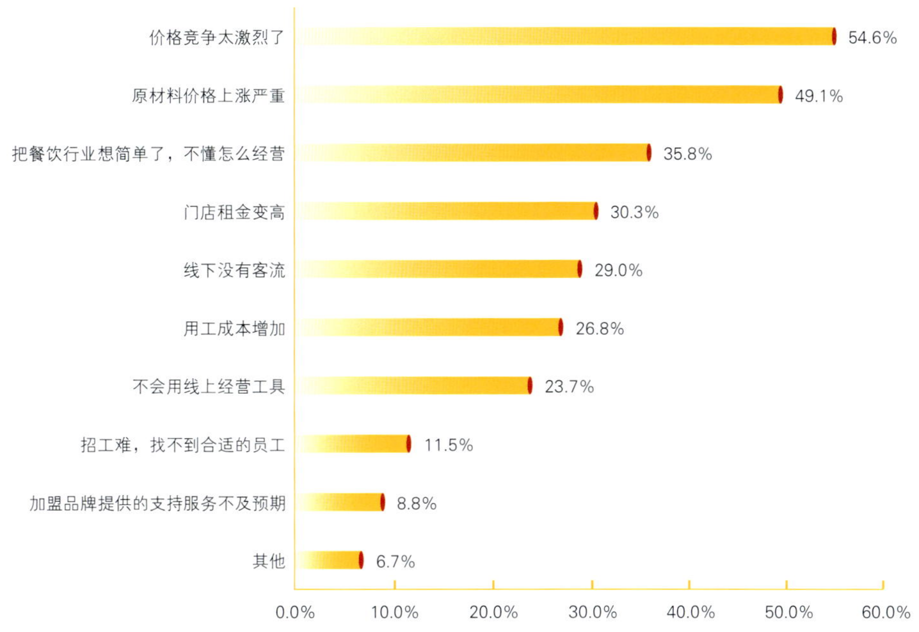

图 7-11 经营遇到的困难（以餐饮经营为主业）

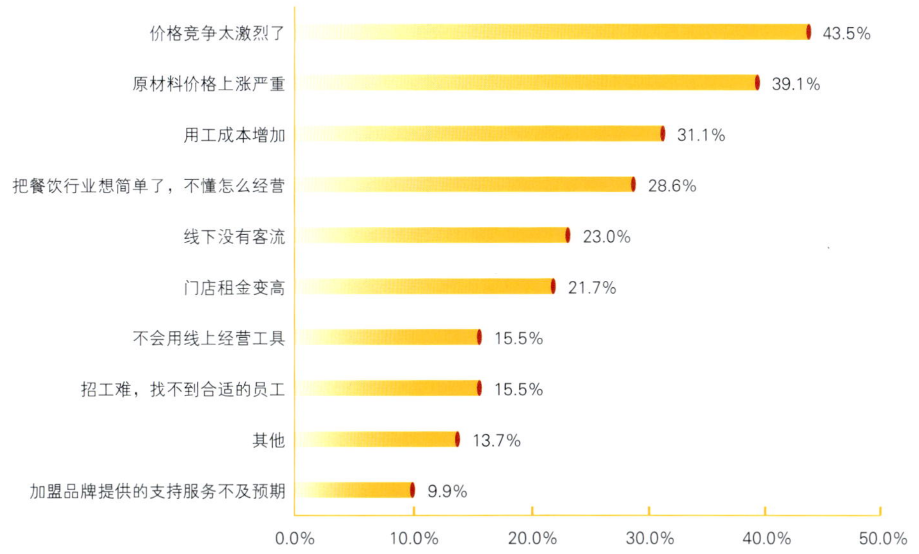

图 7-12 经营遇到的困难（以餐饮经营为副业）

3. 超六成餐饮创业者独立开店

美团商户问卷调查统计显示，无论是以餐饮经营为主业的创业者，还是以餐饮经营为副业的创业者，在开店方式上都是以独立开店为主，占比分别为 63.4% 和 60.9%；选择开品牌加盟店的创业者占比分别是 30.5% 和 34.8%（见图 7-13、图 7-14）。

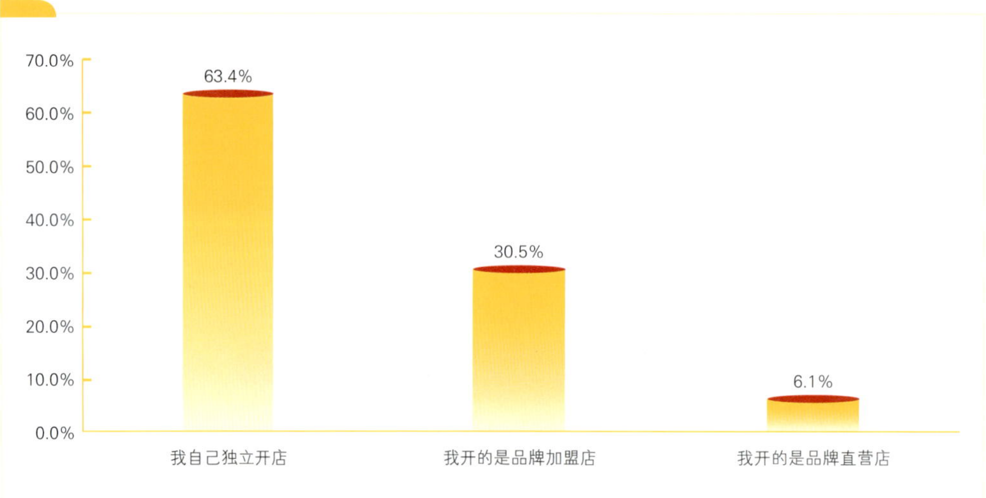

图 7-13　开店方式（以餐饮经营为主业）

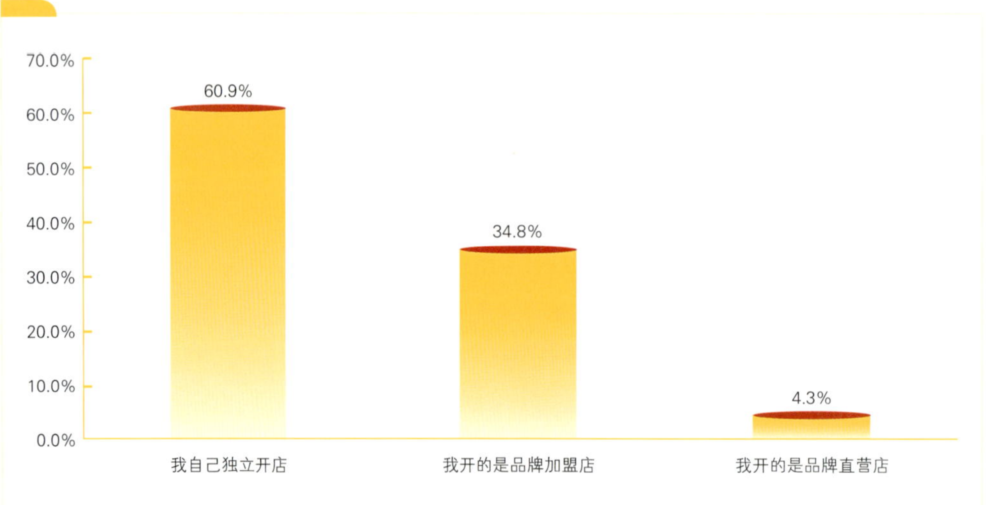

图 7-14　开店方式（以餐饮经营为副业）

4. 中式快餐成为餐饮创业者主流选择

美团商户问卷调查统计显示，无论是以餐饮经营为主业的创业者，还是以餐饮经营为副业的创业者，在创业品类上都更倾向于中式快餐，占比分别为 54.7% 和 52.8%；与之相比，创业者对西式快餐普遍持谨慎态度，占比分别为 6.2% 和 4.3%（见图 7-15、图 7-16）。

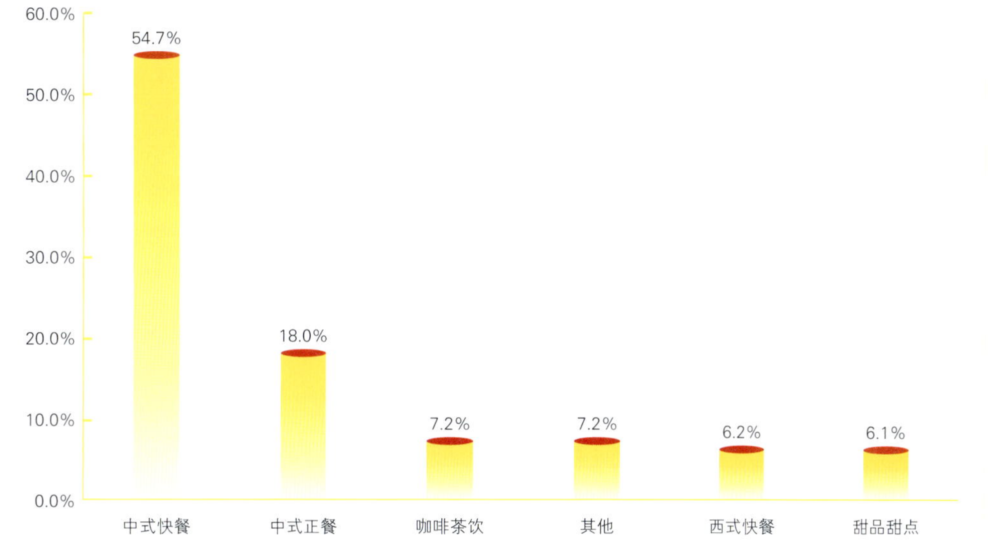

图 7-15 经营品类（以餐饮经营为主业）

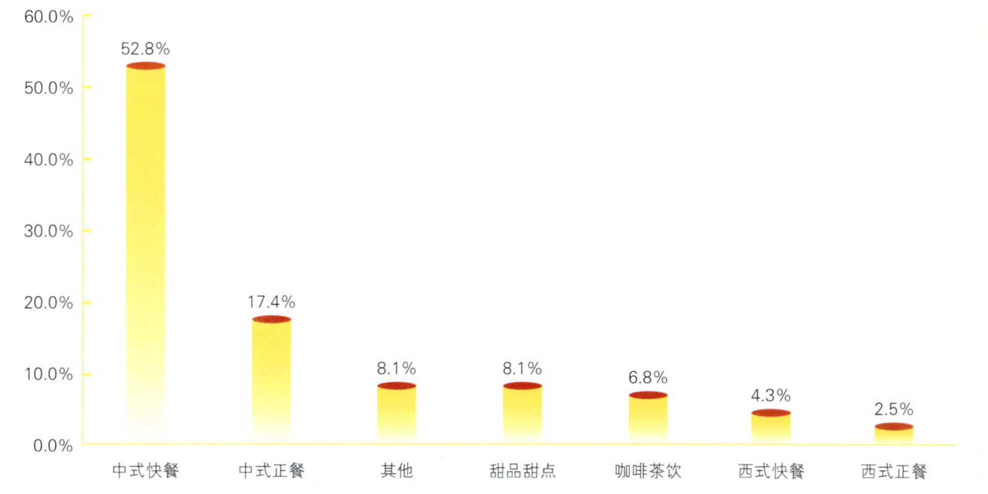

图 7-16 经营品类（以餐饮经营为副业）

5. 餐饮创业者更偏爱社区餐饮

美团商户问卷调查统计显示，无论是以餐饮经营为主业的创业者，还是以餐饮经营为副业的创业者，在门店选址上，都以街边有独立堂食区域的门店为主，占比分别是 66.6% 和 71.4%；外卖档口次之，占比分别是 16.2% 和 13.0%（见图 7-17、图 7-18）。

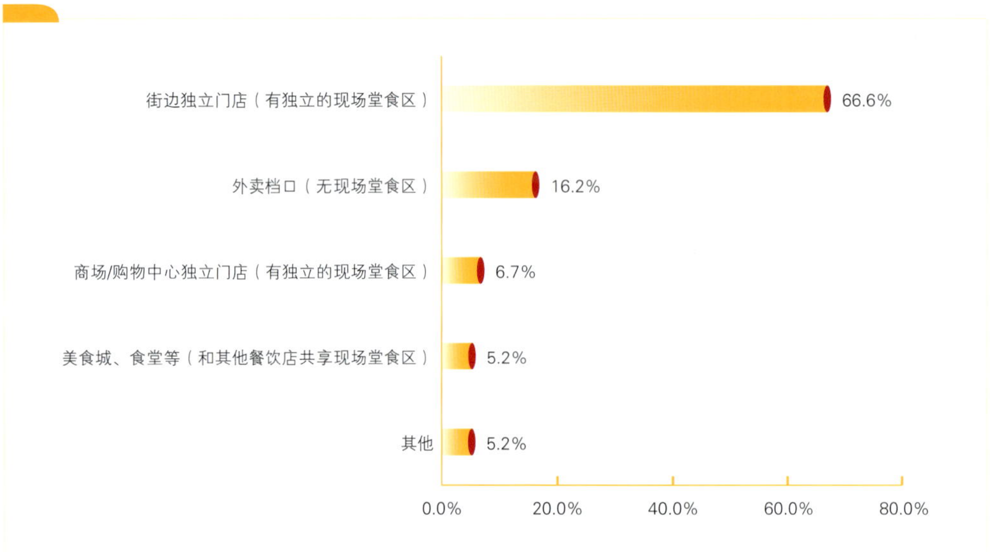

图 7-17　门店选址（以餐饮经营为主业）

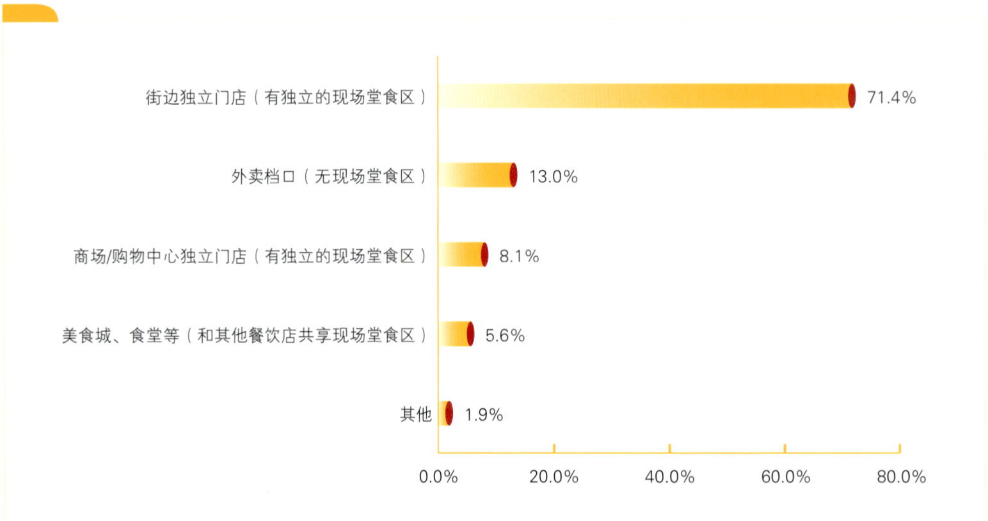

图 7-18　门店选址（以餐饮经营为副业）